全书为国家社科基金一般项目(编号:11BZZ009)和教育部人文社科基金一般项目青年基金项目(编号:09YJC810009)的研究成果。全书的出版获得湖南师范大学马克思主义理论省级重点学科的资助,谨此表达谢忱。

当代社会契约论研究

李风华◎著

中 国 出 版 集 团

世界图书出版公司

广州·上海·西安·北京

图书在版编目(CIP)数据

当代社会契约论研究/李风华著. —广州:世界图书出版广东
有限公司,2013.8

ISBN 978-7-5100-6804-1

Ⅰ.①当… Ⅱ.①李… Ⅲ.①社会契约—研究 Ⅳ.①F246

中国版本图书馆 CIP 数据核字(2013)第 185729 号

当代社会契约论研究

策划编辑　刘婕妤

责任编辑　黄　琼

出版发行　世界图书出版广东有限公司

地　　址　广州市新港西路大江冲 25 号

http://www.gdst.com.cn

印　　刷　虎彩印艺股份有限公司

规　　格　710mm×1000mm　1/16

印　　张　12.5

字　　数　230 千

版　　次　2013 年 8 月第 1 版　2015 年 7 月第 2 次印刷

ISBN　978-7-5100-6804-1/C · 0025

定　　价　38.00 元

目 录

第一章 绪 论

一、方法 vs 主义:我们应当如何看待西方政治哲学

政治哲学——这里主要限于通常所谓规范意义上的政治哲学——目前已经成为中文学界的一个热点。在这种热点的背后,我们必须承认,中文学界在相当一段时间内所做的工作主要是在引进,而原创性的成果较少。不能说中国学者对于思想的原创缺乏兴趣,总体上处于思想上的守势却也是一个不争的事实。还必须指出,原创是建立在对于既有思想的完整把握和对于中国政治问题的深刻理解基础之上。因此,目前政治哲学的译介主流虽然尚不是我们的目标,但却有其不得已的苦衷。笔者的经验是,对于西方政治哲学的深刻理解,反倒更有助于树立对于中国发展道路和中国社会主义理论的自信。

但是,这并不是说,对于西方政治哲学的研究就可以停留在介绍乃至鼓吹的层面上。相反,我们必须正视一个基本的问题:那就是我们的目的是介绍他人的观点,还是学习他们的方法? 换句话说:我们关注的重点是放在其方法上,还是其"主义"上呢? 无疑,正确的做法是将重点放在其方法上,而不是引进观点,更不是忘记了自己的处境,以他人的立场来取代自己的立场。正如毛泽东同志在《改造我们的学习》中指出:"几十年来,很多留学生都犯过这种毛病。他们从欧美日本回来,只知生吞活剥地谈外国。他们起了留声机的作用,忘记了自己认识新鲜事物和创造新鲜事物的责任。"[①]我们所要做的,是认识新鲜事物和创造新鲜事物,因此,我们需要将研究的重点放在西方政治哲学的方法之上。

但是令人遗憾的是,在过去的几十年来,政治哲学的研究者在研究西方政治哲学时,将重心更多地放在了观点上。从 20 世纪 80 年代末罗尔斯《正义论》的翻译

---

① 《毛泽东选集》第 3 卷,人民出版社 1991 年版,第 798 页。

引进开始,中文学界对于政治哲学基本上就在于引进各种各样的"主义"哲学——比如自由主义(liberalism)、自由至上主义(libertarianism)、平等主义(equalitarianism)、社群主义(communitarianism)、共和主义(repubicanism)等等。在短暂的几十年间,西方政治哲学的大大小小"主义"都轮番演出一遍。直到现在,不能不说,仍然有相当一批学者乐此不疲地沉湎"主义"层面的介绍与讨论。

事实上,撇开这些主义的讨论,一旦深入到当代西方政治哲学的内部,我们有可能会发现,许多对立的作者之间往往都采取一种大致相同的方法论原型,这种方法论原型并不新鲜,而是早在几百年前就由霍布斯、洛克、卢梭等人阐述过,在今天,仍然为人所拾起,并获得了更为强大的语言力量。这种方法论原型就是社会契约论(social contract theory)。它深深地影响了绝大多数西方政治哲学,乃至在政治家和普通人的思维中也构成了基本的思维定势。我们经常时不时看到一些非专业的人士在讨论政治问题时使用"社会契约"这个术语。而在政治问题上,西方学者使用"契约"式的观点来描述和解释的做法可以说是无处不在。从这个角度来看,契约论这种基本的政治思维方法要远比流行的各种主义更值得我们重视。

然而,恰恰在这个问题上,国内对于当代社会契约论的研究还远远不够。有关当代契约论介绍的中文文献相当少,而且多数不成系统。比较多的,只是译介罗尔斯、诺齐克、布坎南等单个思想家的著述,对他们进行评论,但当代社会契约论的总体发展以及各个作家之间的关系,尚没有获得国内学界的重视。比如说,罗尔斯的词典式最大最小原则,这对于罗尔斯两个原则的论证相当关键,但事实上,这一论证并非罗尔斯的创见,而是由阿马蒂亚·森首先提出,再后来由罗尔斯加以改进,如此才形成罗尔斯《正义论》中的模样。而且即使如此,这一论证方式仍然受到了许多人的批评,其中哈萨尼的观点最具代表性。像森和哈萨尼虽然也曾被介绍到国内,但前者只是作为研究社会选择理论与贫困的经济学家,后者则被视作博弈论的研究者。至于两人在契约论上的贡献,则少有人提及。事实上他们对当代西方契约论、公共选择理论、公共经济学的影响极其深厚,在某种意义上讲,理解罗尔斯和布坎南,追踪并把握当代契约论与公共经济学的进展,绝对不可以忽略他们。

基于对方法上的重视以及当代中国政治哲学界对于当代社会契约论总体上的忽视,笔者选择了当代社会契约论研究这一主题。在这个主题的研究上,笔者关注了十多年,发表 10 余篇论文,并有幸获得国家社科基金的资助。全书就是试图描述和探讨当代西方政治哲学主流存在的政治思维方法研究的成果。

二、基本概念:契约与契约论

契约(contract)是人类互动的一种方式,指互动双方就某个事件达成协议,并按协议行事的方式。这种方式中最基本的因素是双方的一致同意。这是一种极其普遍的互动方式，简单的，如我们在集贸市场上以物易物，也可以视为一种契约或者说交换活动；复杂的，像一个国家与另一个国家就贸易条款进行讨价还价，也是一种契约方式。

社会契约，从字面上来看，指的是全体社会成员所达成的协议。宾默尔认为："'社会契约'指的是一个社会的公民用以协调他们的行动的一套共同认识的集合。这些共识或惯例组成的某个社会契约可以是多种多样的。从我们在正式宴会上使用的少有人了解的各式各样的餐桌礼仪，到我们钱包里那些画有总统头像的绿色纸片的重要性；从我们该怎样在拥挤的交通中驾驶车辆的规则，到我们所说语言中词汇的含义；从对某些食物或者对性的禁忌，到对于荣誉公民应该达到怎样的正直、诚实的标准；从变幻莫测的流行趋势，到人们拥护的保障财产权利的个人所有权的标准；从我们认为在旅馆付多少小费合适，到在哪些情况下我们会对于别人的权威顺服，等等。"[1]大体而言，只要人们存在着共识，在某种意义上，我们都可以称为社会契约。显然，这里的解释可以应用到许多非常常见的社会现象中。

由于这种互动方式的普遍性，因此我们在认识与把握世界时，经常遇到这类现象，如何解释这类现象就相当重要了。世界是极其复杂的，我们认识世界时，往往希望用某种简单的东西来把握这个复杂的世界。理论就是这样一个简单的东西。契约方式的普遍性不但提出了如何解释契约这个问题，事实上它还提出了另一个问题：我们能否使契约成为一个关键的概念，然后利用这个概念来描述、分析和解释，甚至预测世界呢？全书所要谈的社会契约论（social contract theory），就是这样一种利用"契约"这个基本概念来描述与解释政治与伦理领域的一种理论。不过，并不是所有使用了"契约"这两个字的理论就可以称得上是契约论。

我们观察并解释世界时，有许多方式。其中有两种在理论建构中比较常见，一种是从本质推导出现象，将某件事物视为一种本质或者本源，然后根据其本质性的规定，建立各种中介性的逻辑环节，将其他所有现象都推演出来。黑格尔解释世界历史和哲学史的时候，就以绝对精神为出发点，然后通过各种辩证的逻辑运动，最终推导出一整部世界史与哲学史。另一种则将现象概括类型，就是把世界上各种现象分门别类，概括其各类的基本特征，以此来认识与把握世界。马克斯·韦伯（Max Weber）的理想类型就是如此，韦伯论述世界各国的统治类型时，依据统治的根据，分为传统性统治、魅力型统治以及法理型统治。前面一种是发生学的分析，它更多地使用了演绎推理，而后面一种则是类型学的分析，它较多使用了归纳推理。

利用契约来描述与解释世界也可以分别采用这两种基本方式。我们既可以利

---

① 肯·宾默尔：《自然正义》，李晋译，上海财经大学出版社2010年版，第6页。

用它作为一种本质性的东西,然后从中推演出各种逻辑环节,最后建立所要解释的全部社会现象,也可以将它视为一种标签性的类型,然后用它来将各类现象分门别类,并总结出各种现象的特征及其规律。我们首先来看后面这种方法,类型学的分析。

有人认为,人类互动的方式,抽象地看,可以归为情感方式、暴力方式和契约方式三种。其中情感主要依靠一种感情的力量以及说服,而暴力则依靠强力,相比较之下,契约主要是依靠双方的理性与一致的利益。这只是一种抽象的划分,现实中人们的互动方式往往都包含着这些因素。比方说,在谈判的过程中,人们也可能使用了说服等情感的因素,而当兵临城下来要求对方谈判的时候,契约因素也涉及暴力,至少使谈判者预见到暴力的可能性。但不管怎么说,我们基本上可以用这三种理想的类型来分析、概括各类现象,并做出结论。查尔斯·林德布洛姆就是这样做的。他认为社会控制的方法基本上可以分为三类:交换、权威与说服。然后根据这一概括,区别出各种不同的社会制度——政府、市场与训导制度,最后对各类以此为基本控制方法的社会制度进行分析与评价。① 另外一些人将契约分为等级性契约、交易性契约等等,这也可以说是一种类型学的分析。

而发生学的方式不同。从发生学的角度来看,问题不在于将需要解释的现象视为某个类别,而在于设定所以产生这一现象的各种前提、约束条件以及内在产生的逻辑环节。它在使用契约这个概念的时候,更多的是设定人们互动时所处的状态,然后人们在其中达成某个契约,这个契约规定了彼此的权利义务,然后更进一步地规定了群体或社会运作的基本框架。我们所说的契约论,或者说社会契约论,主要是一种发生学上的概念。比方说,与前面这种契约、暴力分别论列的方式有别,德雅赛认为,控制(command,相当于"暴力")本身就发生于契约。②

当然,社会契约论的发生学,并不能完全等同于历史意义上的发生学。当我们平素说一种某个语词与物种的发生的时候,这里所关注的是它的历史演变轨迹。然而社会契约论是最没有历史感和现实感的一种政治哲学理论③,一般情况下,它都是虚拟一种历史上从未存在过的自然状态(或者如罗尔斯的原初状态),其中人们彼此缔结一个协议,从而建立一个政治国家。这种契约过程是一种虚拟的,在历史上是不存在的,提出这种理论的作者本人也往往这么看待。那么,这样做,究竟有什么意义呢? 这个问题也是当代社会契约论所首要解决的问题,我们留待后面介绍。我们现在所需要记取的是,社会契约论是一种虚拟的政治国家的发生学,其

---

① 见《政治与市场:世界的政治—经济制度》,王逸舟译,上海三联书店、上海人民出版社 1994 年版。
② Anthony de Jasay, *Social Contract*, *Free Ride*, Oxford: Clarendon Press, 1989, p. 18.
③ 这并不是说社会契约论就不研究历史与现实问题,事实上社会契约论由于逻辑的严谨,在解释现实问题的发生上具有特别的优势。比如 Cook 等人研究前苏联就是实证,笔者的博士论文《社会契约的演进:以中国私人经济政策为对象的表述》也将社会契约论用于现实制度的发生过程。

中以契约作为其基本特征。

不过,前面的这种讲法还需要修正。如果说古典社会契约论着力探讨政治国家是如何从一种自然状态而缔约诞生的话,那么当代社会契约论事实上已不限于政治国家,而是涉及经济社会生活的方方面面,比如宪政制度、正义、道德、自由、历史、商业伦理。① 而且随着契约论方法的扩展,很难说没有新的内容成为契约论的分析对象。因此,契约论——尤其是当代社会契约论——本质是一种方法。

三、研究对象概况及文献综述

当代在哲学和社会科学中影响最大的恐怕莫过于契约论了。② 契约论本身就是一个非常庞杂和笼统的方法,包含众多流派,存在不同形式的契约论。在这个名称之下,有着不同的契约论传统,而契约在每个传统中占着不同的地位,服务着各自有别的目的。③ 当代契约论的代表罗尔斯自己也认为,可以存在许多不同的契约论,他自己的作为公平的正义理论只是其中之一。④ 如何在纷繁复杂的各种契约论学说中,理清其发展的脉络,区别其内在的逻辑与应用方向,就成为一个非常重要的课题。

社会契约论是近代以来资产阶级自由民主政治思想的前提性基础理论。在当代西方政治哲学和政治思想中,社会契约论仍然扮演着极其重要的核心作用。因此,切实把握和准确剖析西方政治思维与思想流变,社会契约论是不可以回避的核心理论;而跟踪与研究当代西方政治思维与思想流变,当代社会契约论的理论结构和功能更不容忽视。在特定意义上可以认为,社会契约论构成了当代西方政治哲学和政治思想最基本的理论内核,而且其应用主题极其广泛,包括剥削、分配正义、堕胎、知识产权、自卫、安乐死、老年保障、家务劳动是否商品、酒后驾车、限制车速、毒品、脑死亡、先发制人的战争,在学科方面则渗透到哲学、经济学、社会学、法学等多门学科。如何正确把握和剖析社会契约论,是正确认识和评价剖析当代西方政治思想和政治哲学发展不能回避的基本问题。

20 世纪中叶以来,在英美政治哲学中,社会契约论得到极大发展,以罗尔斯《正义论》的发表为标志,社会契约论得以迅速复兴,随后在各个领域涌现出一大批

---

① 比方说,布坎南的理论通常被视为宪政契约论。而 Thomas Donaldson 则将商业伦理视为一种社会契约来研究。

② 此处契约论不限于政治哲学中的契约论。当然还可以有许多种其他类型的概括,比如理性选择、一般均衡分析等等。这种种概括的角度不同,但往往相互交叉,各能说明一些问题。以理性选择与契约论而言,理性选择固然非契约论可以概括,但也有不少学者认为自己的契约论并非理性选择,比如罗尔斯。

③ David Boucher and Paul Kelly, "The Social Contract and Its Critics: An Overview", in *The Social Contract from Hobbes to Rawls*, ed., David Boucher and Paul Kelly, Routledge, London and New York, 1994, p.1.

④ 约翰·罗尔斯:《正义论》,何怀宏等译,中国社会科学出版社 1988 年版,第 116 页。

契约论作家,其中突出者有哈萨尼、布坎南、哈贝马斯、诺齐克以及高西尔等。由此可以认为,社会契约论在西方学术界有关社会、政治观念和制度的研究中再次成为一种主流的论述方法,甚至构成了一种根本前提性意识形态。① 相形之下,中文学术界对当代西方政治思想和政治哲学中社会契约论复兴这一现象的关注,却远远落后于它的实际进展。最近一二十年间,罗尔斯、诺齐克的中译本的相继出版以及相关评述文章,引起了我国学者对政治哲学,从而包括社会契约论的关注。即使如此,仍然不能说,我国的学界对当代社会契约论已有充分透彻的了解,比如,至今尚没有一本以整体当代社会契约论为对象的论著。

从当前国内外相关研究状况来看,对当代西方社会契约论的研究主要集中于如下方面:第一,对特定社会契约论作者比如罗尔斯或者高西尔的研究,这方面的代表人物和代表作品比如库卡塔斯和佩迪特的《罗尔斯》(1999)、石元康的《罗尔斯》(2004)。第二,对当代西方社会契约论的理论特征的分析,这方面的代表人物和代表作品比如高西尔的研究,其中将社会契约论追溯至古希腊,然后考察社会契约论的源流演变。相形之下,对于当代社会契约论这一整体思潮源流演变的研究并不充分。我国学者包利民教授编选了一部《当代社会契约论》,对于将当代西方社会契约论引介到中文学界起了一些作用,但对于整个社会契约论传统尚未展开深入分析。Boucher and Kelly 在其所编论文集的导论中对当代契约论有一个初步的划分,但并未深入到当代西方社会契约论与各种思潮的关系层面。Replogle 注意到古典社会契约论与当代社会契约论在契约当事人假定上的区别,他将当代社会契约论的假定视为一种弱理论,而古典社会契约论的假定则更为充分。以何怀宏《契约伦理与社会正义》(1993)为代表,该书从古典契约论一直到当代社会契约论的代表性作家所关注的理论主题来展开,并探讨其背后存在的社会历史原因。所有这些研究,对于我们了解和认识当代西方契约论提供了知识基础。与此同时,应该指出,从国内外相关研究来看,关于当代西方社会契约论与古典社会契约论的区别及其原因,关于当代西方社会契约论由以确立的逻辑前提、实践向度,关于当代西方社会契约论与功利主义、马克思主义以及许多反契约论者之间的关系,如此等等的问题尚未得到足够重视和深入分析。全书力图在这些方面展开深入的探讨。

本课题的研究价值如下:

(1)深入分析当代西方政治哲学和政治思潮的核心理论。社会契约论是西方近代以来,尤其是当代政治哲学和政治思想的核心理论。虽然西方政治哲学家思想彼此各异,但社会契约论作为基本的思想方法已经构成了他们之间的对话平台。

---

① David Gauthier,1977,"The Social Contract as Ideology",*Philosophy and Public Affairs*,Vol. 6,No. 2,pp. 130-164.

因此,本项目努力关注和剖析当代西方政治哲学诸多流派如自由主义、保守主义等共同立论的社会契约理论,由此构成对于西方诸种主要意识形态的理解之匙。

(2)为马克思主义政治哲学的建构提供一些理论工具。当代西方社会契约论在数学工具、讨价还价理论、政治价值分析等一些理论工具方面取得了很大的发展,这些理论工具并不具有意识形态倾向,如果合理地把握和运用,有助于马克思主义政治哲学的发展。

(3)为描述和解释现实政治问题提供参考性的思想素材。如前所述,当代西方社会契约论对于众多现实政治问题进行了深入细致的探讨,它们对于中国学者的进一步研究具有参考和借鉴价值。

四、全书的叙述取向

在《罗尔斯》的前言中,库卡塔斯和佩迪特提到,他们本来可能再写一章,讨论对罗尔斯的各种更细致的批判,但考虑到篇幅原因,最终放弃了这些微观批评,而仅仅局限于宏观层次上自由意志论、社群主义的批判。① 确实,如此多的细微问题,它们在罗尔斯的书出版之后引起了太多的讨论,以至于罗列所有这些细节的讨论,并给出个系统的定位,几乎是一项不可能的任务。

何怀宏先生在《契约伦理与社会正义》的引言中说:

我在译完罗尔斯《正义论》的"理论"一编之后,也曾有意深入分析其阐述的某些具体问题,尤其是证明方面的问题,这些具体问题引人入胜,预许着虽不一定丰厚但却十分可靠的收获,而且,作为在另一个文明中成长起来的学术工作者,还特别有必要进行这种训练。但是,在读了一些包括像博奕论一类的论著之后,我却不得不中道而返。这自然与我的专业领域和自认的学术使命有关,但同时还产生的一种强烈感情就是:害怕自己陷入过分细微的枝节之论而忽视了更为根本的问题,所以,虽然我并不想贬低那种细致分析的意义,但它可能是我暂时无力承担,也无权享受的奢侈。

正如何怀宏先生所指出的,作为一个相对于西方文明的"另一个文明"的我们,特别有必要进行这种细节方面的论证训练。全书尚谈不上一种真正的训练,但希望能够对有志于此的读者提供一个初步的认识框架。为了达到这个目的,我将使自己的叙述方式保持以下几个方面的特征:

(1)全书的任务是大体上描述当代契约论发展概况,但也将尽可能地兼顾一些论证细节。关于古典社会契约论以及此前的一些契约论观念,蔡拓先生有一本《契

---

① 乔德兰·库卡塔斯、菲利普·佩迪特:《罗尔斯》,姚建宗、高申春译,黑龙江人民出版社1999年版,第2页。

约论研究》可供借鉴。而对于当代社会契约论,国内读者总体上了解得远远不够。因此笔者将以大体的发展概况作为基本的叙述目标,在此前提下,尽可能细致地介绍契约论的具体的证明方面的问题。

(2)全书的叙述基于契约论的内在逻辑,因此忽略了契约论与历史背景的关联。这并不是说,社会背景对于社会契约论不重要,何怀宏教授的《契约伦理与社会正义》就比较注重从历史背景去理解罗尔斯的契约理论。虽然罗尔斯的理论与当代的社会背景息息相关,而诺齐克的主张又与前后响应很大的自由意志论以及后来的政府政策存在着历史的联系,但在这全书里,我将忽略这些因素。因为这种社会历史的理解,虽然有助于我们把握其来龙去脉,也有助于我们认识它的限度,但对于我们尚未熟悉其内在的东西,首先在外部做出评价似乎尚嫌过早。就比如一把工具尚未制造出来,你就说这把工具的用意在哪里,局限性在哪里,是毫无意义的。

(3)笔者也有意忽略作为契约论作者的思想倾向。在我们的政治理论中,我们很容易把"自由主义"、"保守主义"、"新自由主义"、"自由意志论"等等的标签贴给某位思想家。不能说这一贴标签就是错误的,标签使得我们更加容易辨识其某种逻辑的政治含义,如果贴得准确的话。不过,需要指出的是,标签往往也使我们丧失了辨别力,不能细细体味彼此的差异与共同。就拿人们通常所认为的罗尔斯与诺齐克的对立来说吧,在诸多阐释者的眼中,罗尔斯属于偏左的自由主义者(liberal),主张国家有限度地干预和福利国家;而诺齐克则为自由意志论者(libertarian),反对国家干预,提倡最低限度的国家,认为一切问题都尽可能地让社会和市场自己去做。这种流行的观点似乎并未错,而且持这种看法的人也包括一些名家。许多论者还津津乐道诺齐克关于张伯伦的故事。假设有一个篮球明星张伯伦,他技艺高超,能吸引很多观众,于是一支球队和他签订了一份合同,同意从每张 1 美元的门票抽出 25 美分给他,这样,一个赛季下来,有 100 万人观看了他参加的比赛,张伯伦就得到了 25 万美元。这样,他的收入和其他人的收入之间的差距就非常大了。诺齐克认为,罗尔斯的差别原则将自然天赋视为社会共同所有,显然与这种自愿交易的原则相冲突。不少文章都接受诺齐克的叙述,从而夸大罗尔斯与诺齐克之间的冲突。① 事实上,如果我们仔细比较罗尔斯后来的学术重心以及《正义论》

---

① 参见何怀宏:《公平的正义——解读正义论》,山东人民出版社 2002 年版,第 5 章。顾速:《什么是市场体制下的公正分配原则——评罗尔斯与诺齐克的政治哲学之争》,载《社会科学战线》1995 年第 1 期。宋月红:《试析罗尔斯和诺齐克关于差别原则的不同认识》,载《政治学研究》1999 年第 3 期。刘须宽:《罗尔斯"分配的正义观"与诺齐克"持有的正义观"对照研究》,载《伦理学研究》2004 年第 2 期。

修订版①,就会发现,他并不认为诺齐克是其理论的真正对手,因为诺齐克虽然言词激烈,但所谈问题不在政治层面上,而是社区(community)层面上,因此其理论与罗尔斯并不能构成真正的对立。而且他们由于所谈问题事实上并不是一个问题,因此那种从所谓的思想倾向出发,并刻意描画他们之间的对立的观点叙述方式是不妥当的,使我们忽略了他们之间的一致性。②

所以忽略契约论的历史关联与思想倾向——这两者在国内的思想史研究中似乎比较突出,是为了保持叙述视角的统一。每一全书都需要有一个视角,每个人可以保持该视角的完整。就譬如写一本小说,你可以以第三人称全知,也可以第一人称,你甚至还可以一会儿第三人称,一会儿又第一人称,只要你能够做到两者不矛盾。就我而言,却宁可一直保持某个具体的角度,也就是契约论内部的逻辑环节。这样做,虽然在全面性方面做得不够,但就契约论的内在逻辑,却相对能够保持一种敏锐的感觉,相信也有助于读者能够更快地深入到当代契约论的内在逻辑之中。

(4)笔者将以流派作为划分依据,并以流派重要作者的思想为主,着重介绍契约论中几位重要作家的基本观点与贡献。这样做,有助于人们对当代社会契约论形成一个比较完整的印象。因为每个人的理论体系都是相对完整的,而他们所使用的概念都是其理论体系所不可分割的部分。如果一开始就将每个论证环节细细介绍各个的观点与彼此的分歧,这可能对于尚不熟悉契约论的读者未免过于琐碎。

在此,笔者做一个免责声明。全书所介绍的作家不可能包括所有契约论作家,不仅如此,我还漏掉了个别有时也被划归为契约论作家的思想家,比如哈贝马斯。哈贝马斯与罗尔斯在1996年的《哲学杂志》上有过一期重要的论战,这激起了许多

① 罗尔斯后期的学术研究中基本上只应对社群主义与功利主义的挑战,关于前者,读者可参见乔德兰·库卡塔斯和菲利普·佩迪特所著《罗尔斯》(姚建宗、高申春译,黑龙江人民出版社1999年版)的相关章节。至于后者的批评则来自于哈萨尼、布坎南等人。

针对诺齐克关于自然天赋上的批评,罗尔斯仅仅在修订版中做了几句语词上的调整。第一版(以下有关第一版皆引自何怀宏译文):"这样我们就看到差别原则实际上代表着这样一种安排,即把自然才能的分配看作一种共同的资产,一种共享的分配的利益(无论这一分配摊到每个人身上的结果是什么)。"修订版改为:"差别原则实际上代表着这样一种安排,即在某些方面把自然才能的分配视为一种共同的资产,人们共享由于这种分配的补充作用下而产生的更多的社会和经济利。"第一版:"没有一个人能说他的较高天赋是他应得的,也没有一种优点配得到一个社会较有利的出发点。但不能因此推论说我们应当消除这些差别。我们另有一种处理它们的办法。"修订版:"但是,我们并没有理由忽视,更没有理由消除这些差别。"第一版:"这样,较有利的代表人就不能说这些有利条件是他应得的,有权以一种不促进他人利益的方式从他可参加的合作体系获利。"修订版:"毫无疑问,与其他人一样,具有优势的人对他们的自然资产具有一种权利;这种权利为基本自由中的第一原则所涵盖,用以保护人的完整。因此,在不违背社会合作的公平体系的规则的情况下,具有优势的人有资格获取他们能获取的。我们的问题是,如何设计这种安排和社会基本结构。"由此可见,罗尔斯虽然对于诺齐克的批评予以回应并做了相应修改,使得论述更为圆融,但并未从根本上改变其原则。并且从罗尔斯后来的思想进路来看,他更多关注的是来自社群主义的批评,可见他并未将诺齐克视为严重的挑战。参见 Thomas Nagel, "Justice, justice, shalt thou pursue", *The New Republic*, Oct 25, 1999.

② 阿马蒂亚·森在曾多次指出,许多人都误解了诺齐克的理论,从根本上讲,诺齐克并不是那种如此重视权利以至于无视其后果的主张者。在这点上,他与其他许多自称其追随者的人形成了鲜明的对照。参见 Amartya Sen, *Rationality and Freedom*, Belknap of Harvard University Press, 2002.

探讨两人的观点异同的文章,国内也有一些学者做过介绍。库卡塔斯和佩迪特在《罗尔斯》中将哈贝马斯的契约论视为一种政治的契约,它与高西尔和罗尔斯的经济契约相对立。另外,汉娜·阿伦特也曾自称是一位契约论者。全书对这些作家的忽略主要是源于自己的阅读所限,另外笔者也不惮坦白自己的一个看法:以大陆哲学为背景,以思辨方法为特征的政治哲学,即使它非常重视契约这个概念,但很难算得上当代社会契约论的主流。事实上,哈贝马斯、阿伦特的影响所及,基本上已经脱离了当代社会契约论的主流。因此,虽然哈贝马斯、阿伦特也使用"社会契约"之类的术语,但事实上,是不能算作当代社会契约论传统之内的。

(5)在流派之外,全书专门辟出一章讨论当代社会契约论的两个核心概念——契约模拟和洛克但书。前者是社会契约论作者在论证时所要考虑的各种形式因素,后者指的是在人类在最初占有时所应当遵循的条件,它涉及社会契约建构的实质原则。对这两个问题的分析有助于我们理解作者们在这些关键的论证环节上的取舍以及彼此之间的关联。它们可以帮助我们深入社会契约论的细节与微观层面上的证明与分析。这些分析具有引人入胜的意义和启发人的深思。

第二章　古典社会契约论的衰落及其当代复兴

　　五十多年前英国历史学家 J·W·高夫认为至 18 世纪,社会契约论已经结束了自己的历史。[①] 但是 20 世纪中叶以后英美政治哲学中契约论的蓬勃发展使得上述判断失效,同时也说明了一个事实,中文学术界对当代契约论的复兴这一现象的关注远远落后于它的实际进展。20 世纪 80 年代后期,罗尔斯、诺齐克中译本的相继出版以及以后逐渐增多的相关评述文章激发了学者们对社会契约论的兴趣。即使如此,仍然不能说,我国的学界对当代社会契约论有充分的了解。

　　对于社会契约论在当代的复兴这一事实所蕴含的思想史逻辑,不管是中文文献,抑或是英文文献,其论述都无法令人满意。已有的文献或者满足于将当代契约论与古典社会契约论做出形式上的比较分析[②],或者沿用一种社会历史的传统去分析一种契约论的主题在古典契约论的渊源。[③] 它们虽然深化了我们对当代契约论与古典契约论关系的认识,但仍应看到,两者都仅仅将当代社会契约论放在契约论的自身传统中去观察与把握,而忽略了当代社会契约论在一个更广泛的思想传统中的传承与创新。[④] 另一方面,一些专门讨论具体一个思想家的论著注意到当代社会契约论作家与一些非契约论作家之间的思想关联,但尚未就当代契约论在

---

　　① J. W. Gough, *The Social Contract*,2nd, Oxford:Clarendon Press,1957,p.181.

　　② Boucher and Kelly 认为古典社会契约论更关注于国家的人格属性(David Boucher and Paul Kelly,"The Social Contract and Its Critics:An Overview", in *The Social Contract from Hobbes to Rawls*,ed.,David Boucher and Paul Kelly,Routledge,London and New York,1994,pp.1-34.)。Replogle 则注意到古典社会契约论与当代社会契约论在契约当事人假定上的区别,他将当代社会契约论的假定视为一种弱理论,而古典社会契约论的假定则更为充分(Ron Replogle, *Recovering the social contract*,Totowa,N.J.:Rowman & Littlefield,1989)。

　　③ 这方面以何怀宏的《契约伦理与社会正义》(中国人民大学出版社 1993 年版)为代表,该书的一个重要内容就是探讨罗尔斯的理论与历史上的契约伦理之间的联系。

　　④ 莱斯诺夫试图认真对待契约论的批评者,但他的全部工作都在为契约论辩护以及对批评者的驳斥,而似乎从未考虑到契约论作家与批评者之间的思想史上的传承与回应(迈克尔·莱斯诺夫:《社会契约论》,刘训练、李丽红、张红梅译,江苏人民出版社 2005 年版)。

整体上与政治哲学传统的思想史逻辑关系做出充分的论述。① 据此,在更广泛的政治哲学史角度考察当代社会契约论的逻辑前提,有其思想史的价值。基于其逻辑前提而引申出的实践向度的讨论,不仅仅有助于读者认识把握当代契约论的特征,也从另一个角度提供了中国政治哲学建构的借鉴维度。

第一节 古典社会契约论:主要代表作家及其方法论特征

社会契约论最早可以追溯至古希腊的思想。马克思和恩格斯指出,"国家起源于人们相互间的契约,起源于 contrat social(社会契约),这一观点就是伊壁鸠鲁最先提出来的"②。之后,社会契约论的思想一直不绝如缕,而至资产阶级革命时期,社会契约论涌现出一大批思想家,不论对于当时的政治实践抑或后来思想发展,都起到了重要的作用。这个时期的社会契约论,通常被称为古典社会契约论(classic social contract theories),它的代表作家有:霍布斯、洛克、卢梭、休谟、康德等人。

一、古典契约论的代表作家及其基本思想

1. 霍布斯的社会契约论

在欧洲哲学思想史上,托马斯·霍布斯(Thomas Hobbes,1588—1679)曾是一个颇多争议的人物,之所以如此,在很大程度上是因为他主张君主专制,而君主专制在后来却成为一种名声不佳的统治方式,这自然影响到霍布斯的声誉。但是自列维·施特劳斯在其初版的《霍布斯的政治哲学》中将霍布斯视为近代政治哲学的开创者后③,霍布斯在政治思想史中的地位日益隆盛。而在当代,社会合作的研究者突然发觉霍布斯的"一切人对一切人的战争"里蕴含着社会合作困境的基本原型,霍布斯日益受到当代契约论者的重视。

霍布斯1588年4月5日出生于英国徒尔特郡维斯堡镇。据说他母亲听到了西班牙军队入侵的消息,因为恐惧而早产生下他。他后来记叙这件事件说:"我母亲生下一对双胞胎,一个是我,另一个是恐惧。"他的父亲是一个牧师,因为与另一位神父决斗,害怕惩罚而弃家出走,因此霍布斯从小就由他的一个叔叔抚养。1603—1608年,他在牛津大学研究古典哲学,尤其是亚里士多德的著作。在20岁的时候,他就成为第二德文郡的卡文迪伯爵的家庭老师,并与其子保持着终生的联

---

① 比如 David Gauthier, "Hume, Contractarian", *The Philosophical Review*, Vol. 88, 1979(1), pp. 3-38;乔德兰·库卡塔斯、菲利普·佩迪特:《罗尔斯》,姚建宗、高申春译,黑龙江人民出版社1999年版。

② 马克思、恩格斯:《马克思恩格斯全集》第3卷,人民出版社1957年版,第147页。

③ 施特劳斯后来认为,近代政治哲学应当始于马基雅维利。见《霍布斯的政治哲学》,申彤译,译林出版社2001年版。

系。他在 1621—1625 年间,成为弗兰西斯·培根的秘书,这对他的世界观有着重要的影响。他还去过法国,与笛卡尔有过交往,并写过反对笛卡尔观点的文章,是一位典型的英国经验主义者。1640 年英国短期国会解散,霍布斯担心英国内战,著文阐述保卫王权的重要性,为此激怒国会。他不得不逃亡到巴黎,1651 年在巴黎写成《利维坦》,该书阐述了他的世界观以及契约论,成为思想史和政治哲学史上的名著。

霍布斯是古典社会契约论的奠基者,其主要的基本思想是:

(1)趋利避害的人性观。霍布斯以力学解释人性,认为人性包括两部分,一个是趋利避害的本性,一个是理性。现实的物质运动,其"力"作用于人,总是促进或阻碍人的生命运动。根据生命运动的被激励或被压抑,人便有两种最基本的感情:如果外力的影响是有利于生命运动的,人机体就会作出继续这种影响的反应,这就是企望;如果外力的影响是有害于生命运动的,人机体就会撤掉或采取其他行为避免这种影响的继续,这便是厌恶。人的一切行为背后的规则是生命体本能地进行自我保护或提高自身生命力的需要,所以趋利避害是人的本性。在此基础上,霍布斯进一步指出,人对人是豺狼,凡是他所能利用的东西,都可以帮助他反对敌人以保全自己的生命。

(2)自然状态学说。霍布斯将这一趋利避害的假设应用到一个多人的抽象装置中,就构成了他的自然状态理论。所谓自然状态,主要是前国家的一种假设,政治理论家所用以推导国家的起源的一种契约装置。在自然状态中,人与人在体力和智谋上是平等的。"自然使人在身心两方面的能力都十分相等,以致有时某人的体力虽则显然比另一人强,或是脑力比另一人敏捷,但这一切总加在一起,也不会使人与人之间的差别大到使这人能要求获得人家不能像他一样要求的任何利益,因为就体力而论,最弱的人运用密谋或者与其他处在同一种危险下的人联合起来,就能具有足够的力量杀死最强的人。"[1]在这种情况下,由于趋利避害的本性,人们彼此发生冲突,每个人都希望控制另一个人,如此发生一切人对一切人的战争。由于人们不断处于暴力死亡的恐惧和危险中,"人的生活孤独、贫困、卑污、残忍而短寿"[2]。这一关于自然状态中生活的描述,已经成为一句最常引用的名言,用以描述无秩序状态和社会不合作中的生活。

(3)理性与社会契约的缔结。趋利避害的本性就像惯性原理一样,如果没有另一种物体的阻碍,就会一直进行下去。阻止这种本性的极端发展就是人的理性。理性要求人们寻求和平并信守和平。而和平要求人们共同缔结契约,放弃个人的自然权利,把它转让给某一个人,使其成为主权者,实行统一治理。这也就是说,

---

① 霍布斯:《利维坦》,黎思复、黎廷弼译,商务印书馆1985年版,第92页。
② 霍布斯:《利维坦》,黎思复、黎廷弼译,商务印书馆1985年版,第95页。

"指定一个人或一个由多人组成的集体来代表他们的人格,每一个人都承认授权于如此承当本身人格的人在有关公共和平或安全方面所采取的任何行为,或命令他人作出的行为,在这种行为中,大家都把自己的意志服从于他的意志,把自己的判断服从于他的判断"①。"这就是伟大的利维坦的诞生,——用更尊敬的方式来说,这就是活的上帝的诞生;我们在永生不朽的上帝之下所获得的和平和安全保障就是从它那里得来的。"②

(4)主权者与君主专制。霍布斯认为,主权者的权力是不可分割的,不可让与的,因为要么是主权者的权威得到完全的承认,国家得以存在;要么是主权者的权威得不到承认,而使人类继续处于无政府的自然状态,其中没有第三种选择。根据这种逻辑,他极力反对分权学说,认为"权分则国分,国分则不国",从而主张君主专制。

霍布斯的契约论逻辑大体如此。站在今天的角度来看霍布斯,就会发觉他有许多构成当代契约论重要元素的东西:第一,人性假设。霍布斯设定人性为趋利避害,并且也认为人们有理性,如此方能够缔结契约。这些观点实质上构成经济人的基本内涵,成为当代主流经济学的基本假设之一。第二,自然状态中谈判能力的平等,这一点事实上也成为许多当代契约论者所广泛使用的一种假设。比如罗尔斯在论述正义环境的时候指出,使人类合作成为可能与必要的客观环境之一是,众多的个人同时在一个确定的地理区域内生存,他们的身体和精神能力大致相似,或无论如何,他们的能力是可比的,没有任何一个人能压倒其他所有人。③ 第三,把所有权利都交给一个主权者,这种观点事实上开启了卢梭的公意说。不过在霍布斯的心目中,这位主权者的体现是一位君主,而卢梭的主权则以人民当之。

霍布斯的社会契约论是古典社会契约论的滥觞,对于后来的社会契约论影响甚大。在近代,休谟的社会契约论可以视为霍布斯的继承者,而当代通常把高西尔视为霍布斯主义者。宾默尔指出,虽然社会契约论的思想远可以追溯至霍布斯之前,但《利维坦》第一个使用现代精神的社会契约论方法。④ 在讨论当代社会契约论的时候,我们绝不可忽视霍布斯作为一个先驱者的地位。

2.洛克的社会契约论

约翰·洛克(John Locke,1632—1704)无论是作为一名哲学家还是政治思想家,其在思想史上的地位都相当崇高。他曾说过,人类的理智不过就像黑暗里的烛光,只能照见周遭的一小部分。因此他认为,我们只能言说我们所见到的事物,至

---

① 霍布斯:《利维坦》,黎思复、黎廷弼译,商务印书馆1985年版,第131页。

② 霍布斯:《利维坦》,黎思复、黎廷弼译,商务印书馆1985年版,第132页。

③ 约翰·罗尔斯:《正义论》,何怀宏等译,中国社会科学出版社1988年版,第121页。

④ Ken Binmore, "Game Theory and the Social Contract", Vol 1, *Playing Fair*, Cambridge, Mass. and London: The MIT Press, 1994, p. 13.

于没有见到的事物,只能付之阙如。这句话成为英国经验主义的旗帜,因此也可以说,洛克树立了英国经验主义的传统。在政治哲学上,洛克通常被视为自由主义学说的始祖。施特劳斯主编的《政治哲学史》说,洛克的思想事实上成为美国建国的思想基础。

洛克1632年8月29日出生于萨莫斯特郡的一个律师家庭,母亲在其幼年时去世,他由父亲抚养成人。由于体质较弱以及内战的缘故,他小时是在家里接受的教育。14岁时进入西敏斯特学校读书,6年后入牛津大学,23岁取得学士学位,26岁取得硕士学位,毕业后至1665年一直在牛津大学任讲师,教授希腊文、修辞学和哲学。1665年出任英国驻勃兰登堡的大使,1667年回国后担任艾希利勋爵(即沙夫茨伯里伯爵,辉格党的创始人之一)的顾问,并多次在其手下出任政府公职。后者因政变未遂而逃到荷兰,洛克也跟随过去,直到光荣革命后才回到英国。

洛克与牛顿等人都是好友,这些人常常在他的寓所里聚会。他的《人类理解论》序言说起其写作缘起,就是为五六个友朋聚会时所提出的问题而写。他的重要著作有《论宽容》、《政府论》与《人类理解论》,其中对于社会契约论最重要的当属《政府论》,其基本的逻辑框架从前政府状态到政府的起源,再到政府的运行以及政府的解体,清晰而严谨。

(1)自然状态学说。洛克的自然状态与霍布斯的自然状态存在着较大的差别,下面就基本状况、财产起源以及自然法三个问题进行说明。

自然状态中,人们是自由的,这一点可以说是所有自然状态的共性。洛克还认为,自然状态中每个人都是平等的,但是平等的是权力,"一切权力和管辖权都是相互的,没有一个人享有多于别人的权力"[1]。这里,洛克所强调的是政治上的平等,不同于霍布斯的自然状态的平等观。值此之故,德雅赛认为,洛克的自然状态中,人们谈判力量不均等,他把这称为不完善自然状态。[2]

洛克的私有财产起源学说也相当重要,因为它涉及私有产权的证明以及自由主义的限度。洛克根据《圣经》,认为上帝把世界上所有的东西都赐予全人类,但并未赐予任何单个的人,而是人类共有的无主物。个人通过劳动从而占有了劳动对象,因为人对自己的人身享有所有权,他所从事的劳动和双手所进行的工作为他所有。他把自己的劳动掺入劳动对象,使它脱离了自然状态,这就使它成为他的财产,而且他这样做无须征求任何人的同意或让予。洛克还同时规定了获取最初所有权的限度,那就是根据劳动取得所有权必须遵循生活所需的范围,确切来说,包括两个条件:第一,取人类共有的无主物必须以供我们享用为度,而不可败坏这个东西;第二,应该留下足够好的东西,让他人占有。后面这个条件也被称为洛克但

---

[1] 洛克:《政府论》(下篇),瞿菊农、叶启芳译,商务印书馆1964年版,第5页。
[2] Anthony de Jasay, *Social Contract*, *Free Ride*, Oxford: Clarendon Press. 1989, p. 73.

书(Locke's proviso),诺齐克与高西尔在其各自的理论中都求助于这个概念。诺齐克还对它做了一定的修正,不过其基本精神仍然是洛克的。

自然法学说。在洛克看来,自然法以维护和平和保卫全人类为宗旨,它的执行者是每一个人,也就是说,每一个人都有权惩罚违反自然法的人。不过在行使这一权利时,他必须根据冷静的理性和良心的指示来处置。

(2)政府的起源。洛克认为,自然状态是有缺陷的,主要在于执行法律时缺少共同接受的标准、公正的裁判以及权力。因此人们为了谋求他们彼此间的舒适、安全与和平的生活,共同签订契约,放弃自然自由而组成一个共同体。人们所转让的权利包括:一是,为了保护自己和其余人类而做他认为合适的任何事情的权利;二是,对他人违反自然法罪行的裁判和惩罚权利。这两种权利,前者构成了政府的对外权,后者则构成了政府的执行权。至于财产权与生命权则并未转让或放弃,因此政府是有限的。

(3)分权制衡说。洛克认为,政府包含有三种权力:立法权,它是国家的最高权力,其任务制定法律;执行权,负责执行被制定和继续有效的法律;对外权,决定战争与和平、联合与及同国外一切人士和社会进行一切事务的权力。这三种权力中,立法权受人民委托,其他两种都隶属于它。执行机关同时握有执行权和对外权,并且有权召集和解散立法机关;因为立法机关的经常集合和没有必要的长时间的持续的集合对人民是个负担,需要在合适的时机对它进行召集和解散,而执行机关深知何时召集与解散立法机关为宜,因此负有此责。执行机关具有特权,也就是自由裁量权,这种特权必须用来为公众谋福利。在执行机关与立法机关之间,在立法机关与人民之间,如果发生争执,人世间没有裁判者能够裁决。人民的唯一补救办法就是诉诸上天,也就是说进入战争状态,凭命运定夺。

(4)政府解体说。这里有两种情况:一种是外来的颠覆,亦即征服,这时构成社会整体的政治结合就终止了,每个人都回到原来的自然状态中去,他可以随意在别的社会中自行谋生和为自己谋安全。另一种情况是政治共同体内部的解体,这又可分两种情形,一种是立法机关的变更,亦即篡夺,君主未经人民同意,自然解散立法机关;一种是暴政,指君主或立法机关违背了人民的委托,对人民施以暴政,侵犯人民的生命与财产。这时统治者与人民之间形成战争状态,人民便恢复原来的自由权利,并通过建立他们认为合适的新立法机关以谋求他们的安全和保障。

罗素在《西方哲学史》里说,洛克的社会契约论并没什么新东西。① 罗素可能是对的,不过这并不要紧,重要的是,洛克已经成为一种主流契约论的代表。其中有许多因素都或多或少为后来的人们所接受。大致说来,存在如下几个因素:第

---

① 罗素:《西方哲学史》(下),马元德译,商务印书馆1982年版,第155页。

一，缔约过程中，权利转让只是部分的，人民还保留生命权与财产权。后世所谓的自由主义在这个问题上基本上追随洛克的观点。第二，读者需要注意的是，洛克在权利问题上持一种相互不可通约的观点。比如说，他认为，父权就是父权，从中绝不能推导出主权。把权利的不可通约推导到极端，结果就出现相当荒谬的结论，一个军官，可以命令手下的一个士兵向着炮火开进，即使这种命令具有几乎可以肯定的确定性将使这个士兵丧命，也不可以命令士兵上交一分钱。征服者对被征服者具有绝对的生杀之权，但并不因此对他的财产享有一种权利。这是因为在战争状态中，双方虽然完全放弃了彼此的生命权，但是并没有因此放弃财产权，财产是由人劳动加诸土地或其他事物之上的而形成的一种权利，在没有所有人的同意下，任何人也不得对它进行剥夺。"强盗的暴力以及他使自己所处的战争状态使他放弃了他的生命权，但这并不能给我以享有他的财产的权利根据。"①第三，私有财产起源问题上，洛克提出了劳动价值论。第四，洛克但书。这种一种对绝对自由权利或者说绝对财产权利的一种修正，诺齐克与高西尔等所有力图从权利、自由中推导出正义或政府的学者都非常借重这一点。第五，洛克讨论政府起源时，着重讨论惩罚权利的转让。按照亚里士多德的分类，正义可以分为两类，一类是分配正义，一类是校正正义。如果我们把洛克的关注点与当代社会契约论的关注点比照来读，就会发现当代契约论的主流所关注的是分配正义，比如罗尔斯。这可能与当代国家对社会财富的再分配已经成为一个极其重要的现实有关。

3. 卢梭的社会契约论

让·雅克·卢梭(1712—1778)无疑是政治哲学史上最伟大的人物之一，既是法国启蒙运动中最伟大的思想家，又被誉为浪漫主义的奠基者。他既富于激情，又思想深邃，也许是激情与理性的矛盾，他的表述往往不像其他哲学家那样能够做到心平气和、词通理畅。我们在读他的书时有时会发现前后相冲突的表述。有一批评家称卢梭是"不负责地肆弄绝妙文采的作家"。卢梭受到许多人的批评，与这个问题不无关系。正确的读法也许是遵从康德的指示，"读卢梭的著作，必须读到他那华彩的文笔不再使我神魂颠倒为止，只有到那时候，我才能借理性去审察他"②。

在政治理论方面，卢梭的主要著作有《论人类不平等的起源和基础》(1755)与《社会契约论》(1762)。其理论的基本逻辑如下：

(1)自然状态理论。在卢梭的自然状态里，自爱、自保和怜悯心是自然人所遵从的两个基本的动机。在这两个动机的支配下，自然状态显现出如下几个特征：第一，人是孤立的。这是说，不存在任何的社会交往。洛克的自然状态中，已经相当的社会性，比如有家庭、财产等等，这对追求理论的彻底性的卢梭来说无法满意。

---

① 洛克：《政府论》(下篇)，瞿菊农、叶启芳译，商务印书馆1964年版，第113页。
② 卡西尔：《卢梭·康德·歌德》，刘东译，生活·读书·新知三联书店2002年版，第618页。

他也不接受霍布斯的人性假设，"因为他把满足无数欲望的需要，不适当地掺入了野蛮人对自我保存的关心之中，其实这些欲望乃是社会的产物，正因为有这些欲望才使法律成为必要的"①。第二，人是平等的。卢梭的论证是自然人的精神状态出发。他认为在自然状态中，每个人都一样缺乏理性，谁也没有能力高于他人；他们都自己有自爱，没有自尊；每个人都只关心他自身生命的安全和欲望的满足，因此在本质上他们都是平等的。在卢梭的理论中，自然状态并不是直接推导社会契约的前提，而具有更多的批判意义。用康德的话来说，"卢梭从根本上说并不想使人重新退回到自然状态中去，而只是站在他自己的阶段上回顾过去"②。

（2）自由与公意。在卢梭的自然人与订立社会契约的当事人中间存在一个断裂。③ 推导社会契约并不是孤独的自然人，而是具有自由意志的人。自由不仅意味着不屈服他人，而且也意味着自主，即自己制定法律，同时自由还意味着遵守自己制定的法律。自由说明了缔结社会契约的可能，但描述社会契约时，还必须使用公意这个概念。"国家全体成员的经常意志就是公意。"④公意不等于私意，也不等于众意。"多数人的统治而少数人被统治，那是违反自然的秩序的。"⑤公意具有强制力：第一，公意是每个人自己所同意的，它可以得到所有人自动遵守；第二，如果有人违反公意，公意可以强迫他遵守。

（3）社会契约的缔结。社会全体成员在自愿基础上缔结契约，每个结合者都把自己的全部权利转让给社会，并且其权利的转让必须是毫无保留的。而且其转让是在"一瞬间"发生的。如此经过缔约，人民结成一个"道德的与集体的"共同体，亦即国家。卢梭所说的国家不是与社会相对立的政府，而是一个政治社会。

（4）主权在民。经过社会契约的缔结，公意形成了主权，它具有如下特征：不可转让，不可分割，不能代表，公意是绝对的、至高无上的和神圣不可侵犯的。卢梭尤其强调，主权不可以简单等同于多数表决的行使。"多数表决的规则，其本身就是一种约定的确定，并且假定至少是有过一次全体一致的同意。"⑥阿尔都塞指出，此处卢梭拒绝了洛克将多数规则视为"自然"规则的做法，而一致同意则成为"人民通过它而成为人民"的做法。⑦ 我们比较一下布坎南和洛克的论述，他们在《同意的计算》中认为，多数表决规则本身是一致同意的选择，它必须通过一致同意的检验。

---

① 卢梭：《论人类不平等的起源和基础》，李常山译，商务印书馆1962年版，第98页。
② 康德：《实用人类学》，重庆出版社1987年版，第239页。
③ Marc F. Plattner. *Rousseau's State of Nature：An Interpretation of the Discourse on Inequality*, Dekalb, Northern Illinois University Press, 1979, p. 95.
④ 卢梭：《社会契约论》，何兆武译，商务印书馆1980年版，第140页。
⑤ 卢梭：《社会契约论》，何兆武译，商务印书馆1980年版，第31页。
⑥ 卢梭：《社会契约论》，何兆武译，商务印书馆1980年版，第22页。
⑦ Louis Althusser, Montesquieu, Rousseau, *Marx：politics and history*, translated by Ben Brewster., London：Verso, 1972, p. 117.

卢梭社会契约理论的梗概如上所述。卢梭是一个天才的思想家,他意识到社会契约论中的许多问题,但也许是因为他写作富于激情,也许是一些问题当时缺乏足够的概念和工具来表述,往往无法准确地表达其逻辑脉络,因而引起许多人的误解。我们只有结合当代社会契约论的发展逻辑才能比较深入地把握卢梭的理论贡献以及许多含义未明而有待今人阐扬的地方,就好像解剖人也有助于认识猴子一样。

(1)卢梭的社会契约不是源于自然状态,而是从人的自由与理性中推导出来。这似乎预示社会契约论的一条新路径,重要的不在于模拟自然状态,而在于人性假设。在之前的霍布斯与洛克看来,人性是既定的,重要的是对于自然状态好与坏的界定。霍布斯认为自然状态很糟糕,而洛克则认为自然状态比较好,由此导致两者有别的政治结论。不管是霍布斯还是洛克,两者的自然状态事实上是他们对于当下社会的认识,是一种对于社会的抽象。卢梭的自然状态则是一种完全不同的逻辑,是社会产生之前的蒙昧生存的想象,这也意味着社会契约不能从自然状态中产生出来,而是必须从人的自由与理性中推导出来。在这里,卢梭将自由与理性作为社会契约论的先决条件,也自然引发了后来作者的灵感:为什么在契约的先决条件设置上,非要想象出一个可能合乎历史的情境呢?何不干脆根据我自身的认识,直接来一个理想的契约情境?从这个意义上看,卢梭的社会契约应当可以视为当代罗尔斯的原初状态的滥觞。事实上,罗尔斯本人也承认,其契约论的源头应当上溯至卢梭。[1]

(2)公意观。卢梭的公意是政治哲学史上的一个争议话题。对它的理解将影响对整个卢梭的评判。自波普尔的《开放社会及其敌人》以来,对卢梭以及民主的批判都存在着一种对公意的误读。比如有人认为,卢梭的公意是从私意,再到众意推演而来,这种看法是错误的。它误解了卢梭的公意不可能等同于众意。事实上,公意与私意的区分更多类似于普遍性与特殊性的区分,"如果说个别利益的对立使得社会的建立成为必要,那么,就正是这些个别利益的一致才使得社会的建立成为可能"[2]。这里,个别利益的一致指的是一种抽象的共性,而未必是共同的表达。所谓众意,不过是私意的算术加总。这种加总,即使是一个社会中的所有人的意志,它也未必等同于公意。我们从公意和众意的英文术语中不难看到这一点,公意是"general will",而众意是"the will of all"。根据当代学者的阐述,公意与众意的区分可以视为法治与民主内在冲突的典型起源。[3]

---

① 约翰·罗尔斯:《正义论》,何怀宏等译,中国社会科学出版社1988年版,第9页。
② 卢梭:《社会契约论》,何兆武译,商务印书馆1980年版,第35页。
③ C. Dyke, "Collective Decision Making in Rousseau, Kant, Hegel, and Mill", *Ethics*, Vol. 80, Issue 1, 1969, pp. 21-23.

(3)全部权利交给集体。这与洛克形成鲜明对立,似乎也让部分当代人难以接受。但从其逻辑来看,这句话的含义应当是指,在缔约之前,任何人都不存在权利,权利本身是契约的产物。由于卢梭的自然状态中不存在任何的自然法,与传统契约理论家溯至上帝的"神赋人权"有别,因此在自然状态中,其实并不存在任何权利,权利在契约前并不存在,比如罗尔斯的原初状态就是一种规定基本权利与义务的框架。卢梭之所以这么说,可能是因为他思想中还有权利转让观念的残余,不能像当代契约论那样明确地认为,权利不是转让而是经过契约所确定的。

(4)国家与政府的区分。此前霍布斯、洛克的契约论,其缔约结果是建立政府,但卢梭所构造的是国家,也就是政府社会。这是对契约论的一大扩展,马斯泰罗内说卢梭发现了社会,亦即此意。① 从这个意义上可以说,卢梭第一个完整地表述了真正意义上的社会契约。

此外,卢梭的论证方式也甚可注意。卢梭把他写作《社会契约论》的目的表述成,"我要探讨在社会秩序中,从人类的实际情况与法律的可能情况着眼,能不能有某种合法而又确切的政权规则。在这一研究中,我将努力把权利所许可的和利益所要求的结合在一起,以便使正义与功利二者不致有所分歧"②。为了做到这一论证,他提出倒果为因的方法,"为了使一个新生的民族能够爱好健全的政治准则并遵循国家利益的根本规律,便必须倒果为因,使本来应该是制度的产生的社会精神转而凌驾于制度本身之上,并且使人们在法律出现之前,便可以成为本来应该是法律才能形成的那个样子。这样,立法者便不能使用强力,也不能使用说理,因此就有必要求之于另外一种不以暴力而能约束人,不以论证而能说服人的权威了"③。这种倒果为因的方法在康德与罗尔斯那里产生回响,因为这意味着在缔约之前的约束条件事实上已经规定了其结果。有人认为卢梭在此陷入一个极其幼稚的"逻辑循环"④。这显然是皮相之见,几乎所有的理论都存在着某种循环论证,不值得去争辩。

4. 休谟的正义论

如果从哲学家在当代的影响而言,大卫·休谟(1711—1776)应当属于最为突出的一个。他所提出的问题至今仍然激发人们的思考。不过,具有讽刺意味的是,他生前虽然名声昭著,却是因为他是历史学家的缘故。这一点与霍布斯相似,霍布斯生前也是被人尊为一位历史学家。休谟年轻时就写下《人性论》,这是一本不朽的名著,但据休谟自己说,《人性论》"一生下来就死去"。

---

① 马斯泰罗内:《欧洲政治思想史——从十五世纪到二十世纪》,黄华光译,社会科学文献出版社1992年版,第164—165页。
② 卢梭:《社会契约论》,何兆武译,商务印书馆1980年版,第7页。
③ 卢梭:《社会契约论》,何兆武译,商务印书馆1980年版,第57页。
④ 朱学勤:《思想史上的失踪者》,花城出版社1999年版,第60页。

我们通常说,休谟的理论是一种怀疑主义,这当然没错,但更准确的说法也许是"轻度的怀疑主义",这是一种有别于理性主义、经验主义与理想主义的世界观倾向。对于社会契约论者来说,休谟构成一种复杂的图景。他既是一位反契约论者,但又深刻影响了后来的契约论者,因此高西尔专门撰文说明休谟是一个契约论者。一方面,古典社会契约论的消亡与他对于契约论基础的怀疑和批判存在着深刻的联系,另一方面休谟对于正义问题的分析事实上为当代的契约论所吸取。像这种情形,只有后来的诺齐克与此相似。他的反契约论主要在于道德认识论方面,但他对于政治哲学的论述对当代契约论影响较大。笔者将把休谟的观点分开阐述,这里仅涉及他的政治哲学,其中最重要的是正义理论。哈耶克指出,休谟在《人性论》有关"论正义与财产权的起源"的那个章节中,对"人为设立正义规则的方式"的论述,是他在这个领域中所做的最重要的贡献。① 他的正义理论可以用一句话来概括,"正义只是起源于人的自私和有限的慷慨,以及自然为满足人为的需要所准备的稀少的供应"②。下面给予详细的阐说。

(1)人性论。休谟认为,人性由两方面组成,一个是知性,一个是情感。就情感而言,最重要的是自私。不过人并不像霍布斯说的那样,是一种绝对的自私。霍布斯认为,人是绝对自私的,只有通过理性人们才能达成合作。休谟认为理性永远服从于激情,如果人是绝对自私,合作也就是不可能的。他认为,个人的情感部分还有一种成分,即对于他人的处境有时具有同情心,这使得人性不仅仅局限于自私,而且也包括有限的慷慨。休谟根据这种人性观,将利益视为社会基础。

(2)正义的财产前提。与洛克相似,休谟把正义的前提追溯到财产问题上。因为"没有人能够怀疑,划定财产、稳定财物占有的协议,是确立人类社会的一切条件中最必要的条件……"③不过,休谟没有考虑财产权的起源,而是考虑财产权——如果产生的话——的稳定性问题。他认为,正义的财产前提是外物的容易转移,以及它们比起人类需要和欲望来说显得稀少。因为如果自然大量供应我们的一切需要和欲望,那么作为正义的前提和利益比较,但不能再存在了。这样我们就可以用更高尚的德和更有价值的幸福来代替正义,从而使正义归于无用。后来,罗尔斯把休谟对正义的物质环境前提的论述概括为中等程度的匮乏。

(3)正义是一种人为的协议。休谟认为,正义这一种德与其他的自然德性不同,其他的自然德性是天然的,而正义是人为的。休谟认为,由于本性的自私与有限的慷慨,所以人在与他人的社会关系中,就会不自觉地达到一种利益上的协调与平衡,既然财产的稳定性占有对人来是说十分必要的,那么人们在比较中会逐步认

---

① 转引自高全喜:《休谟的正义规则理论》,载《世界哲学》2003 年第 6 期。
② 休谟:《人性论》,关文运译,商务印书馆 1980 年版,第 536 页。
③ 休谟:《人性论》,关文运译,商务印书馆 1980 年版,第 532 页。

识到,与其相互之间为了眼前的利益争斗不休,导致所有人的财物占有的不稳定和不安全,还不如大家共同创造出一种人为的措施,确立一种人们共同遵守的协议和规则。人们所共同制定并遵守的规则就是正义,它是一种人为的协议。由于正义是人为的,推而广之,法律也是如此。"法律和正义的整个制度是有利于社会的;正是着眼于这种利益,人类才通过自愿的协议建立了这个制度。"①

正义的基本内容是关于财产权的各种规则,它的稳定性与占有,通过相互同意的转移以及承诺的执行,等等。这些规则都是人为的(artificial),但绝不是任意的,而是一种惯例。它有许多相关的特征,最根本上的一点是,它符合我们的利益,而与我们非理性的倾向或冲动相对立。其他的一些特征包括:它蕴含着规则,也蕴含着我们的共同利益感;表达着互惠的观念,我让别人占有财产,别人也同样待我;惯例可以说是社会成员的一种协议,虽然彼此并未明确承诺,但我们都根据它对别人的期望来行动。

休谟有关正义的思想梗概即是如此,它对当代的政治哲学产生了深远的影响。仅仅就上面所举的这些内容来看,他关于人性的思想为斯密与边沁所接受,成为功利主义的思想基础;而关于正义环境的论述,基本上为罗尔斯所承袭;当代哈耶克关于惯例的论述,也可以追溯到休谟;而布坎南在《自由的限度》中关于自然分配的论述也可以视为对休谟的论点的一种形式化和数字化的表述;此外,在宾默尔的社会契约的源流图中,把自己视为霍布斯与休谟的继承者。在今天的政治哲学与社会契约论中,忽视休谟看来是不可能的。

但需要指出的是,休谟对社会契约论的影响绝非一端。上述的主要内容是休谟的财产与正义观念,休谟的道德认识论对于社会契约论也有着很大的影响,从思想史的角度来看,可以说,正是休谟的道德认识论促成了古典社会契约论的衰落。这个问题将放在后面来谈。

5. 康德的社会契约论

伊曼纽尔·康德(1724—1804)是哲学史上屈指可数的大家之一。这里我们不讨论他的主要贡献,只涉及他在政治哲学与社会契约论上的成就。如果仅仅从独创性的角度来看,康德的社会契约论似乎要比霍布斯、洛克、卢梭等略逊一筹。在某种意义上,他的社会契约论可以说是将卢梭的思想更加形式化、准确化的产物。不过,即使如此,由于康德在道德理论上的深厚学识,这使得他的表述更具有现代意义和价值,并将契约论的论证提升到一个新的高度。当代社会契约论——尤其是罗尔斯——的证明往往都从康德那里寻求思想资源。有的学者甚至认为,康德

---

① 休谟:《人性论》,关文运译,商务印书馆1980年版,第624页。

的理论应当是社会契约论最合适的表述。① 由此看来,他的重要性确实不可忽视。下面就他的理论中与社会契约论相关的部分略作陈述。

(1)权利理论。按照道德形而上学的总体构想,实践理性统摄法权论和德性论两个部分。法权论是权利科学考察的对象,它也是康德的政治哲学的基础理论,其中最为重要的是公共权利的表述。从权利的角度来看,自然状态或者说无法律的社会状态,可以看作是个人权利的状态,而文明状态则是公共权利的状态。"权利乃是以每个人自己的自由与每个别人的自由之协调一致为条件而限制每个人的自由,而公共权利则是使这样一种彻底的协调一致成为可能的那种法则的总和。"②将政治哲学与社会契约论明确地表述为建立在权利之上,这是康德的贡献,它已成为当代政治哲学的主流论证方法之一。

(2)国家的基础:自由、平等与独立。康德认为,国家是许多人在法律下的联合。国家的目的不是为了公民的幸福,而是维护法律秩序,维护国家本身的存在,是在公共强制性的法律下实现的权利。康德认为,权利的三大先天原则是自由、平等与独立,它们构成国家的基础。它们的完整表述是,"(1)宪法规定的自由,这是指每一个公民,除了必须服从他表示同意或认可的法律外,不服从任何其他法律;(2)公民的平等,这是指一个公民有权不承认在人民当中还有在他之上的人,除非是这样一个人,出于服从他自己的道德权力所加于他的义务,好像别人有权力把义务加于他;(3)政治上的独立(自主),这个权利使一个公民生活在社会中并继续生活下去,并不是由于别人的专横意志,而是由于他本人的权利以及作为这个共同体成员的权利"③。其中第三种性质主要涉及公民对政治的参与,它构成积极公民与消极公民的区别。

(3)永久和平论。我们把永久和平论也做一介绍,并不是因为它是社会契约论逻辑的建构环节,而是它体现了社会契约论在国家关系上的应用。一般来说,社会契约论主要是讨论政治社会的起源与正义问题,不过,社会契约论也可以做出扩展,它可以扩展至社会范围内部某些团体关系上,如乔恩·埃尔斯特(Jon Elster)的局部正义,它也可以扩展至国际关系上。康德有关永久和平的论述,可以称得上契约论较早的在国际关系上的扩展。

康德认为,国家之间的外部关系就同没有法律的野蛮人一样,也处于一种自然状态中。这是一种战争状态,彼此拥有国家的权利。这些权利包括向敌对国家宣战的权利、战争期间的权利、和平的权利、战后的权利等等。在康德的永久和平论

---

① Patrick Riley, "On Kant as the Most Adequate of the Social Contract Theorists", *Political Theory*, Vol 1, Issue 4(Nov., 1973), pp. 450-470.

② 康德:《历史理性批判文集》,何兆武译,商务印书馆 1990 年版,第 181—182 页。

③ 康德:《法的形而上学原理》,沈叔平译,商务印书馆 1991 年版,第 140—141 页。

中,更重要的是,各民族间的自然状态,与人们之间的自然状态一样,是一种人们有义务摆脱的状态。各个国家必然会联合成一个国家的联合体,虽然在战争与和平之间也存在着反复,但最终而言,永久和平必然会成为一个不断接近的目标。

从现实的国际关系来看,康德关于永久和平而制定的各种条款似乎显得迂腐,比如,常备军应该逐步地全部加以废除,国债不得用于对外战争等等。但应看到,其中的一些主张非常启人深思,比如永久和平关于每个国家的公民体都应该是共和国的条款,世界公民的论述,国家联盟制度的观点。当代许多关于全球正义的不少观点都可以追溯到康德这里。

这里我们仅仅叙述了康德基于权利科学对于社会契约的基本观点,其中他的主要贡献在于对社会契约论给出更为深厚的理论基础以及形式化的表述。不过需要指出的是,康德对于当代的影响并不仅仅限于这些,另外一些相当重要的观点在今天仍然影响甚远,比如德性方面的论述,代际正义的问题,等等。

二、古典社会契约论的方法论特征

古典社会契约论是当代社会契约论的前驱,虽然其中许多作家的观点不尽一致,论证的具体方法也彼此有别,但总的来看,古典社会契约论在方法论上仍然具有相当的一致性。这些方法论的特征,在许多情况下仍然会为当代所继承或发展,把握古典社会契约论在方法论上的特色,也有助于我们更准确地认识当代社会契约论。大致说来,古典社会契约论具有如下几个方面的特征:

(1)从非政治的自然状态领域中推导出政治。除了休谟的国家学说,古典理论的社会契约都是建立在自然状态这一非政治的基础之上。从逻辑上看,这种方法有别于柏拉图式的从理念来论述政治的路径,也有别于亚里士多德的经验式的描述归纳现实政治的研究路径。柏拉图式的政治哲学路径以他的《理想国》为代表,它从应然的某种理念出发,设想理想的政治秩序应当构建。这种方法开启了后世的神学政治以及乌托邦的政治哲学。亚里士多德则从现实的政治出发,归纳总结政治的各种经验与规律,并得出相应的政治哲学结论。这种经验主义的方法为马基雅维利所继承。然而对于古典社会契约论来说,这两种方法都显然不够。从理念出发的论证,往往陷入猜想与没有根据的希望,最后的结论也只能流于空谈。而经验主义的路径则由于当时的资产阶级共和国的建立尚无先例,它本身尚有待在理论上给予证明与描述,经验主义的方法由于没有可行的对象而难以实施。而且在当时的情况下,政治学的首要任务尚不是探索现实的政治存在着什么,而是应当给即将来临的政治规定什么。在这种情况下,以霍布斯为先驱的古典社会契约论并未跟随马基雅维利的传统,而将古代已有的社会契约论加以利用,并开创出一种新的政治哲学路径,这其中存在着某种历史的必然。

　　自然状态是一个理论的虚构,这一点对于绝大多数契约理论家来说是非常清楚的。但为什么要使用这样一个虚构呢? 这与它具有的论证力量有关。康德认为,原始契约不是一个事实,而是"纯理性的一个纯观念",但这个观念却有着毋庸置疑的实践的实在性,亦即它能够束缚每一个立法者,以致他的立法就像是从全体人民的联合意志里面产生出来,并把每一个愿意成为公民的臣民都看作是仿佛他已然同意了这样一种意志一样。① 在这里,康德指出了这种虚构的社会对于立法的合法性所赋予的论证力量。诺齐克认为,自然状态这一概念具有解释性的目的,其义也在于此。

　　(2)契约论中的最基本要素是一致同意。这一点是所有契约论的共同要素,它的要求是,社会合作必须是建立在个人的同意之上,并且符合相互的利益。一致同意来源于经济生活中订立合同的合意表示,其应用到社会契约论,指所有当事人对于所订契约内容的全部接受。其对于政治论的基本要素,学者有着不同的概括,比较严格的定义中,如赫费认为,契约除了同意,还有持有、交换等要素,以此推断罗尔斯的理论只有同意,而缺乏另外两者,不应当算作契约论,而唯有诺齐克的理论算得上典型的契约论。② 但是,既然罗尔斯已经被公认为契约论作者,我们就不能根据自己的定义来划分,而只能从既有被称为契约论作者的理论范式中概括出比较普遍的特征。从这个角度来看,赫费的批评恰恰提示出,社会契约论的公因子只有一个,即一致同意。

　　(3)古典社会契约论主要是人民同人民之间的契约,它与中世纪的契约论不同,后者所流行的观念是等级之间的契约。中世纪流行的契约论结构与当时的政治现实相关,在封建体制下,君主、贵族、农奴一层层缔结契约,每个人与比他高的另一个社会等级缔约,并规定彼此的权利。在这种契约体制下,等级的观念以契约的形式表现出来。即使契约论在涉及全体的时候,也假想政府与人民之间缔约,而不是人民与人民之间缔约。古典契约论相对于中世纪的契约论的革命之处就在于此。

　　但需要说明的是,人民与人民之间的缔约本身不排斥政府与人民的缔约,它仅仅只是在政府与人民之间的契约之前加上一种前提,这种前提,也就是人民之间的契约,它成为最基本的契约。只有在此基础上,政府与人民之间才有可能缔结契约。洛克的逻辑便包含了这两个部分。

　　(4)理性主义色彩。古典契约论正处于启蒙时代,它深受启蒙时代理性之光的影响。在霍布斯那里,他试图将政治哲学变成一种类似于数学的逻辑,整个国家不

---

　　① 康德:《历史理性批判文集》,何兆武译,商务印书馆1991年版,第191页。
　　② 奥特弗利德·赫费:《政治的正义性:法和国家的批判哲学之基础》,上海译文出版社1998年版,第393页。

是一个有机的存在,而是一种机械性的组合。洛克、卢梭、康德等古典契约论代表虽然不似霍布斯那么突出,但他们都拒绝那种将文化、传统等等超越个体理性的整体观念,而以个体的理智选择或权利作为其理论的出发点与归宿。理性主义对于今天的社会契约论影响深远,基本上不存在非理性的社会契约论,虽然每个作者对于理性的解释不尽一致。

第二节　休谟与黑格尔对古典社会契约论的批判

社会契约论自产生以来,从来都不缺乏批评的声音。不过多数批评并不构成真正的威胁,而唯有休谟与黑格尔的批评才彻底动摇了契约论的根据,并导致了古典社会契约论的衰落。从思想史发展的逻辑来看,他们的批评观点已经构成了当代社会契约论复兴时所必须回答的质疑。

一、休谟的批评:基于证明策略的视角

在《论原始契约》的开篇,休谟就说“在现在这个时代,没有哪个党派能够很好证明附加到它的政治主张或实践中去的哲学体系或理论原则体系”①。这句话恰当地表明休谟对于契约论批评的着力点,即对于契约论的证明策略问题。

以洛克为代表的古典契约论认为,人们对国家具有服从的义务,这是因为他们受到社会契约——这在洛克等人看来几乎可以认定为历史上存在过的原始契约——的约束。② 对于洛克来说,历史上是否存在过这样一种原始契约,对其理论的证明是至关重要的。对于这一证明模式,休谟批评的直接切入点是原始契约的服从问题。他首先承认,历史上可能存在过这样的一种原始契约,但却无法肯定。事实上,他对此抱有浓重的怀疑态度。无论如何,在他看来,历史上是否存在过原始契约,并不重要。真正的关捩之处在于,即使存在过这样的一个原始契约,它何以能够构成当代社会成员遵守该契约的根据。在这里,休谟的批评根据是,“证明政府的产生方式(起源于人们的同意)与为什么我们应该(或者不应该)服从它是两个完全不同的问题”③。对一个问题的回答不能构成另一个问题的答案,纵或我们现存的社会起源于契约论者所言的原始契约,它也不能构成我们遵从该契约的理由。休谟的回答非常简单,但却极其有力,以洛克为代表的契约论——姑且名为历史契约论——发现自身处于一个极其难堪的处境。

---

① 休谟:《休谟政治论文选》,张若衡译,商务印书馆 1993 年版,第 118 页。
② Joshua Foa Dienstag, “Between History and Nature: Social Contract Theory in Locke and the Founders”, *The Journal of Politics*, Vol. 58, 1996(4), pp. 985-1009.
③ 迈克尔·莱斯诺夫:《社会契约论》,刘训练、李丽红、张红梅译,江苏人民出版社 2005 年版,第 122 页。

不过,休谟之后的契约论似乎能够自圆其说。他们——更确切地说主要指卢梭与康德——摒弃了契约论中的历史因素,而直接诉诸理想。这样,缔约就不再是一个历史上发生过的事件,而只是一个可欲性的思想实验。与上述历史契约论相对照,我们名之为理想契约论。康德是这样来辩护的:"人民根据一项法规,把自己组成一个国家,这项法规叫做原始契约。这么称呼所以合适,仅仅是因为它能提出一种观念,通过此观念可以使组织这个国家的程序合法化,可以易于为人民理解。"①在这里,康德提出了一个与卢梭观点相符,但表达更为清晰的辩护:社会契约论虚构的理由不在于对历史上是否存在过的实际契约予以描述与解释,而是对于政治的社会基础进行合法性的逻辑分析。契约论不是用来解释政治社会的起源,而是用来评判政治制度的正义性。卢梭和康德在社会政治的契约论上,承袭了霍布斯和洛克的逻辑,尽管在形式上与他的先驱者相接近,但是显然失去了后者对该逻辑的确信,毋宁说,他们选择契约论,是出于一种不得已的选择:并不是社会契约论本身真确,而是没有如此一个契约,社会将如何自持?因为,社会上的大多数人,用密尔的描述来说,可谓是"乏于笃信而怖于怀疑"②。因此,有必要建构一种契约,将他们稳定地联系在社会之中。

卢梭与康德的证明策略虽然言之成理,但若将休谟的逻辑贯彻到底,不能说是社会契约论者完全成功。将前面所述批评理由加以扩展,理想的契约论发现自己仍然面临着休谟的质疑:为什么人们要遵守契约——不管是原始的还是自己缔结的——的承诺?可能的回答有:上帝命令或者自然法,这不能让人信服,因为还可以继续追问何以遵从上帝与自然法,如此陷入无限后退;遵守契约符合自己的利益。后面这个回答是卢梭的证明,它更可取,可以得到休谟的暂时认可。但是休谟继续追问,既然每个人都是根据自己的利益出发来行事,那么为什么还需要契约?既然社会契约完全是虚构的,既然我们服从政府完全是从自己的利益出发,而不是最初跟谁缔结了契约,那么,在逻辑论证这个环节上,根本就不必要有契约这一环节。世上几乎所有现存的政府,在诞生的时候都是通过某种暴力与欺骗手段来产生的,我们凭什么非得在它之上加个社会契约,为现有政府披上合法的外衣不可?即使这个政府最初是通过原始契约而建立的,对我而言,服从该政府的理由也不是因为该契约,而是出于我自身的利益。说白了,我所以服从政府,是因为我若不服从,可能就要掉脑袋,或者活得很卑贱,要这个虚构的社会契约又何用呢?据此,任何一个一般性的契约,都值得怀疑。

如果说上述批评尚是在与契约论直接周旋的话,将其逻辑依据更进一步提升到道德认识论的层面上看,我们会发觉,这其实是所谓休谟难题的延伸:

---

① 康德:《法的形而上学原理》,沈叔平译,商务印书馆1991年版,第143页。
② 密尔:《论自由》,程崇华译,商务印书馆1959年版,第26页。

在我所遇到的每一个道德学体系中，我一向注意到，作者在一个时期中是照平常的推理方式进行的，确定了上帝的存在，或是对人事作了一番议论；可是突然之间，我却大吃一惊地发现，我所遇到的不再是命题中通常的"是"与"不是"等连系词，而是没有一个命题不是由一个"应该"或一个"不应该"联系起来的。这个变化虽是不知不觉的，却是有重大关系的。因为应该或不应该既然表示一种新的关系或肯定，所以就必须加以论述和说明；同时对于这种似乎完全不可思议的事情，即这个新关系如何能由完全不同的另外一些关系推出来的，也应举出理由加以说明。[1]

在这里，休谟所提出的问题事实上构成了对于契约论的叙述策略的根本质疑：规范性的应然陈述无法从描述性的陈述中推导出来，也就是说，"is"无法推导出"ought to"。将这一事实与价值的二分应用到契约论的一般形式，契约论发现自身被置入一个证明策略上的两难选择：将自然状态——其中最关键的因素是人性假设——是描述成实然的，还是应然的？如果是实然的（比如洛克），又如何从中推导出一种理想的政府？如果是应然的（比如卢梭、康德），又何以能要求现实的人能够去服从？契约论如果要确立自身的理论价值，就必须对此做出回答。

现在，我们看到，休谟的批评并不像初看上去那么简单，而是涉及道德逻辑方法的基本困境。不过，休谟虽然对于契约论的证明策略并不满意，但并不否认契约论的努力。他承认，契约论——和与之对立的君权神授说一样——的"理论原则体系都可说是公正合理的"[2]。这位哲学史上最谨慎而折中的人虽然击中了古典契约论的要害，但终究不忍心将其一棒子打死。欧尼斯特·巴克勋爵极其精粹地概括出他对契约论的态度："你们的种种理论的确有些道理，但比你们想象的要少得多。"[3]那么，古典契约论的"道理"是什么呢？这应当是古典契约论有关政治的结论，比如立宪、自由、分权制衡等等。如此，契约论在休谟之后似乎只能如此安慰自己：虽然其证明策略并不成功，但至少在哲学目的上所主张的政治价值是可取的。然而，恰恰在这个方面，黑格尔的批判构成一个更为严重的攻击。

二、黑格尔的批评：基于哲学目的的视角

通常认为，黑格尔对契约论的致命一击是对契约论的个人主义前提的批判。确实，从黑格尔的文本来看，我们不难找到他对个人主义的种种批判，而且这一批判与黑格尔自身理论体系的建构也是相辅相成的，并实质上成为一种明确自身理

---

[1] 休谟：《人性论》，关文运译，商务印书馆1980年版，第509—510页。
[2] 休谟：《休谟政治论文选》，张若衡译，商务印书馆1993年版，第118页。
[3] Sir Ernest Barker, "Introduction", in *Social Contract*, London, Oxford, and New York: Oxford University Press, 1960, p. Ⅺ.

论定位的表述。

但是从被批判者的反应来说,却未对此做出充分的回应与修正。当代契约论者仍然普遍持方法论个人主义,即使他们没有持一种世界观和社会观的个人主义。更要命的是,当代契约论者并非不了解黑格尔的批判。我们来看莱斯诺夫面对黑格尔、基尔克对契约论的个人主义前提的批评时所给出的辩护:"假设读者折服于对社会团体的这种整体主义的诠释,那么他就会同情基尔克对社会契约论的批评;如果没有,就不会接受这一批评。就我个人而言,我不相信这一诠释。"①莱斯诺夫为之辩护的实际上只是以个人主义为特征的社会契约论,这远非契约论的全部。②但即使如此,他对个人主义前提的坚执以及当代契约论者普遍拒绝在此问题上做出让步的事实说明,个人主义已经不再是一个真伪判断问题,而是一个信念问题。

如此,这一判断——黑格尔对个人主义前提的批判构成古典契约论衰落的原因——能否成立,便值得怀疑。思想史上许多故去思想的复兴,让我们明白,以为批判某种理论的基本前提就能置该理论于死地是错误的。对基本前提的批判只是建立自己理论的依据,而被批判对象及后来的阐释者更加坚定地维护其前提也说明,思想衰微的原因并不在此。一种思想史发展意义上的批判必须是让对手暂时沉静下来,并且经过反思后,再做出适当的回应,以修正或重新解释原初的观点、方法的形式重新出现。只有在这个时候,批判才构成被批判者发展过程中内在的逻辑环节。

从这个角度来看,黑格尔所以撼动契约论者的,并不是有关人性的假定。反是黑格尔在哲学目的上的论述,才真正构成契约论所必须回答的质疑。而哲学目的,恰恰就是休谟所以宽容古典契约论的方面。黑格尔的哲学目的可以用一句话来概括:"哲学的最高目的就在于确认思想和经验的一致,并达到自觉的理性与存在事物中的理性的和解,亦即达到理性与现实的和解。"③

用这一标准来看,古典契约论都属于那种追求理性,但未能达到与现实和解的地步。这些作者从自然状态和社会契约论中推导出,个人以及社会具有先于或外于国家的性质。黑格尔认为,个人与国家在本质上是统一的,国家也不可能是个人订立契约的结果,"因为人生来就已是国家的公民,任何人不得任意脱离国家。生活于国家中乃为人的理性所规定。纵使国家尚未存在,然而建立国家的理性要求却已存在"④。因此,社会契约论缺少了历史的维度,属于关于个人、社会、国家的"虚假意识",其所追求建立的普遍正义、永恒王国无法在现实中得到实现。

---

① 迈克尔·莱斯诺夫:《社会契约论》,刘训练、李丽红、张红梅译,江苏人民出版社 2005 年版,第 140 页。
② 一种整体主义的契约论是可能的,比如空想社会主义者的契约论。
③ 黑格尔:《小逻辑》,贺麟译,商务印书馆 1980 年版,第 43 页。
④ 黑格尔:《法哲学原理》,范扬、张企泰译,商务印书馆 1961 年版,第 83 页。

正是在哲学目的上,黑格尔反对个人主义才能够理解。因为与其说黑格尔反对个人主义,毋宁说黑格尔反对坚持个人自由的抽象规定性,并拒绝进一步限定自身,从而达到与对象和解的实现自身的形而上学思维方法。康德认为法的含义是"限制我的自由与任性,使它能够依据一种普遍规律而与任何一个人的任性并行不悖"。黑格尔批评指出,一旦接受了这个原则,"理性的东西自然只能作为对这种目的所加的限制而出现;同时也不是作为内在的理性东西,而只是作为外在的、形式的普遍物而出现"①。黑格尔不满这种将个人与社会契约相对立的状况,而要求个人以自己的思维把握社会契约并接受社会契约,这样,社会契约不再构成外在于个人的东西,而构成其内在的和解。

有了休谟与黑格尔对契约论的两大批判,古典契约论不管是证明策略还是在目的上,似乎都失去了依据。自那以后,契约论就陷入极度衰落的境地。这两个问题从根本上动摇了契约论的逻辑前提,使得任何复兴契约论的努力,都必须对这两个问题做回答。

第三节　当代社会契约论的回应

从思想史的逻辑来看,一种理论遭到严重批判,即使是最基础的前提批判,也并不必然导致其死亡——因为它还可以对此进行回应。虽然回应者已经不再是之前的作者,但坚持该理论传统的后来者的头脑中已经无法回避这个问题。因此,当后来者对这个问题所进行的回应,并不是一两篇文章的商榷之作,而是体现了众多作者群对于批判问题的解释。事实上,这种回应有可能是非自觉地弥漫在众多作者的众多篇章之中。因此,研究者往往无法以一两篇明确的宣言,而只从众多的文献梳剔回应后来者的这种回应。这也是本节所从事的任务。

一、"假如"与"好像":当代社会契约论对休谟的回应

休谟和黑格尔的批评必须做出回答,因为这意味着契约论的根本立身之地,回答这两个问题,也是对自身理论合理性的证明。当代社会契约论分别在证明策略与哲学目的上给予了回答。首先我们来看证明策略,在这个问题上,当代契约论主要解决的是休谟提出的难题。休谟的质疑包含着两个环节:第一,实然如何能推导出应然;第二,应然的命令如何能够要求现实的人们遵守。第一个方面是逻辑的推导,而第二方面是结论应用,两者相关而并不相同。当代契约论也从两个相关而不相同的方面予以回应。我们将它们分别称之为"假如"(if)与好像(as if)。我们首

①　黑格尔:《法哲学原理》,范扬、张企泰译,商务印书馆1961年版,第37页。

先来看第一个环节的回应。

(一)"假如",推导结论的环节

针对第一个问题,即如何从实然判断中推导出应然判断,当代契约论的策略是使用了假言判断,从而将实然判断与应然判断联系起来。既然休谟认为绝对命令是无法从直言判断中推导出来,当代社会契约论便绕开绝对命令,而采用假言命令的方式。假言命令的格式是:"如果……那么……"用在政治哲学的格式中,通常可见:"if you want... then you should... because..."在这个格式中,"because"构成了实然的事实判断,而should则构成了一个应然的判断。两者之间通过这个假言(if)的形式从而得以建立了一种合理的(plausible)逻辑。在此,不妨举一个典型的句例:如果你希望健康,那么就应该吃菠菜。当然,而这种假言命令句又可以转化为陈述句:对于某个希望健康的人来说,拒绝吃菠菜是不理智的。① 那样的话,契约的应然陈述也与现实的规律性陈述和事实判断得以相联结。总之,当代契约论证明的基本范型不再是规定"你应当如何做",而是变成更容易为听者所接受的证明:"如果你想怎么样,就必须如何去做。"假言判断的提出,给当代契约论提出一个新的发展可能:即有可能在"你应当"的陈述中加入"你是"的陈述。也就是说,实然判断与应然判断有可能结合起来,构成一个崭新的证明策略。

为了让这一跨越实然与应然鸿沟的逻辑更为清晰,我们不妨详细转述席尔所以从实然中推导出应然的尝试。② 他首先承认实然与应然存在着鸿沟,但认为并非不可跨越。为此,他提出一组陈述予以说明:

1)琼斯说:"史密斯,我在此承诺付给你五美元。"

2)琼斯承诺付史密斯五美元。

3)琼斯为自己设定了一种付史密斯五美元的义务。

4)琼斯有义务付史密斯五美元。

5)琼斯应该(ought to)付史密斯五美元。

席尔指出,在这一组陈述中,并不是每一次前一陈述都必然蕴含(entail)后一陈述,但彼此之间仍然不是一种偶然的关系。而且重要的是,若要使前一陈述蕴含后一陈述,并不必然加上价值判断、道德原则之类的规定,而可以是描述性的陈述。以该组陈述为例,席尔认为在几个关键的逻辑环节中隐含了一些陈述。从第一个陈述到第二个陈述,其中漏列了两个相关的前提:一个是(2a)"在某些特定的条件

---

① Ken Binmore, *Game Theory and the Social Contract*, Vol 1, "Playing Fair", Cambridge, Mass. and London: The MIT Press, 1994, p. 11.

② John R. Searle, "How to Derive 'Ought' From 'Is'", *The Philosophical Review*, Vol. 73, 1964, No. 1, pp. 43-58.

C 下,任何人说'史密斯,我将付你五美元',这意味着他承诺付史密斯五美元";另一个是(2b)"条件 C 成立"。只有加上这两个前提,第一个陈述才能推导出第二个陈述。

从第二个陈述到第三个陈述不难为人所接受。而从第三个陈述到第四个陈述,也可以添上两个相类似的前提:(3a)"其他情况相同"(other things are equal)和(3b)"所有那些为自己设定一种义务的人,在其他情况相同的时候,就负有该义务"。同理,从第四个陈述到第五个陈述,也可以添上这个前提:"其他情况相同"。在这组陈述中,"其他情况相同"的隐含前提数次出现,席尔的解释是"我们无法给出一个合理的反对理由"。

通观席尔的论述,首先应该引起我们注意的是,席尔并不认为任何事实陈述都能够推导出价值陈述,但至少某类特殊的陈述能够,这就是承诺(promise)。而承诺恰恰是契约论所关注的缔约行为中所不可或缺的要素。休谟在讨论正义时,将"履行许诺的法则"视为正义的原则之一,它对于维系社会的存在至关重要,可以说"人类交往的自由和范围完全依靠于对许诺的忠实"①。其次,席尔在推导过程中特别注重的是条件。几乎从一步推导另一步都涉及某种对条件的确立,比如"在某些特定的条件 C 下","条件 C 成立","其他情况相同"。这意味着,在承诺类陈述中,其中将口头承诺转化为义务的关键要素是对某种特定条件的确立与延续。

如果说,席尔从形式上明确地描述出契约论在何种情况下从实然推断出应然的逻辑,那么,当代的契约论者则以理论建构的实践来实现了这种逻辑。不管罗尔斯、诺齐克,还是布坎南、高西尔,他们的契约逻辑都有一个特别明确的前提条件。比如罗尔斯在推断二个原则的时候就将它限定在正义的条件——原初状态——之中。罗尔斯主要是用原初状态来设置推理的种种前提,原初状态是一个明确被意识的虚拟状态,在其中的种种条件都是我们为达到某种要求而设置的,正是由于这种条件设置的明确的自我意识,在论证的同时,将作为公平的正义的各种条件得到条分缕析的说明。这也是米尔顿·菲斯克所指出的契约论的分析性作用。② 因此,如果我们再拿休谟的论据来责怪契约论的过于武断,那是没有道理的。与此相似的,面对各种可能的自然状态,诺齐克接受了洛克的自然状态,而拒绝了霍布斯与葛德文的自然状态。这种选择本身就意味着对前提条件的确认。罗尔斯极其清楚地表明自己的方法,"它又是反思的,因为我们知道我们的判断符合什么样的原

---

① 休谟:《人性论》,关文运译,商务印书馆 1982 年版,第 586 页。这里需要提醒读者注意的是,虽然休谟是反对社会契约论的重要作家,但其关于正义的思想却被当代契约论作家所广泛的继承与吸收。所以形成这样的局面,这是因为休谟讨论正义的情境中包含着一个契约的原型。关于这个问题,参见 Gauthier 的论述(David Gauthier, "Hume, Contractarian")。

② Milton Fisk, "History and Reason in Rawls' Moral Theory", in Norman Daniels ed. *Reading Rawls*, Oxford, Basil Black Ltd., 1975, pp. 53-80.

则和是在什么前提下符合的"①。

当然,如果从还原的角度来看,古典契约论者的证明最终而言也是一种假言判断。因此甚至可以由此推断,只要采取一种契约论的立场,那么其证明策略最终都可以归为假言判断。但是,我们绝不可因此而忽略当代契约论作者的重要突破。那就是当代契约论对于自身证明的假言性质具有明确的意识,但古典契约论者却总试图将这一假言判断无条件地转换为一种绝对命令。当代契约论的明确意识使得它们在讨论最终的政治问题时,试图避免那种不容置疑的口吻,而以一种更为谨慎的态度来表达。比如尽管罗尔斯对社会主义社会表达出某种程度的不信任,但是既然其正义论无法否认它,他对于评判现实社会主义和资本主义都表达了同样的谨慎。②

(二)"好像",服从问题的弱要求

既然契约的推断仅仅只是一种假言命令,那么又如何要求现实的缔约者遵守这样的契约呢?对此,当代契约论者提出一个为自己辩护的策略,即其结论对于缔约者来说具有"好像"的价值。早在1959年,布坎南就提出一个契约论的雏形,在该文中,他指出自己的理论就是建立在国家的契约论上。而这个契约论,在他看来,包含一个"好像"(as if)的假设。③ 在这里,布坎南实际上道出了当代契约论在对待其结论的服从问题上的基本立场。在此之前,另一位契约论的研究者也指出了社会契约的好像性质。巴克爵士在其《社会契约论》读本的序言中提到,法学家不喜欢社会契约这个概念,因为他们知道实际的契约是什么,而社会契约,在法学家看来,不过是一种托辞,一种"类似的"(quasi)或者"好像的"(as ob)托辞。④ 在这里,巴克爵士道出了当代契约论在服从问题上的基本依据,即"好像"(as ob 或 as if)。

对于"好像"的意义,当属高西尔解释得最为精辟。高西尔认为,在西方人的意识形态中,隐含着一种契约主义。它倾向将一切人际关系都视为好像一种契约行为,至于将宪政或社会基本结构视为契约只是这种契约主义的一部分而已。他强调指出:"我想说的是,应该这样理解我们的思想和行为,即好像(as if)所有社会关系只有根据契约的原则才能得到合理的解释。请注意,在我的论述中,'好像'(as if)一词具有双重作用:我们自觉的思想和公开的行为可以这样来解释,即我们好像接受了社会契约论;这一理论认为,所有的社会关系可以这样来解释,即它们好

---

① 约翰·罗尔斯:《正义论》,何怀宏等译,中国社会科学出版社1988年版,第18页。

② 约翰·罗尔斯:《正义论》,何怀宏等译,中国社会科学出版社1988年版,第265页。

③ James M. Buchanan, "Positive Economics, Welfare Economics, and Political Economy", *Journal of Law and Economics*, 1959, 2(October), p.134.

④ Sir Ernest Barker, "Introduction", in *Social Contract*, p. XII.

像是契约性的。"①

可以如此说明当代契约论采用"好像"策略的意义：首先承认，确实不曾在事实上存在着这样的契约，因此也不存在着遵守该契约的义务。在这个意义上，那种对虚构契约的质疑是合理的。但是，契约所描述的内容——正义或义务——却是真实的，在此，一个虚构的契约成为一种描述的工具。罗尔斯曾把正义论与语法理论相类比，认为正义论的目的是描述我们心目中的正义感。② 这一做法意味深长，与古典契约论的独断相比，显然更为谨慎；另一方面，却更具有可接受性，从而也更为坚实。石元康指出："假然的契约是一个存在的契约，在假然式契约中，契约的功用只是在提醒我们那些本来就已经有的义务，它本身并不能制造义务。"③也就说，当代契约论采用了这种"好像"的证明策略后，它有理由如此回答休谟的质疑：契约论所推导出来的结论本身并不要求人们去服从，它只是描述和说明了当代人们所以遵守"社会契约"——正义原则、政府或者其他内容——的原因。在其应用的意义上，当代契约论的"好像"可以解释成，如此理解的正义对于社会的持存来说极其重要。因为如果不做此理解，社会将分崩离析，一种彻底的无约束的个人主义将可能毁掉社会。社会契约论所描述的正义或义务不仅仅是现实，而且是社会合作的核心。我们可以借用阿马蒂亚·森对于有关确信博弈的论述来说明这一点。④

在囚徒困境中，参与人的占优策略是不合作。而双方这样做导致对双方来说都是非帕累托最优的结果。通常的解决方案是应用重复博弈，但单纯的重复囚徒困境博弈并不能解决这一问题。如果这一博弈重复 n 次，在最后一次中每个参与人都有一个占优策略，即双方都不合作。不管此前如何博弈，在第 n 次中另一个参与人必将采取那一策略，每个参与人都知道这一事实（假定共同知识）。为了避免第 n 次的损失，参与人会考虑一提前采用占优策略，那么在 $(n-1)$ 次博弈中，每个人又有同样的动机实施不合作。将这一共同知识继续推导下去，完全有可能将这一逆向推理应用于第一次。这样，每个人自始至终都会坚持这一"社会非最优的"策略，社会合作失败。

许多博弈理论家采取放宽参与人共同知识的假设。由于参与人并不知道对方是否知道自己的策略，或者并不知博弈在什么时候结束，这样，参与人有可能策略性地采取合作的策略。但森指出这一求解路径的不足之处在于："为了达成理性的合作，我们必须知道得'越少越好'。如果不存在这种无知和不确定性，那么理性合

---

① David Gauthier, 1977, "The Social Contract as Ideology", *Philosophy and Public Affairs*, Vol. 6, 1977, No. 2, p. 136.

② 约翰·罗尔斯：《正义论》，何怀宏等译，中国社会科学出版社 1988 年版，第 43 页。

③ 石元康：《罗尔斯》，广西师范大学出版社 2004 年版，第 34 页。

④ Amartya Sen, *Rationality and freedom*, Cambridge, Mass. and London : Belknap Press of Harvard University Press, 2002, pp. 209-219.

作的基础也就分崩离析了。这种将理性构建于社会有益的无知之上的做法,存在着相当程度的悖谬。"[1]

森认为,真正的走出困境的办法在于承认某些群体规则。这些规则使得个人首先遵从它们,并因此而约束自己的行为。甚至于个人仍然采取上述的偏好排序时,即参与人最希望的是个人利益最大化下的不合作策略,但他们的实际行为并不这样做,而是按照集体规则行动,实现社会利益最大化。也就是说,他们的行为"好像"(as if)表明,他们最偏好于那一结果。这样,囚徒困境就转化为确信博弈(Assurance Game),如图 2-1 所示。

参与人A	参与人B
a_1b_0	a_0b_1
a_0b_0	a_0b_0
a_1b_1	a_1b_1
a_0b_1	a_1b_0

参与人A	参与人B
a_0b_0	a_0b_0
a_1b_0	a_0b_1
a_1b_1	a_1b_1
a_0b_1	a_1b_0

图 2-1　从囚徒困境到确信博弈

如图所示。在囚徒困境中,参与人 A 和 B 各自的占优策略分别为 a_1 和 b_1,而相应的博弈均衡是 a_1b_1,这对双方而言并非帕累托最优。改变这一情况的做法是设定某项集体规则,即对方采取合作策略时,自己也必须合作(a_0b_0)。这样就将囚徒困境改变为确信博弈。确信博弈存在两个博弈均衡点(a_0b_0 和 a_1b_1),其中 a_0b_0 显然要优于 a_1b_1。而决定性的因素就在于双方的"确信",或者说共识。社会契约论的"好像"作用就在于此:只要参与人都"确信"它,并且哪怕每个人的利益与社会契约的要求不尽符合,但它最终仍然实现了合作和帕累托最优,亦即社会整体利益的最大化。尽管"好像"存在着这样一种社会契约产不能构成契约服从的强要求,但作为一种弱要求(虽然参与人违反,但服从的最终结果更有利),仍然构成了社会契约的内核。

二、现实主义的乌托邦:当代契约论对黑格尔的回应

现在,我们来看当代契约论对哲学目的的回答。如果说当代契约论在证明策略的回应上采取了一种迂回的策略,在哲学目的上却是基本上接受了黑格尔的主张,即哲学的目的是实现理性与现实的和解。不过,这种接受也不能解释为全盘地接受,而是一种在现实基础上的建构。罗尔斯的"现实主义乌托邦"(Realistic utopia)最能说明当代契约论在回应黑格尔上所采取的立场。[2] 现实主义的乌托邦包

---

[1] Amartya Sen, *Rationality and freedom*, p. 210.
[2] 这一概念最早见于罗尔斯的《万民法》,但罗尔斯也将它用于自己的政治正义观(参见 John Rawls, *The law of peoples*, Cambridge, Massachusetts: Harvard University Press, 1999, p. 3,121)。

含两层含义:一层含义是它具有现实性;二层含义是,它是建构的,即具有导向作用,而不是纯粹的客观事实的描述。

所谓现实性,其意指当代契约论作者在建构其理论的时候,认为自己所讨论的正义是以当代社会为对象而进行的描述。这种现实性特征,大抵可以区分为两种情况:一种是在以罗尔斯为代表的一些作者那里,现实性表现为所描述的对象是当代社会中人们的政治共识;另一种是在以布坎南为代表的另一部分作者那里,现实性表现为在契约前提即现状(the status quo)。

罗尔斯认为,正义论就好像语法理论,其目的也是为了描述存在于人们心目中的正义观。而契约论是用来描述人们心目中普遍存在的正义观的一个工具。[①] 值得注意的是,当罗尔斯试图用乔姆斯基的语言学理论为其正义论下定义时,当代契约论的另一名重要作家哈贝马斯也提出了类似的主张,后者认为自己的理论是一种重建,即对先于理论的知识做出一组关于沟通的假设、规则、命题的重构。[②] 这两位契约论作家在这个问题立场上的相似并非偶然,从思想史意义上,我们可以把它视为契约论在当代复兴时对于黑格尔质疑的答复。

罗尔斯对黑格尔的回答并不是针锋相对的反驳,而是吸取其关于哲学的基本主张。英美政治哲学一直对黑格尔比较排斥,但罗尔斯却自承,他在政治哲学的目的上秉承黑格尔,认为哲学的目的就是理性与现实的和解[③],并致力于将道德哲学从分析语义转向实质性的问题。在这方面,罗尔斯与黑格尔如此接近,以至于虽然他自称继承康德的传统,但库卡塔斯和佩迪特认为,他的理论具有很浓厚的黑格尔主义。[④] 是否黑格尔主义并不重要,重要的是,罗尔斯这一对实质问题也同样的关心,确立了契约论在解释现实方面的价值,而不再是古典契约论的自言自语式的论述。

现实性特征的另一种含义指将逻辑前提——自然状态——设定为现状。这是以布坎南、宾默尔等人为代表的一部分契约论作者的倾向。宾默尔的理由是,哲学家当然可以把自然状态设想为任何一种他所愿意的状态,但如果自然状态不同于当前的现状的话,似乎没有理由相信现实中的人们会接受哲学家在那种状态中推导出来的契约。这种以现状作为契约起点的理论与黑格尔的关系没有罗尔斯那么接近,但至少在哲学目的是以现实为指向的。因此,同样可以视为当代契约论对于黑格尔的某种精神上的接受与回应。

---

① 约翰·罗尔斯:《正义论》,何怀宏等译,中国社会科学出版社 1988 年版,第 43 页。

② 石元康:《罗尔斯》,广西师范大学出版社 2004 年版,第 148—157 页。

③ Rawls John, *Justice as Fairness: A Restatement*, Cambridge, Massachusetts, Harvard University Press, 2001, p.3.

④ 乔德兰·库卡塔斯、菲利普·佩迪特:《罗尔斯》,姚建宗、高申春译,黑龙江人民出版社 1999 年版,第 163—168 页。

但是,我们要看到,虽然当代契约论都将现实作为自己的指向,但是他们并不是在黑格尔意义上看待现实的。在黑格尔那里,现实是一种在历史进程中绝对精神的辩证法,它不等于现状(实存),虽然它必然不可能脱离现状。但当代契约论都没有接受辩证法,而仍然按照类似于古典契约论的方式来建构现实的乌托邦。所谓建构性,指的就是那种不依赖于历史而在一种设定的状态(自然状态)中进行理想社会的建构。这一点是当代契约论在隐含地接受了黑格尔在哲学目的上的批判之外,同时坚持自身传统的地方。

当代契约论在理论的建构特征方面也不是与黑格尔不存在对话。这其中,罗尔斯显然是与黑格尔走得最近的一个。罗尔斯不仅仅接受了黑格尔在哲学目的上的论断,而且在建构其现实主义乌托邦的时候,也实质上受到黑格尔的深刻影响。他对现实的关注,并没有仅仅停留在一些表层的问题上,否则,他与古典契约论的决裂也没有我们想象的那么大。使罗尔斯区别于古典契约论,从而与黑格尔精神深层相通的地方在于,政府与个人是息息相关的。他们都认为:"正义所应用的对象不应该是政府,而应该是全体公民。社会正义不应该停留在政治的表面,而应该深入其内部。"①这种将个人与整个国家联系起来的倾向完全不同于古典契约论——尤其是霍布斯、洛克的理论——中将政府与人民分离的倾向。相反,在精神上,它接近于卢梭,更接近于黑格尔。尽管在方法上,《法哲学原理》与《正义论》截然不同,但两者都试图从个人推导出国家,并将个人与国家用一种伦理的纽带联系起来的做法却极其相似。罗尔斯的这种特征并不偶然,它代表了当代契约论的一个基本判断,伦理的也就是政治的,而政治的首先就必须是伦理的。从这个意义上,罗尔斯之后的契约论更多地关注于道德哲学领域②,并不是对政治问题的忽视,毋宁说是在罗尔斯的影响下,自觉不自觉地接受了一个黑格尔的大判断:国家是伦理观念的现实,而对伦理观念的建构本身就是对政治的发言。

三、当代契约论的实践向度

要求一个孤立而自洽的理论必须具有实践上的价值是过分的,作者可以宣称其研究的目的仅仅在于探讨概念之间的逻辑关联。但是,对于当代社会契约论这样一个与意识形态相关的理论潮流,读者有理由要求它除了逻辑上具备自身的特征之外,对实践问题也应同样地关注。事实上,它确实很关注现实问题。库卡塔斯和佩迪特指出,罗尔斯恢复了马基雅维利、霍布斯、卢梭、孟德斯鸠、密尔为代表的一个伟大传统,即进行将可行性与可欲性结合起来的政治理论研究,从而区别于

---

① 川本隆史,《罗尔斯:正义原理》,詹献斌译,河北教育出版社 2001 年版,第 11 页。
② 迈克尔·莱斯诺夫:《社会契约论》,刘训练、李丽红、张红梅译,江苏人民出版社 2005 年版,第 206 页。

20世纪上半叶的知识状况。① 确实,就关注现实的精神而言,当代契约论与古典契约论的精神是相通的,不过两者的区别也是一目了然的。我们粗粗浏览《哲学与公共事务》——它堪称当代政治哲学最有代表性的期刊——的目录,发现它讨论的问题极其广泛,诸如剥削、分配正义、堕胎、知识产权、自卫、安乐死、老年保障、家务劳动是否商品、酒后驾车、限制车速、毒品、脑死亡、先发制人的战争。② 其中多数主题只可能在当代才出现,因此它们也是构成当代契约论区别于古典契约论,乃至整个现代以前政治思想的差别所在。

但是在这里,笔者不拟讨论这些具有强烈时代特征的主题,因为它们从理论自身逻辑来看,只是一个外部的偶然因素。相反,笔者将从当代契约论所以成立的逻辑前提——证明策略与哲学目的——出发,延伸至实践领域时所构成的理论特征。这样做的理由是,我们如此理解理论实践特征与当代契约论的逻辑前提具有一种内在的必然关联,而不是偶然的契合。毕竟,从实践角度去把握一种理论传统,绝不等于对其涉猎主题的简单罗列。当代契约论在逻辑前提方面回答了休谟与黑格尔的质疑,从而为当代契约论的接受性确立了空间。不仅如此,这些回答也内生地决定了当代契约论的实践向度,它集中体现在以下几个方面。

(1)承认契约论使用假言判断来证明的策略,其在现实的结论上就是理论体系中绝对权利的丧失,从而对社会政治持一种总体上的平衡观。当代契约论作者对于自己理论推断的前提条件具有明确的意识,因为这些条件仅仅被视为是设定的,而不是绝对存在的。既然条件是由作者有意识的选择,那么其结论——它们由于与政治有关而总是涉及权利——也仅仅在这些条件存在时才可以成立。由此而延伸到社会政治领域,一种普遍的平衡观成为当代社会契约论所以区别于古典契约论的重要特征。

所谓平衡③,它的基本思想就是一种权利与另一种权利,一种观念与另一种观念存在着一种妥协、交易、互换的情况,而不是彼此不搭界,或者无条件地压倒对方。这种是一个非常现代的观念。古典社会契约论的一个基本特征就是不同性质的权利之间,无法沟通。这在政治上就形成了一种对于规章制度和权利的坚持到

---

① 乔德兰·库卡塔斯、菲利普·佩迪特:《罗尔斯》,姚建宗、高申春译,黑龙江人民出版社1999年版,第2—7页。

② 当然也有对自由、平等、正义、权利等政治价值,自由意志论、功利主义、义务论等学术流派,密尔、罗尔斯、诺齐克、德沃金等人物研究的内容。但《哲学与公共事务》对现实问题的关注相当突出,它所反映的是整个英美政治哲学界对于现实问题的兴趣。我们不能将所有这些现实问题的讨论都归于契约论的名下,不过在契约论成为当代政治哲学主流的情况下,将其中多数视为受到契约论的影响或渗透着契约论的精神,这应当是成立的。高西尔甚至对契约主义在当代的迷漫表达出一种绝望的批判,虽然他自身就是最著名的契约论者之一。

③ 罗尔斯用的是"equilibrium",它与另外一个词的含义差不多,即"trade-off"(权衡),本文将它们视为一个含义。

了无法融通的地步。比方说，罗素在《西方哲学史》中说洛克主张：军队长官对部下兵士们尽管操生杀大权，却没有拿走金钱的权利。罗素推导说，在任何军队里，惩办轻微的违犯军纪，处罚款是不对的，却许可通过鞭挞一类的体伤来惩罚。罗素以此说明洛克让他的财产崇拜带到了何等荒谬的地步。① 从常识来看，洛克在这个地方确实是让人难以接受，罗素的批评有其合理性。但罗素说洛克是财产崇拜，却没有真正理解洛克。实则洛克有其自身的逻辑，在洛克那里，人们参加军队作战，这是一种生命权利与生命权利之间的较量，而财产权不能与生命权之间通约。所以洛克还举例说，一个国家的军队入侵另一个国家的军队，你可以杀对方，但是不可能拿对方的一针一线。因为作战的对方只是拿生命权与你的生命权来较量，而没有拿财产权来较量。② 扩而充之，在古典社会契约论的作家里面，一种权利与另一种权利之间，是根本不可能交易、不可能互换的。

然而，在当代契约论作家那里，权利与权利之间的交易却十分常见。比如，诺齐克通常被视为洛克的衣钵继承者，他们在社会政治倾向上基本相同，都赞同一种主张守夜人政府的古典自由主义。但是，两者之间存在着深刻的差异。洛克认为不同的权利之间不可以交易，而诺齐克偏偏大讲权利与权利的交易，认为只要是自愿的交易，不管交易的内容是什么，都是合法的。他甚至认为，一个人完全可以自愿卖身成为奴隶。③ 与这种平衡的模式一样，罗尔斯的反思的平衡，这里讲的是观念之间的平衡。我们的观念如何与别人之间的观念彼此平衡，最终取得一个社会政治的共识。在这里，虽然平衡的主体不是权利，而是观念，但是结论不再是来自于自然法的推导，而是来自有着不同利益和观念的人们之间的谈判与妥协。

（2）承认现实的差异与不平等，并以此作为基本主题。在历经黑格尔的批判之后，当代契约论的回应是在自身的理论中表现出对现实的关注。这种关注直接表现为，当代契约论将现实政治社会的各个方面都纳入到自己的研究对象，从而使当代政治哲学呈现出一种极其复杂而细致的面貌。在这方面，前述《哲学与公共事务》杂志的内容堪称最好的体现。但是，当代契约论并不仅仅是在一些表层的东西上接受了现实，而且在更具有黑格尔含义的现实层面上来研究现实。这就是在各种现实中强调人们的差异与不平等，将这个问题视为当代契约论所进行研究的根本主题。

古典社会契约论几乎是无例外地假定人与人在各方面的平等。比如，霍布斯认为："自然使人在身心两方面的能力都十分相等，以致有时某人的体力虽则显然比另一人强，或是脑力比另一人敏捷，但这一切总加在一起，也不会使人与人之间

---

① 罗素：《西方哲学史》（下册），马元德译，商务印书馆1982年版，第165页。
② 洛克：《政府论》（下篇），瞿菊农、叶启芳译，商务印书馆1964年版，第111页。
③ Robert Nozick, *Anarchy*, *State and Utopia*, New York: Basic Books, Inc. , 1974, p.331.

的差别大到使这人能要求获得人家不能像他样要求的任何利益,因为就体力而论,最弱的人运用密谋或其他处在同一危险的人联合起来,就能具有足够的力量来杀死最强的人。"①洛克也接受这一判断,"同种和同等的人们……毫无差别地生来就享有自然一切样的有利条件,能够运用相同身心条件"②。简言之,古典契约论前提是契约当事人基本无差别,而缔约的结果就是建一个资产阶级的共和国,其政治结构最典型的就是洛克的三权分立与卢梭的人民民主。

古典契约论这样做省却了许多麻烦事情。但当代契约论就不能再接受古典契约论的这一假设,而是首先强调人与人之间的差异。这构成了当代契约论的最基本的出发点。以罗尔斯的理论为例,虽然在原初状态中,每个人都被屏蔽掉自己的信息,看上去似乎都差不多。③ 但是这绝不意味着罗尔斯将差别与不平等问题排除掉理论的视野之外,恰恰相反,在罗尔斯的整个理论中,人们之间的差别——罗尔斯将它简化为有利地位者(advantaged)与不利者(disadvantaged)——构成讨论社会合作和宪政最核心的问题。同样,布坎南也强调指出,契约论的理论前提不可以用平等作为出发点。人们是千差万别的,他们在体力、勇气、想象力、技巧、理解力、偏好、对他人的态度、个人的生活方式、处理社会关系的能力、世界观以及控制他人的水平等等都不相同。这一关于个人差异的陈述的基本有效性是不容否认的。因为"我们所处的是一个个人的社会,而不是平等的社会"④。只有在人类的差异性基础上,当代契约论的讨论才有意义。

当代契约论对这种人们的差异与不平等的强调被进一步纳入讨价还价模型。在以纳什博弈为代表的正义讨论模型中,两个谈判实力不等的参与人被设为一个先定的条件。⑤ 在这里,讨论正义的目的是确定两个实力不等的人应该如何分割他们之间的合作剩余。这种在模型中设置不平等的人的做法是当代契约论的普遍趋势。它构成了当代契约论最重要的实践特征之一。对人的差异性的强调极其重要,它事实上基本上改变了契约论的主要政治内容。古典契约论所关注的只是建立一个共和国,而当代契约论更关注的是福利制度。另外,它也可以扩展到现实社会生活中的每一个角落。对于当代资本主义国家来说,如何维系现存的政治秩序,

① 霍布斯:《利维坦》,黎思复、黎廷弼译,商务印书馆1985年版,第92页。
② 洛克:《政府论》(下篇),瞿菊农、叶启芳译,商务印书馆1964年版,第5页。
③ 有必要对罗尔斯的原初状态多说几句,他似乎明确地接受了古典契约论,具体来说指休谟的正义条件:"存在着使人类合作有可能和有必要的客观环境。这样我们假定,众多的个人同时在一个确定的地理区域内生存,他们的身体和精神能力大致相似,或无论如何,他们的能力是可比的,没有任何一个人能压倒其他所有人。"(约翰·罗尔斯:《正义论》,何怀宏等译,中国社会科学出版社1988年版,第121页。)但应看到,这个原初状态在罗尔斯的理论中属于一种理想的情境,而整个理论的大部分是用来讨论社会的不平等,更具体的说是有利者与不利者之间的分配问题。
④ James M. Buchanan, *The Limits of Liberty: Between Anarchy and Leviathan*, Chicago and London: The University of Chicago Press, 1975, p.11.
⑤ 布莱恩·巴里:《正义诸理论》,孙晓春、曹海军译,吉林人民出版社2004年版,第一章。

让那些在社会竞争的失败者也能够接受其结果,构成了最重要的政治主题。在这个方面,福利国家无疑是当代资本主义国家所以区别于此前自由资本主义时代的基本精神。当代契约论来说对于福利国家格外关注,我们不难从外部的现实因素中找到解释。但从理论发展的自身逻辑来说,这就是对黑格尔的接受与回应的逻辑必然。

(3)表面上与上述两种实践特征背道而驰但实质上极其相关的是,社会契约论的形式化日益突出,越来越成为一种纯粹的理论工具。从罗尔斯开始,当代契约论的一个重要特征就是引入了部分数学的证明形式,从而与古典契约论形成鲜明的对照。罗尔斯对当代经济学的进展相当熟悉,《正义论》中引用最多的著作,除了康德和西季威克之外,就是经济学家阿马蒂亚·森的《集体选择与社会福利》。罗尔斯对于词典式序列、帕累托最优等等问题的讨论显然在很大程度上得益于此。如果说,在罗尔斯的理论中,传统的政治哲学理论开始引入了部分数学要素的话,当代契约论在以后的发展可谓变本加厉。到后来的高西尔、宾默尔,契约论的形式化倾向日益严格,走向了一个新的顶峰。

表面上看,当代契约论的形式化似乎背离了对于现实问题的关注。但事实上,契约论的形式化不仅仅是受到当代数学和经济学的外部影响,也更是其实践向度的内在要求。因为如果要深入而细致地探讨问题时,数学将是最好的工具。比如罗尔斯在区分自己的差别原则与各种功利主义的区别时,用数学图形就非常清晰地解释彼此差别的要点。至于在宾默尔那里,数学的应用更是极其普遍。

契约论的形式化有其特别的优势,那就是它可以借此摆脱古典契约论的强烈的政治倾向,而可以与任何主义或倾向相结合。[①] 早在1963年,罗尔斯就指出,他是想把契约论视为一种"分析框架"(analytic construction)[②]。这里的含义是,契约论完全不应该属于某种特定意识形态的专属物,而可以为各种意识形态或理论所用。另一方面,一旦契约论的形式精细化,它还获得了分析上特别的优势,那就是能够模拟现实的处境,从而其应用性更强,能够针对现实的问题提出对策建议。这可以说是古典契约论所无法企及的。

最后需要强调的是,既然当代契约论已经拥有持一种平衡观,关注差别,同时在理论上又有形式化的优势,它将为我们打开一种新的可能,即为描述与证明某个

[①] 在此有必要将作为形式的契约论与作为意识形态的契约主义区别开来。不可否认的是,在西方社会,作为一种意识形态的契约主义也日渐隆盛,它与作为分析工具的契约论流行不无关联。但两者仍存在着本质的区别。麦克弗森等人所批判的对象更应称为契约主义,它属于资本主义意识形态的内容。而契约论,仅仅只是一种理论工具,它可以与任何一种主义相结合,马克思主义也不妨使用一种契约论,比如就曾建构一种马克思主义的社会契约演进理论。(见拙作:《试论一种马克思主义的社会契约演进理论》,选自《政治经济学评论》第10辑,中国人民大学出版社2006年版,第123—147页。)

[②] John Rawls, "Constitutional Liberty and the Concept of Justice", in *Nomos* 6, eds, C. J. Friedrich and J. W. hapman, New York: Atherton Press, 1963, p. 103.

具体社会的政治共识提供一种理论路径。古典契约论作者试图建立一个永恒的正义王国,这不仅仅是作者们的认识与意识形态倾向问题,也是其理论工具本身决定了,他们所构建的政治社会只可能是一种具有普遍性的政治架构。但是当代契约论其自身的理论逻辑却决定了,它们完全有可能描述与证明一种具体的政治社会的基本框架。

尽管直到目前,契约论的主要作者都局限于西方社会,对其内容的证明也主要考虑当代西方政治。但是这些作者对其理论的意识已经让更多的人明白,其理论不再具有普遍性。正是在这个意义上,莱斯诺夫提出一种温和的契约论:"这种契约论主张其适用性并不是普遍的,而仅仅适用于特殊的社会,并且(可以这么说)每次只运用于一个社会。"①也就是说,契约论的目标将不再是证明普遍正义或永恒王国,而只是某个具体社会的政治共识。不但在西方国家中用契约论来探讨,在东方社会,也同样可以用契约论来描述、解释与证明。

在此,笔者特别强调在中国应用契约论的重要意义。以往,对契约论——或者任何其他重要的政治社会思想——的讨论与介绍中,中国被置于一个"他者"的地位。即使我们能够从西方借来的镜鉴中窥见自己的不足并加以改进,但长期缺乏自己的主体表述,使得在政治社会思想中有关中国的表述甚至在许多基本的政治社会立场上都出现了偏差。而同时,学术研究也停留在象牙塔中,与中国现实之间有着严重的隔膜。这样,中国政治哲学的研究事实上便停留在一种思想史的范围,而将现实世界拒在门外。让人感到不无遗憾的是,正是在这种潜意识的影响下,两位知名的中国学者认为,"要而言之,中国学人研究政治哲学的基本任务有二:一是批判地考察西方政治哲学的源流;二是深入梳理中国政治哲学的传统"②。笔者以为,现在是在马克思主义的指导下,利用契约论这种理论工具来描述中国政治共识的时机。在这样一种前景中,中国的契约论研究将脱离那种纯粹思想史的范畴,而进入到现实的关注。更富有意义的是,其理论不再是借用西方话语下对中国的审视,而是一种自主的表达。

---

① 迈克尔·莱斯诺夫:《社会契约论》,刘训练、李丽红、张红梅译,江苏人民出版社 2005 年版,第 202 页。
② 甘阳、刘小枫:《政治哲学的兴起》,载《南方周末》2006 年 1 月 12 日。

本章小结

本章主要介绍了古典社会契约论的几位主要作家的思想,休谟与黑格尔对于它们的批评以及当代社会契约论是如何回应这一批评而确立自己的思想基础,并由此导致相应的实践向度。虽然社会契约论远可以追溯至古希腊,但对于当代社会契约论来说,最重要的传统思想资源仍然是古典社会契约论作者。事实上,我们不难在英文文献中看到,这些思想家的思想,仍旧以这种或那种方式活在当代的政治哲学传统中。比如博弈论者将霍布斯的理论用数学模型重新论证过一遍;高西尔被视为新霍布斯主义者;洛克的自然状态被诺齐克直接搬用,而其财产理论中的洛克但书已经成为当代财产哲学的一个热点,存在着非常丰富的解释;休谟的理论也往往被当代作者,如罗尔斯、高西尔、宾默尔等,视为理论源头;卢梭的社会契约论是极富有原创性的,虽然当代有作者如波普尔来把其理论当作靶子来批判,但严肃的学者都会承认他的贡献并予以应有的地位;至于康德,他认为不可以仅仅把人当成手段的论述,在众多作者——譬如罗尔斯、诺齐克、森——的思想中时不时再现。

承认古典社会契约论的贡献的同时,更重要的是理解它所以衰落的缘故以及当代复兴的逻辑。本章避开了社会历史的解释,而从思想史的内部去阐释,认为休谟所提出的证明策略与黑格尔的哲学目的才是最重要的导致其衰落的批判。而当代的作者们,无论他们是否明确意识休谟与黑格尔的批评,自觉不自觉地回答了这两个问题:一个是通过假言判断来证明从实然推导应然判断的合法性;一个是将研究目的导向现实而或多或少接受了黑格尔的批评。

而这一逻辑应对不仅解决了当代社会契约论的逻辑前提问题,也决定了它的实践向度:在权利或利益诉求方面,更强调平衡,从而有别于古典契约论的独断式的论述;在关注领域方面,对于差异问题给予了特别的重视,而较少如古典契约论把人视为一律平等的简单推论。

第三章 罗尔斯与契约主义契约论

当代契约论的复兴是与罗尔斯的名字分不开的。虽然不能说他是最早具有契约论意识的当代作家,但正是由于他的著作,使契约论在当代激起了广泛的讨论。契约论由于他的贡献才得以重新获得主流地位,并且其影响不但超过哲学界和政治学界,更是在经济学界和法学界引起了广泛的讨论,许多重要的作家都受罗尔斯的鼓舞,从而投身于契约论研究这一事业。比如高西尔就自言受罗尔斯的影响,而决意用一种讨价还价的模式来描述一种伦理观念。

罗尔斯的影响广泛,在某种意义上说,当代的社会契约论者都或多或少是他的门徒。但并不是所有人都接受了罗尔斯的观点与方法。这其中,托马斯·斯坎伦受其影响最深,也与罗尔斯走得最近,并且因为其思想具有一定的独创性。他坚持罗尔斯的主题,阐发契约主义的社会契约论,我们也把他与罗尔斯归为一个流派。佩迪特以研究罗尔斯和对共和主义的辩护而著称,他的论证及其理论是也借用了罗尔斯的方法。这里我们也把他们归为一个流派。

第一节 罗尔斯的方法

约翰·罗尔斯(John Bordley Rawls)于 1921 年 2 月 21 日出生在美国马里兰州巴尔的摩的一个富裕家庭,是家中五个孩子中的老二。他非常敬仰亚伯拉罕·林肯和伊曼努尔·康德,终其一生都在研究他们。他自己的生活非常纯粹,基本上只在书斋中研究,这更接近于康德而不是林肯,但林肯的意义在于昭示了奴隶制的不正义,并成为他看待各种理论时的坐标。罗尔斯在第二次世界大战时入伍服役,在太平洋战场上服役于步兵部队,这段时间的经历给他很大的影响。因为目睹这个时代的大屠杀等等事件,他对于宗教、正义等问题有着非常深刻的领悟。其1943 年毕业于普林斯顿大学,1950 年获该校博士学位,先后在普林斯顿大学、康奈尔大学、麻省理工学院和哈佛大学任教。1971 年,罗尔斯出版《正义论》,旋即在学术界产生巨大反响。除此以外,罗尔斯的著作还有《政治自由主义》(1993)、《万民法》(1998)、《道德哲学讲演录》(2000)、《作为公平的正义——正义新论》(2001)等。总的来说,罗尔斯的著作在当代学者中并不算多,但其地位极其崇高。有的评论家把罗尔斯与柏拉图、阿奎那和黑格尔这些思想泰斗相提并论。诺齐克当年有言,政治哲学出了罗尔斯之后,是不可能回避他的。

考虑到全书着重于探讨理论方法,本节对于罗尔斯的研究将着重于其论证方法。罗尔斯一生的学术可以理解为在理性多元论的背景下寻求政治共识的一种努力,这种努力,如果从他自己的目的——为自由民主制度寻求一种共识基础——来看,基本上是成功的。但对于与他语境有别的我们来说,也许更感兴趣的是罗尔斯在这个论证过程中,使用了一种特别精致的方法。这种方法的具体内容是什么?有什么样的优缺点?它对于我们理解当代中国的政治共识有何借鉴价值?这些都是值得我们深思的问题。

一、有关罗尔斯方法的争议

要准确介绍罗尔斯的方法是有一定困难的,因为无论是罗尔斯自己,还是众多研究者,对他的方法都有着不同的描述和不一致的解释。

罗尔斯对自己的方法曾有过许多表述,在《正义论》中,罗尔斯将自己的方法描述为反思平衡(reflective equilibrium)。其中虽已包含了公共证明(public justification)的思想,但未作为一个关键的概念而加以阐述。[①] 在《政治自由主义》中,他提出了另外两个与方法相关的概念,即重叠共识(overlapping consensus)以及公共理性(public reason)。而在 2001 年出版的《作为公平的正义——正义新论》中,他把公共证明视为一种适合于阐述证明政治正义观念的手段,它关联并且包容反思平衡、重叠共识和公共理性这三个概念。[②] 在罗尔斯的理论体系中,从逻辑起点到逻辑终点的证明都是公共证明这一概念的任务,公共证明成了他的体系的基本方法论。

但是,我们——作为一个批判吸收者而不单纯是阐释者的我们——并不必须跟随他的看法。如果一个概念必须在特定的情况下才能存在,那么这个概念在很大程度上依赖于经验的事实,而不是依赖于一门理论科学的自身逻辑。同时,这也就意味着它并不是一个真正的方法论的概念,因为它无法满足理论科学的自身形

---

① Gerald F. Gaus, *Social Philosophy*, Armonk, New York: M. E. Sharpe Inc. 1999, p. 19.

② John Rawls, *Justice as Fairness: A Restatement*, Cambridge, Massachusetts: Harvard University Press. 2001, p. 26.

式的统一性。① 一旦我们置换其经验背景与理论前提,它将立刻失去方法的意义。换句话说,如果某个概念能够成为基本方法论的话,那么它不但能够在美国的经验背景下具有适用性,而且在中国也同样适用,否则它就不具备批判吸收的价值。这样我们来看公共证明时,就会发现它实际上并不具备它自己所宣称的广泛接受性。罗尔斯认为,重叠共识与公共理性都需要一个存在的前提,那就是所谓秩序良好的社会。也就是说,如果在另一种社会里,那么这两者就是不现实的,也是不能成立的。此外,公共理性包含着一种对人的本质的自由主义的抽象理解,他认为人的理性本质上就是自由和平等。这实际上是一种资产阶级的抽象的人性观,具有强烈的意识形态倾向,其论证的结论必然是将现存秩序永恒化。② 因此,把公共证明作为罗尔斯的基本方法论是无法接受的。

学者们对罗尔斯的方法阐释也不尽一致。最为常见的观点是认为其基本方法论是契约论。毫无疑问,罗尔斯是一个契约论者,而且是 20 世纪最重要的契约论者之一。但是仅仅看到这一点尚不足以准确把握罗尔斯的方法。契约论本身就是一个非常庞杂和笼统的方法,包含众多流派,存在不同形式的契约论。在这个名称之下,有着不同的契约论传统,而契约在每个传统中占着不同的地位,服务着各自有别的目的。③ 罗尔斯自己也认为,"原初状态可以有许多种解释。对这一观念的不同解释依赖于怎样领悟订约的双方,他们的信仰和利益是什么,以及哪些可供选择的对象等等。在这个意义上,有许多不同的契约论,作为公平的正义,只是其中之一"④。此外,尚有许多学者怀疑契约论在罗尔斯的理论体系中的作用。内格尔认为,罗尔斯的契约论并未完成其目标⑤;罗纳德·德沃金认为,在罗尔斯的论证过程里,契约并不是特殊重要,它只是一个不彻底的方法(a half-way point),罗尔斯的结论只是通过(through)它而不是产生于(from)它。⑥ 赫费甚至认为,从严格意义上的契约论来看,罗尔斯的契约论仅仅具有一致同意这一层因素,缺乏双方交换权利和严格服从契约这两个要素,因此他的契约论尚算不上典型的契约论。⑦

① 埃德蒙德·胡塞尔:《逻辑研究》第一卷,上海译文出版社 1994 年版,第 20 页。

② Milton Fisk, "History and Reason in Rawls' Moral Theory", in *Reading Rawls*, ed. Norman Daniels Oxford, Basil Black Ltd. 1975, pp. 53-80.

③ David Boucher and Paul Kelly, "The Social Contract and Its Critics: An Overview", in *The Social Contract from Hobbes to Rawls*, ed., David Boucher and Paul Kelly, Routledge, London and New York, 1994, p. 1.

④ 约翰·罗尔斯:《正义论》,何怀宏等译,中国社会科学出版社 1988 年版,第 116 页。

⑤ Thomas Nagel, "Rawls on Justice", *The Philosophical Review*, 1973, Vol 82, Issue 2, pp. 220-234.

⑥ Ronald Dworkin, "The Original Position", *University of Chicago Law Review*, 1973, Vol. 40, No. 3, pp. 500-533.

⑦ 奥特弗利德·赫费:《政治的正义性:法和国家的批判哲学之基础》,上海译文出版社 1998 年版,第 393 页。

另一种也为不少学者所持的观点认为罗尔斯主要依赖于直觉主义的方法。如黑尔认为罗尔斯是一个确定无疑的直觉主义者,他与以前的直觉主义者如西季威克的区别在于:西季威克是一个一元论的直觉主义者,而罗尔斯则是一位多元论的直觉主义者(pluralisic intuitionism)。① 范因伯格则认为,罗尔斯的理论可分为理想部分和现实部分。重要的是一旦遇到现实问题,要看它如何平衡各种权利和义务之间的冲突,就此而言,罗尔斯自己高估了其理论中契约论和纯粹程序主义的作用,而低估自己理论中的直觉主义成分。②

还有些学者则试图综合这两者。如丹尼尔斯认为,罗尔斯的方法中包含着一个复杂的结构,绝不能用那种隐蔽的直觉主义来解释,而应当将其内在的契约论逻辑与直觉主义逻辑在不同层面上区别开来。③ 库卡塔斯和佩迪特认为,罗尔斯的基本方法是反思平衡,而契约论和原初状态的设计仅仅是为提出原则而用作启发性的手段。④ 笔者认为,这种观点比较切合罗尔斯的理论逻辑,与全书的观点基本一致。但是,要理解一种方法,并不是仅仅把方法做出描述即可。为达到对某种方法论的完整的把握和批判的审视,必须首先重新勾勒出时代背景和学术背景,并将其问题化,从而重建背景与方法的关联,然后表述理论的逻辑起点和结论,澄清其内在的方法脉络和特点。这是一种将哲学文本置身于时代的推论性语境(discursive context)的做法⑤,其意在对语境的明确自我意识的前提下,阐明这种方法的可取之处与需要修正之处。

二、罗尔斯的问题:多元文化下的政治共识

罗尔斯经历过第二次世界大战,那个时代纳粹、日本的大屠杀和原子弹在广岛、长崎的爆炸给他留下了极为深刻的烙印。托马斯·内格尔指出,"人类能够不断地被引向导致残忍和毁灭的巨大浩劫的事业,却仍然为它辩护这一事实——这一点可以从对纳粹种族大屠杀的审判中看出——是罗尔斯对人类文明的处境进行思考的背景"⑥。到 50 年代,美国外有朝鲜战争,内有麦卡锡掀起的反共喧嚣等。

---

① R. M. Hare, "Rawls' Theory of Justice", in *Reading Rawls*, ed. Narman Daniels, Basil Blackwell Ltd., Oxford, 1975, pp. 81-107.

② Joel Feinberg, "Rawls and Intuitionism", in *Reading Rawls*, ed. Narman Daniels, Basil Blackwell Ltd., Oxford. 1975, pp. 108-124.

③ Normal Daniels, "Wide Reflective Equilibrium and Theory Acceptance in Ethics", *The Journal of Philosophy*, 1979, Volume 76, Issue 5, pp. 256-282.

④ 乔德兰·库卡塔斯、菲利普·佩迪特:《罗尔斯》,黑龙江人民出版社 1997 年版,第 30—39 页。

⑤ Arlene W. Saxonhouse, "Text and Canons: The Status of the 'Great Books' in Political Theory", in *Political Science: The State of the Discipline* II, ed. Ada W. Finifter, *The American Political Science Association*. Washington D. C. 1993, pp. 10-13.

⑥ Thomas Nagel, "Justice, Justice, Shalt thou pursue", *The New Republica*, 1999, Vol 221, Issue 17, p. 36.

60 年代情况愈演愈烈,在涉外方面有古巴导弹危机、越南战争;在国内则有此起彼伏、如火如荼的争取民权运动、黑人抗暴斗争、校园学生运动,与豪富相对而言的贫困现象也成为令人瞩目的问题。① 其中越南战争的爆发和美国的参战对于罗尔斯的影响尤其重要。他一开始就反对越南战争,并反复公开为自己的这一观点辩护。他曾和同事罗德里克·弗思(Roderick Firth)一起参加了 1967 年 5 月在华盛顿召开的反战大会。1969 年春季,他开设了"战争问题"一课,参照越南战争讨论有关战争的各种各样传统与现实的观点。这场不义战争提出了许多问题:一方面由于财富的分配不均,金钱容易转化为政治影响,这使得公平问题显得非常突出;另一方面,由战争而引发的良心拒绝、非暴力反抗,以及其中蕴含的自由的限度,将政治哲学传统的自由、平等等问题推到了前台。② 所有这些问题,对政治哲学来说,集中到一点,就是怎么去建立一个秩序良好的社会(the well-ordered society),从而在这个秩序良好社会的框架中将它们妥善解决。

在 20 世纪的英美学界的政治哲学,占统治地位的是功利主义。功利主义认为一个秩序良好的或者说正义的社会应该追求最大多数人的最大幸福。一种制度的合法性建立在它对社会利益贡献的基础之上。因此,对于战争、民权运动、黑人运动等等,功利主义的衡量办法就是根据其正反双方何者能贡献更大的社会利益。但在罗尔斯看来,功利主义有其自身不可避免的弊端。"功利主义观点的突出特征是:它直接地涉及一个人怎样在不同的时间里分配他的满足,但除此之外,就不再关心(除了间接的)满足的总量怎样在个人之间进行分配。"③至少就解决社会问题的效果来看,它将导致这样的结果:第一,在追求最大多数人的幸福过程中,功利主义的主张极容易压迫和损害少数人的利益。第二,在大多数人的利益的笼罩下,个人自由将被摆在第二位,这在逻辑上完全存在这样一种可能,即可以依据功利主义的原则来为奴隶制辩护,只要能证明奴隶制是有益于最大多数人的利益。这些结果在罗尔斯看来,是无法接受的。而且从时代所提出的问题来看,功利主义也无法提出真正的解决之道,因为它以最大多数人的幸福作为旨归时,却不能提供一种所有人都能接受的共识,它对少数人的忽视,使它容易走向一个非正义的结论。真正的解决方法在于建立起一种符合社会共识的正义理论。

而要寻求社会共识,一个无法回避的问题是:在当前所处的政治社会里,存在着一个价值多元的事实。罗尔斯将这种情况称之为理性多元论(reasonable pluralism)。人们各自主张不同的统合性的哲学、宗教学说,彼此之间深刻对立,并且

---

①　何怀宏等:《〈正义论〉译者前言》,载约翰·罗尔斯《正义论》,中国社会科学出版社 1988 年版,第 2—3 页。

②　托马斯·波吉:《罗尔斯小传》,载《作为公平的正义:正义新论》,上海三联书店 2002 年版,第 491—494 页。

③　罗尔斯,《正义论》,何怀宏等译,中国社会科学出版社 1988 年版,第 23 页。

这种对立不是创建一种学说就可以抹平或包容的。罗尔斯认为,在现代政治社会里,这种多元论的社会现实是无法否认的,也是无法改变的,它与社群(community)有着本质的区别。社群是由一群享有共同的统合性教义(comprehensive doctrine)或部分统合性教义的人组成,其特征在于人们对于善有着共同的理解。当代政治社会中的人们持着不同的统合性的哲学、宗教、道德或美学观念,显示着巨大的、不可调和的差异。① 人们彼此之间存在分歧,但这并不意味着它不合理。这种理性多元主义的现实并不是一种转瞬即逝的历史现象,它是必然的,并成为民主社会中的政治文化中的永久事实(permanent fact)②。为什么会产生这样一种理性多元论的情况呢?

通常的解释或者认为人们的利益影响了其判断,而利益的根本冲突必然导致判断的不可调和;或者认为,人性中存在着不可改变的非理性因素,那种在理性的基础上达成意见和价值的统一是不可能实现的理想情况。罗尔斯并不采纳这些解释,并不是因为它们没有道理,而是想为理性多元论的现实给出一个更深刻的认识论基础。他认为,即使每个人都是理智的,且其处境都是处在理想的条件下,合理分歧(reasonable disagreement)仍然是不可避免的。因为在人们的政治生活中,存在许多障碍,以至于无法形成正确的判断和推理③:第一,人们用以支持某一论断的证据往往相互冲突、极其复杂,因此很难评估;第二,即使我们考虑到所有的因素,但对其各个因素的权重仍有不同的看法,而这将导致不同的判断;第三,在某种程度上,所有概念都是模棱两可的,这意味着理智的人们在问题的判断和解释上会产生差别;第四,我们在证据的评估和价值的评判上往往受自身总体经验的影响,显然人们的总体经验总是千差万别的;第五,通常情况下,对同一问题的不同方面存在各式各样的规范性考虑,因此很难做出总体评价。罗尔斯把导致理性多元主义的根源称为评判的重负(the burdens of judgment)。由于这些因素,人们很难指望通过自由而公开的讨论来达成一致结论。在这一点上,罗尔斯与哈贝马斯分道扬镳。哈贝马斯把正义看作是某一集体决策的各方当事人将会一致同意的结果,而这一集体决策又必须是在理想的对话或交流的条件下进行的,这些条件的提出是为了确保每一个人都有相同的言论权利和对话机会,确保权力和影响之间并不存在任何被人们曲解的差别。而罗尔斯认为,在理性多元论永存的情况下,指望通

---

① John Rawls, *Justice as Fairness: A Restatement*, Cambridge, Massachusetts, Harvard University Press,2001, p.3.

② John Rawls, *Justice as Fairness: A Restatement*, Cambridge, Massachusetts, Harvard University Press, 2001, pp.33-34.

③ John Rawls, *Political Liberalism*, New York: Columbia University Press. 1996, pp.54-58;John Rawls,2001, *Justice as Fairness: A Restatement*,Cambridge, Massachusetts: Harvard University Press, pp.35-36.

过政治过程的对话来达成共识是不现实的。因此,必须得换一种方式来寻求一种人们都能接受的共识。①

处于这种深刻的理性多元主义的现实中,指望人们都持某一种统合性教义是不可能的,除非用国家力量来压迫民众。② 这种压迫不可避免地包含粗暴和残忍,并导致宗教、哲学和科学的堕落。欧洲中世纪的宗教压迫便是证明。罗尔斯甚至认为,即使一个社会将康德或密尔的学说——虽然罗尔斯本人的理论在某种意义上可视为康德和密尔的发展——作为联系的基础的话,也不例外,哪怕这种理论倡导宽容和良心自由。德雷本认为,罗尔斯的这一观点在哲学史上是首次提出,是一个彻底的激进观点。③

人们既然在许多问题上无法达成一致意见,这是否意味着我们就必须持一种哲学怀疑主义的立场,并且对政治问题等不闻不问呢?罗尔斯并不希望如此。④他认为,在政治领域(political domain)里,我们不能持怀疑主义的立场,而必须就基本政治问题达成一致同意。因为政治领域的最大特点是,政治问题,尤其是宪政实质(constitutional essentials)上的意见冲突并不能让人们各行其是,它必须得到解决。政治领域不同于社会内部的协会和自愿群体,在后者中,人们有了不一致意见,至少可以随时退出,但是政治社会却很难退出。如果要实现一种秩序良好的社会,就必须以某种政治共识作为人们合作的基础。因此,寻求一种为所有人能够接受(但不一定为现实中所有人都坚持)的政治共识成为政治哲学的基本问题。

现在,我们看到,罗尔斯的学术生涯可以解释为致力回答下面这样一个问题:在既定的而且是永恒的理性多元论的情况下,如何寻求所有人都能接受的政治共识。这一问题也是我们理解其方法论的关键所在。

三、作为公平的正义:罗尔斯的论证目标

罗尔斯所认为的政治共识又是什么呢? 由于政治共识的对象是社会基本结构,而正义作为社会制度的首要价值,因此毫无疑问,政治共识最终达成的结果必定是某种正义。在《正义论》的开篇,罗尔斯直截了当地指出,"我的目标是要确立一种正义论,以作为一种可行的选择对象,来替换那些长期支配着我们的哲学传统的理论"⑤。在这里,他所指的传统理论就是功利主义,而对他自己所要确立的正

---

① John Rawls, *Political Liberalism*, 1996, pp. 372-434.

② John Rawls, *Political Liberalism*, New York: Columbia University Press. 1996, p. 37; John Rawls, 2001, *Justice as Fairness: A Restatement*, Cambridge, Massachusetts: Harvard University Press, p. 34.

③ 布尔顿·德雷本:《论罗尔斯》,载《儒家与自由主义》,哈佛燕京学社、三联书社主编,生活·读书·新知三联书店 2001 年版,第 132 页。

④ 约翰·罗尔斯:《正义论》,何怀宏等译,中国社会科学出版社 1988 年版,第 201—206 页。

⑤ 约翰·罗尔斯:《正义论》,何怀宏等译,中国社会科学出版社 1988 年版,第 1 页。

义,他称为作为公平的正义(justice as fairness)。

作为公平的正义的主要内容就是人们熟知的两个正义原则。它的表述如下:

第一个原则 每个人对与所有人所拥有的最广泛平等的基本自由体系的类似自由体系都应有一种平等的权利。

第二个原则 社会和经济的不平等应这样安排,使它们:①在与正义的储存原则一致的情况下,适合于最少受惠者的最大利益;并且,②依系于在机会公平平等的条件下职务和地位向所有人开放。①

两个正义原则是罗尔斯所最终达到的结论,也就是人们所存在的政治共识。这个结论是否准确地概括了现实的人们的共识以及它所具有的社会政策含义,我们置之不论。从方法论的角度来看,这里首先应给予注意的是,这个结论所由推导而出的起点是什么。罗尔斯认为可以把正义论视为一种描述人们的正义感的企图。② 因此,其逻辑的起点必然是一个存在于人们的一般的正义感或者说正义观念,即某种直觉性的正义观念,作为公平的正义只是这个一般的正义观念在社会制度方面的应用。

罗尔斯将这个一般的正义观念表述如下:"所有的社会基本善——自由和机会、收入和财富、自尊的基础——都要平等的分配,除非对其中的一种价值或所有价值的一种不平等分配合乎每一个人的利益。"③在这个一般的观念中,最基本的概念就是平等。它对于其他概念的重要性在于,平等自由原则和机会公平原则被视为平等的自然表达(natural expression)④,而差别原则被视为在不平等是必然而且必要的情况下,如何选择合作条款的问题。在这里,为能达到为获利较少者接受的条款,平等被视为对于获利较多者的比较基础(the basis of comparison),而平等的分配则被视为一个逻辑的起点(the starting point)。因此,平等观念在罗尔斯的体系是最基本的观念之一,罗尔斯把它视为基本直觉理念(fundamental intuitive idea)。⑤ 罗纳德·德沃金认为自由在罗尔斯的理论中是被选择的结果,因此并不是它的理论中的基本权利,而只有平等——确切地说,指要求同等关注和尊敬的权利(the right to equal concern and respect)——才是这一契约方法的预设,因为这不是被原初状态的人们所选择的,而是先定的。⑥ 对于这一理念,罗尔斯并没有费心去证明它,因为他把它视为自明的,无须证明的。

---

① 约翰·罗尔斯:《正义论》,何怀宏等译,中国社会科学出版社 1988 年版,第 292 页。
② 约翰·罗尔斯:《正义论》,何怀宏等译,中国社会科学出版社 1988 年版,第 43 页。
③ 约翰·罗尔斯:《正义论》,何怀宏等译,中国社会科学出版社 1988 年版,第 292 页。
④ John Rawls, *Collected Papers*, Cambridge, Massachussate, Havard University. 1999, pp. 254-266.
⑤ John Rawls, *Collected Papers*, Cambridge, Massachussate, Havard University, 1999, p. 254.
⑥ Ronald Dworkin, "The Original Position", *University of Chicago Law Review*, 1973, Vol. 40, No. 3, pp. 500-533.

由于平等观念不仅是理论的预设,而且是作为人们普遍持有的正义感而存在,因此,对它的理解有必要跳出罗尔斯的体系,回溯到西方传统文化和政治哲学中对正义的理解。在西方传统对正义的认识中,实际上并不是一种单一的声音。如在《理想国》中,西蒙尼得最初所表述的一般人所认为的正义即欠债还债,这与诺齐克的资格理论颇有相似之处;色马叙拉霍斯则认为强者的利益即正义,很容易让人联系起亨廷顿的强大政府论来;柏拉图则将正义表述为城邦的和谐一致,这与后世的各种社会主义学说有着千丝万缕的联系。而亚里士多德则认为正义就是中庸之道。诸种正义的观念对后世都有影响。在诸种声音之中,对当代美国社会影响最大的正义观念,可以说已深深植入人们的头脑中,这个观念就是平等。

平等观念应该要上溯到基督教。基督教认为人类是上帝所造,在上帝面前人人平等。自基督教而后,以及自然法学派诞生以来,平等便成为存在于人们之中一个最重要的正义观念。在自然法的逻辑里,平等是先于自由的。自然法认为人都是由上帝所造,因此,人生而平等。而诸种权利如自由、生命、幸福等等权利,则是基于人生而平等而获得的权利。因此,在平等与其他权利相联系时,平等更具有基本性。这可以从洛克和《独立宣言》的文本中分析出。洛克在《政府论》下篇引证胡克尔的话说,人类基于自然的平等既明显又不容置疑,只有在此基础之上才可建立起人们相互之间应有的种种义务。① 可见,在自然法的传统里,平等在逻辑上是先于自由的。

作为具有美国宪法性质的《独立宣言》,从其本质上,仍然继承自然法的传统,并且对于当代美国人的政治观念有着深远的影响。我们可以从对其文本的解读中把握美国人心目中政治共识的基本正义观念。在《独立宣言》的正式文本中,所有人都是平等的与人们被上帝赋予不可剥夺的权利都是毋庸置疑的(self-evident)。在这里,平等与自由两种要求的内在联系相对比较模糊。但在杰弗逊起草的《独立宣言》的草稿中,则认为人们基于自然而平等是毋庸置疑的,而人们因生而平等获得各种权利(from that equal creation they derive rights)也是毋庸置疑的。这里自由在逻辑上是派生于平等的。② 可以说,平等在其最基本的共识层面,是先于其他权利的。

罗尔斯把正义论与语法理论相类比,认为正义论的目的是描述我们心目中的正义感。③ 既然平等是美国人民所普遍持有的观念,也是它的体系的基本直觉理念,他的理论也将以此为前提而展开作为公平的正义的论证。但平等观念绝不意

---

① 洛克:《政府论》(下篇),瞿菊农、叶启芳译,商务印书馆1964年版,第5页。
② 参看 Richard Hudelson, *Modern Political Philosophy*, Armonk, New York: M. E. Sharpe Inc. 1999, pp. 14-16.
③ 约翰·罗尔斯:《正义论》,何怀宏等译,中国社会科学出版社1988年版,第43页。

味着绝对的平均,它在许多层面的应用上表现出不同的甚至是相对立的诉求。因此,在罗尔斯论证的起点上,它仅仅只是作为一种抽象的正义而存在,还未获得它的具体的内容。罗尔斯的任务就是以这个一般的平等观念作为他思考的起点,采用某种方法,最终达到它的具体内容,即两个正义原则。

四、反思平衡:最基本的方法

罗尔斯的方法,从其最基本的层面上说,就是反思平衡方法。反思平衡与公共理性或者重叠共识不同,它具有可以普遍应用的特征。早在罗尔斯之前,功利主义的代表西季威克就已在使用这种方法,并明确地描述了它的含义。[1] 有理由认为,反思平衡作为一种基本方法是可以成立的,以它作为研究罗尔斯方法论的对象也是合适的。但罗尔斯对反思平衡有着他自己的理解以及独特的应用,我们将在下面指出这一点。

反思平衡从选择者的理性假设出发。罗尔斯认为,在前提上有必要设定公民具有理性能力(a capacity for reason)和正义感(a sense of justice)。因此他们将处于被设计好的位置(designed position)上,在环境许可的最大范围内,尽可能地不偏不倚和审慎明智地做出深思熟虑的判断(considered judgment)。即使这样,不但我们的深思熟虑的判断与别人的深思熟虑的判断存在冲突,就是我们自己在不同时候和不同问题上所做的各种判断之间也存在矛盾。那么问题就是,我们怎样才能使我们自己的各种判断相一致并且还能在不施加权威的情况下与别人的深思熟虑的判断相一致?

罗尔斯指出,我们的各种判断往往存在多种一般性的层次(at all levels of generality),包括具体行动上的判断、社会政策和制度上的判断以及最终达到非常一般的信念。当单个人进行反思平衡时,他试图将自己各种层次上的判断保持一致。反思的平衡就是自己的道德原则(principle)和判断(judgement)的来回往复的校对和修正过程。如果原则与我们所认可的判断不一致,那么或者认为我们的判断是不合适的,从而修正我们的判断,或者人们要改变我们所要采取的原则。这里存在一个修正过程(revision),由于这种修正只是在单个人的正义观念之下做出的,它的修正必然不多,罗尔斯把它称为狭窄的反思平衡(narrow reflective equilibrium)。这个过程的结果是,我们自己的各个层次上的道德判断相互支持和协调,从而使整个道德观念获得了一致性。但是狭窄的反思平衡是不够的,因为个人的判断往往带有偏见,即使个人的道德原则与道德判断相符合,也难以提供一个对他人

---

[1] Frank Snare, "John Rawls and the Methods of Ethics", *Philosophy and Phenomenological Research*, 1975, Vol. 36, Issue 1, p. 103.

来说可以接受的正义观念。

下一步是一种广泛的反思平衡(wide reflective equilibrium),即他把自己所认同的正义判断与源自其他正义观念(这主要是从社会的哲学传统中寻找)的正义判断相比较,并权衡各种观念的力量与理由,以做最大限度的修改并仍然保持着一种正义判断的内在连贯性,最终达到一种为所有人都能接受的一种政治正义观。从理想的意义上看,反思的平衡要求提出所有可能的正义的描述,并将个人的判断及其全部的哲学依据与其相适应。但由于事实上做不到把所有正义判断都描述出来,因此,对于罗尔斯来说,广泛反思的平衡所能做的是,第一步,研究和考察我们通过道德哲学史所得知的以及自己的正义观;第二步,将这作为公平的正义观的原则和论据,与别的一些熟悉观点相比较。如果公平的正义更可取的话,那么作为公平的正义就使我们更接近于哲学的理想。

至于作为公平的正义的原则,则是从一种假设的原初状态中由理性的人们进行选择的结果。也就是订立契约的结果。当然最初提出作为公平的正义时,并不能保证它必然与我们深思熟虑的判断相一致。在这种情况下,我们必须在原则和判断之间进行来回往复的校对和修正。有时改正契约环境的条件,有时又撤销我们的判断以符合原则。我们总是在这些原则和判断之间前后往复,最终达到原则与判断之间的平衡。① 罗尔斯把这一过程称为反思的平衡,"它是一种平衡,因为我们的原则和判断最后达到了和谐;它又是反思的,因为我们知道我们的判断符合什么样的原则和是在什么前提下符合的"②。

反思平衡在方法上具有如下几个特点:第一,从理论的形式来看,它极力做到在关于一般联系的研究和关于具体细节的研究之间保持一种互动关系,从而建构一个统一的实质性的理论体系。这种方法既不是一种纯粹的形式的推理,也不是一种完全的直觉主义的表达,它试图追求理论的形式统一与对现实的广泛解释力的结合。在这种推理中,定义和意义分析并不占有特殊的地位,定义只是帮助我们建立整个结构,一旦结构设计出来,它就失去了突出的地位。这样的一种理论虽然不是以严密的逻辑见长,但它与道德观念的现实能够广泛相关,将成为一种实质性的道德理论。③ "关于一般联系的理论必须切合细节,而细节必须在较一般的理论中找到位置。正是通过这种'反思的平衡'我们达到对我们的哲学洞见的辩护,既

---

① 约翰·罗尔斯:《正义论》,何怀宏等译,中国社会科学出版社 1988 年版,第 15—19、38—49 页。又 John Rawls, 2001, *Justice as Fairness: A Restatement*, Cambridge, Massachusetts: Harvard University Press, pp. 29-32.

② 约翰·罗尔斯:《正义论》,何怀宏等译,中国社会科学出版社 1988 年版,第 18 页。

③ 约翰·罗尔斯:《正义论》,何怀宏等译,中国社会科学出版社 1988 年版,第 46—49 页。

是对我们的具体的特殊的洞见的辩护,也是对我们的一般洞见的辩护。"①第二,从实践相关性来看,它试图提供一种为大多数人所能接受的正义观念,而不是某种从特定的统合性教义(comprehensive doctrines)所导引而出的正义观念,这种正义最首要的优点就在于它的可行性(feasibility)。广泛反思平衡的方法并不自认为达到了绝对的道德真理,它也承认自己的理论也有错误的可能,但它为自己辩护的地方在于,它的错误将是较少的,因为它以一种容易为人们接受的方式达成共识。这种方法,实际上就是罗尔斯所说的公共证明,它假设了重叠共识的存在,在不强迫他人改变统合性教义的前提下,尽可能地求同存异,而聚合成共同的政治共识。这里需要指出的是,反思平衡的这一作用是以某种共识的存在为前提的,如果不存在共识,那么反思平衡是否就无用武之地了呢?下面我们将提到反思平衡的另一种作用,即分析性功能。第三,这一方法特别有助于道德探究,尤其有助于我们更好地理解道德一致和分歧的根源以及我们修正道德判断时相关与不相关的约束条件。丹尼尔斯指出,广泛反思平衡实际上包含着对三个层次的信念的考量:深思熟虑的判断、道德原则以及背景理论。这三个层次必须首先确认它们本身是相对独立的,并不是完全由另一个层次的信念所派生,否则只不过是对某种偏见的系统的理论化的辩护而已。而要达到广泛平衡,必须使它们之间相互支持和相互约束。因此在达成平衡的过程中,我们必须仔细考量支持的条件、约束的内容及其论证的种种环节。如此,它对分析道德问题才会有极大的帮助。正如许多哲学家指出,道德不一致往往是其他的、非道德因素不一致的结果,广泛平衡有助于揭示不一致和一致中所存在的背景理论。另一方面,它还有助于理解是什么因素在实际上约束着人们在道德论证时对重要理由或相关根据的考虑。② 也就是说,即使我们无法依靠反思平衡达成共识,至少它有助于我们明白问题的症结、双方的分歧之处以及各自所持的深层信念。因此,反思的平衡即使不能真正地解决问题,至少它在分析问题时不失为一种有效的手段。

五、原始状态:罗尔斯的独特贡献

正如我们在前面所指出的,反思平衡并非罗尔斯所独有,功利主义的代表西季威克也同样使用这种方法。真正的问题在于,为什么他们在同样的方法上却得出了不同的结论呢?这应该归结到罗尔斯在这一方法上的运用独特之处,这一独特之处就是他的原则提出方式。在提出正义的两个原则的方法上,罗尔斯是用契约

---

① Dagfinn Follesdal, "Analytic Philosophy: What is it and why should one engage in it?" *Ratio*, Vol. Ⅸ, December No. 3. 1996, p. 202.

② Normal Daniels, 1979, "Wide Reflective Equilibrium and Theory Acceptance in Ethics", *The Journal of Philosophy*, Volume 76, Issue 5, pp. 256-282.

论方法来论证其两个原则的,这种方法在他的理论体系中就是应用原初状态以模拟正义原则的选择的方式。这种契约论证是罗尔斯的反思平衡方法的特出之处,从这个意义上说,我们可称他的方法为契约论的反思平衡。

为什么罗尔斯需要社会契约这一假设?这是由于社会契约观念预先假定,各方代表人是自由、平等并拥有理性能力的,这就排除了暴力、强制、欺骗和欺诈。对罗尔斯而言,他把契约构想成对政治安排的可欲性的一种试验。社会契约的各方当事人是自由、平等的公民代表,代表他们在某一公平条件下达成一致的协议。

近代契约论的理论出发点,是有关人类社会自然状态的假定,罗尔斯抛弃了"自然状态"这一名词,而采用一个名为"原初状态"(original position)的概念。"我们所说的原初状态的概念,是一种用于正义论目的的、有关这种最初选择状态的最可取的哲学解释。"①原初状态不是对实际的历史过程的描述,"它应被理解为一种用来达到某种确定的正义观的纯粹假设的状态"②。这一概念的提出,使得罗尔斯的方法一方面与原有的直觉主义的反思平衡方法迥然有别,另一方面又把他与传统的契约论方法区别开来。

罗尔斯的原初状态最引人注目的特征是,社会契约的各方当事人是在无知之幕(veil of ignorance)的遮蔽下决定正义原则的。这意味着,他们对自己的许多事实并不知道:一是他们不知道自己在社会中的地位;二是他们不知道他们的自然天赋(如智力),这两者决定他们在契约的谈判中无法利用其优势为自己谋利;三是他们不知道自己的"善的观念",即他们的生活中值得追求的生活计划,每个人的生活计划都是不同的,在屏蔽掉这一信息之后,人们之间的一致同意更容易达成;四是他们不知道自己社会所处的特殊环境,如经济发展水平等,这可以保证契约当事人的谈判结果能够符合代际正义。那么,他们又知道些什么呢?他们知道人类社会的一般事实、政治事务和社会经济原则、基本社会组织和人类心理原则,以及他们试图尽最大的可能发展基本善(primary goods)的观念。

无知之幕的目的在于排除特殊信息,以此发展出一种人人能普遍同意的道德学说。如果我们将要决定什么是最好的正义原则,我们必须排除无关紧要的因素,比如我们不能允许某人提出只对他或她本人有利的原则。那种基于某些制度特征使一些人比另一些人更有利的情形并不符合我们的正义观念。无知之幕正是表达了这一思想。无知之幕的观念意在保证"在自由平等的人们之间,为了对政治的正义原则达成公平的一致协议,必须规定各种条件以消除那些谈判优势(bargaining advantages),而这些谈判优势在任何一个由社会的、历史的和自然的倾向累积生

---

① 约翰・罗尔斯:《正义论》,何怀宏等译,中国社会科学出版社1988年版,第5页。
② 约翰・罗尔斯:《正义论》,何怀宏等译,中国社会科学出版社1988年版,第10页。

成的社会制度背景中都是不可避免的"①。例如,罗尔斯认为,从道德上看,自然天赋是随意的;没有人应该得到比别人更多的智力或天生的技能,正义不应该承认:更好自然天赋的人应该得到更多的自然资源。因此,无知之幕限制了我们的能力与天赋在社会分配中的发挥。

从方法论上看,原初状态首要的特点是它的虚拟性,它是对某种状态——在罗尔斯的理论中,是指对达成正义的条件——的模拟,而这种情况在现实中是永远也不可能出现的。通过模拟一种理想的正义条件,契约论试图给出一个可欲的(desirable)社会正义。虽然罗尔斯总体的方法是反思平衡,甚至也有不少人批评他的反思平衡不过是对人们某些直觉观念所进行的权衡,但是通过原初状态,罗尔斯不仅展示了他作为政治哲学家不单是描述现存的人们的观念,而且也提供一个理想情况下人们所应追求的正义,这种正义是值得我们去追求的,哪怕现实中许多人并未持有这一观念。在原初状态里,由于正义是自由、平等的当事人所做出的理性选择,因此它不同于被一种哲学王或强者所强加的正义,它是能够被公共证明的。斯纳尔认为,事实上,罗尔斯通过原初状态介绍了一种新的概念和新的思考道德问题的方法,它不但试图描述人们的深思熟虑的判断,另一方面又给出一种批判性的论断,比如非暴力反抗与良心拒绝理论。斯纳尔还指出,原初状态的另一个优点是,对于争论中的个人来说,原初状态能够提供一个公共讨论的基础。从这一契约前提出发所得出的结论,也许与两个人此前所持的观点都不完全相同,但它在理性的意义上是可以接受的。②

我们可以说,正是原初状态的虚拟性使得罗尔斯的反思平衡方法与直觉主义的反思平衡方法产出了根本区别。在这里,我们可以拿高斯(Gerald F. Gaus)的《社会哲学》与罗尔斯相比较。高斯把他自己的方法也称为公共证明,但他并不使用原初状态这一模拟的契约装置,而是在讨论每条原则或观念时都引入具体的事例,其中一方当事人向另一方提出证明其行为合理的根据,由另一方来判断是否接受。比如在伤害原则(the Harm Principle)的讨论中③,高斯追问是否任何一种侵犯他人的利益都是一种伤害行为时,设想了几种情形:一种是当 Alf 越狱坐飞机往巴拉圭,但有人认出了他,并报告警方,Alf 认为,这样做侵犯他的利益! 显然 Alf 的论据是违反常识的,他的证明并不会为别人接受。高斯据此,认为 Alf 的利益是一种不道德的利益(immoral interest),对这种利益的侵犯并不算伤害行为。另一种是 Alf 爱上 Betty,但 Betty 不爱他,这是否算得上伤害行为? 显然这与我们的常

---

① John Rawls, *Political Liberalism*, New York: Columbia University Press. 1996, p. 23.

② Frank Snare, "John Rawls and the Methods of Ethics," *Philosophy and Phenomenological Research*, 1975, Vol 36, Issue 1, pp. 100-120.

③ Gerald Gaus, *Social Philosophy*, Armonk, New York, and London: M. E. Sharpe, 1999, chap. 8.

识也是相背谬的。高斯指出，我们可以自由地设定自己的生活计划，但无权要求别人必须参与我们的计划，我们可以去追求某种生活，但不能向别人证明（justify）它。这种利益是一种不确定的利益（neutral interest），对这种利益的侵犯并不能算得上伤害行为。

从高斯的论证过程中我们可以看出，直觉主义的反思平衡与罗尔斯的以原初状态为特征的反思平衡的区别在于：第一，直觉主义用各种可能的相关事例来追问某种正义原则是否需要作出限制，这些事例是现实中完全可能出现的，它与原初状态的虚拟契约情境形成鲜明对照。第二，直觉主义判断的根据不是原初状态中当事人所达成的协议，而是现实生活中的人对于具体问题上的常识或者说直觉。罗尔斯并不拒绝直觉，他承认自己的理论也为直觉留下了很大的余地，但他主张"应尽可能地减少直接地诉诸我们深思熟虑的判断。因为如果人们都以不同的方式衡量最后原则（像他们可能经常做的那样），那他们的正义观也就会各个不同"①。这就是说，完全依据直觉有可能会无法在正义或宪政实质等问题上达成共识。第三，直觉主义的反思平衡方法倾向于对正义原则实施所遇到的各种情况做出区分，像高斯一方面对不道德的利益、不确定的利益、被保护的利益（protected interests）等做出区别，认为对前两者的利益的侵犯并不算得上伤害；另一方面，高斯又对伤害（harm）与损害利益（prejudice ot interests）、伤心（hurt）、精神伤害（psychological harm）、恶行（wrongdoing）、伤害危险（risk of harm）以及伤害作为与伤害不作为之间的区分与联系做出详尽的分析。这种愈分愈细的分类，很大程度上验证了范因伯格关于正义必须根据具体情景来证明的判断。范因伯格曾举例说明，一般而言，人权高于物权，但是在某些情况下物权又高于人权。比如 Doe 夫妇有权做爱，但如果地点是在 Roe 先生的花圃中，那么此处物权又先于人权了。② 罗尔斯的反驳是，直觉主义的"总和—划分的两分法无疑是一个有吸引力的观念，但……它不可能把社会正义的问题分解为足够小的部分"③。作为公平的正义对直觉的依赖不是靠分类的方法来解决，而是致力于如何将各种合理的和能够普遍接受的判断趋同一致（converge），形成一个共同的正义观（a common conception of justice）。

与反思平衡相类似，原初状态也具有一种方法上的分析功能。作为一个明确被意识的虚拟状态，原初状态中的种种条件都是我们为达到某种要求而设置的。正是由于这种条件设置的明确的自我意识，在论证的同时，将作为公平的正义的各种条件得到条分缕析的说明。"我们可把原初状态的观念看作一种显示手段，它总

---

① 约翰·罗尔斯：《正义论》，何怀宏等译，中国社会科学出版社 1988 年版，第 38 页，根据英文版作稍许改动。

② Joel Feinberg, *Social Philosophy*, Englewood Cliffs: Prentice-Hall Inc., 1973, pp. 76-77.

③ 约翰·罗尔斯：《正义论》，何怀宏等译，中国社会科学出版社 1988 年版，第 40—41 页。

结了这些条件的意义,帮助我们抽绎其结果。另一方面,这个观念也是一种精致的直觉性观念,通过它我们可以较清楚地确定一个可以使我们最好地解释道德关系的立场。"①

原初状态的分析性作用使它与传统的契约论中的自然状态这一概念区别开来。在传统的契约论中,自然状态更多的是一种证明的作用,它主要是用来论证作者所主张的政治秩序的合法性。对于自然状态的设定,作者往往很难给出一个有力的说明。洛克认为,自然状态是"一种完备无缺的自由状态",其中每个人都是平等的,"没有一个人享有多于别人的权力"。②但是他没有说明他为什么没有采用霍布斯的自然状态而设置一种比较满意的无政府状态的理由。卢梭把自然状态解释为史前的原始社会,并认为政治社会起源于它。这就为政治秩序的合法性赋予了一种历史的合理性。但卢梭的原始社会除了为当代社会提供一个鲜明的对比物外,对于契约的各种约束条件并不具备特别的分析功能,因为社会契约的缔约过程已经完全脱离了自然状态。总而言之,传统契约论中自然状态的作用在于推导国家的起源,并证明由此产生的政治秩序的合法性。而原初状态并不声称国家起源于它,其只是用来描摹人们心目中的正义观念和政治共识。自然状态与原初状态各自在契约论逻辑中的意义可以从宾默尔(K. Binmore)在其理论中对这两个概念的使用中体现出来。③

宾默尔在他的理论中,把自然状态解释为当前的现状。他认为,哲学家当然可以把自然状态设想为任何一种他所愿意的状态,但如果自然状态不同于当前的现状的话,似乎没有理由相信现实中的人们会接受哲学家在那种状态中推导出来的契约。在自然状态中,人们订立社会契约时,存在着广泛的社会契约可能集合。当前所选择的社会组织方式仅仅是多种可能的方式之一。宾默尔自称辉格党人,认为社会契约是可以变革的,对于改革家来说,问题就在于如何通过一致同意的方式订立一个新的社会契约。在这里,原初状态这一概念就派上了用场。在纯粹的自然状态中,人们就某种社会安排达成普遍的一致同意几乎是不可能的。因为每个人都在算计自己的利益,都希望那种对自己特别有利的制度安排。要指望人们达成一致意见,就需要采用原初状态,设置一种无知之幕,把个人相关的信息屏蔽掉,从而形成一种社会共识。从宾默尔的理论中,我们可以看出,原初状态是用来规定人们达成一致同意的条件,具有很强的分析功能。

原初状态的分析性作用与反思平衡的分析性作用互相区别而又相互补充。反思平衡侧重说明现实的人们是在什么情况下接受一种正义观念的,又是怎样修正

---

① 约翰·罗尔斯:《正义论》,何怀宏等译,中国社会科学出版社 1988 年版,第 19 页。

② 洛克:《政府论》(下篇),瞿菊农、叶启芳译,商务印书馆 1964 年版,第 5 页。

③ 参看 Ken Binmore, *Playing Fair*, Cambridge, Mass. and London: The MIT Press, 1994, Chap. 1.

它的;而原初状态则更能说明理想状态下的自由和平等的人在选择一种正义观念时的考量。这种分析作用在《正义论》里便体现为涉及领域之广以及所吸收和涉及观点之多。罗尔斯所以能在伦理学、政治学、法学、经济学等学科产生这么大的影响,与他方法上的分析作用是分不开的。对于批判吸收者来说,这些方法的分析也许有助于认清自身所处语境的正义的独特条件。

方法与内容并不能割裂。对于寻求一种实质性正义理论的学者来说,罗尔斯的方法也有一种特殊的意义。罗尔斯的方法是一种包含契约论的反思平衡。从根本的层次上说,其基本方法是反思的平衡,而契约论和原初状态的设计除了在阐明正义条件方面的启发性作用之外,更是一种对原则的证明力量。如果说反思平衡的特点就在于它有助于提出一种可行的正义观,那么,契约论则有助于提出一种可欲的正义观。罗尔斯试图用这种方法综合反思平衡与契约论的优点,做到使他的正义观念既是可行的,又是可欲的。正是在可行的与可欲的之间的平衡,罗尔斯实际上在建构卢梭提出的"合法的而又确切的政权规则"①。就这样,他达到了"作为公平的正义"——他所认为的宪政民主社会的政治共识。

六、罗尔斯方法的启示

综上所述,罗尔斯契约论的反思平衡方法具有两大特征:就现实关联性而言,它有助于寻求并证明一种可行的兼可欲的正义观;就形式一致性而言,它具有特别的分析性作用。由此决定他的方法对于公共领域里的道德和正义问题,具有许多分析和证明的优点。近几十年来有许多人开始在许多问题上应用他的方法。例如,贝茨认为,无知之幕必须扩展到国家的公民权利和义务等事务中,因此,被选择的各种原则应该运用于全球性事务。② 丹尼尔斯则将罗尔斯方法论延伸到卫生保健方面。他认为,在这方面的运用,我们需要一种较薄(thinner)的无知之幕,因为我们知道资源的有限。③ 罗尔斯方法展示了他对于政治共识领域分析的强大优势。

对于建构当代中国政治共识理论来说,我们认为,罗尔斯的方法也是可以吸收借鉴的。这种吸收借鉴的意义不但在于帮助我们把握中国的政治文化,而且很可能是构建一种马克思主义契约论的有效路径。关键问题在于:罗尔斯的方法对于我们来说,究竟在何种程度上可以扩展使用呢? 这里需要解决两个方法上的困难。

---

① 卢梭:《社会契约论》,商务印书馆,1980 年,第 7 页。

② Charles Beitz, "Justice and International Relations", *Philosophy and Public Affairs*, 1975, Vol. 4, No. 4, pp. 360-389.

③ Normal Daniels, "Health-Care Needs and Distributive Justice", *Philosophy and Public Affairs*, 1981, Vol. 10, No. 2, pp. 146-179.

（一）无知之幕的厚薄问题

罗尔斯的原初状态是一个具有极为浓重的无知之幕的前政治（正义）状态。对于我们来说，其无知之幕的厚度应当是修正的重点。在原初状态中，契约的各方当事人无法知道自己的某些事实，这对于当代中国政治共识的推导来说，可以直接吸取其假设，比如契约当事人不知道自己在社会中的地位，他们不知道他们的自然天赋。这些假设由于是针对个人的，在追求社会的正义和公平的推理过程来说，将这些信息屏蔽掉显然有助于在人们之间推出一种人们能够接受的公平和正义观念。原初状态除了这些之外，还屏蔽掉了一些基本的社会历史事实。比如规定当事人他们不知道自己社会所处的特殊环境，如经济发展水平等。很显然，如果我们想描述当代中国的政治共识，绝不可亦步亦趋，否则根本无法说明中国的政治共识与他国政治共识的差别所在。在这里，我们必须考虑修改原初状态这一概念，将其中无知之幕的厚度做些调整。需要指出的是，对厚度的调整事实上意味着原初状态的规定是可以改变的，它实际上突破了原有的为描述正义而设置的契约装置这一方法上的目的。因此似可考虑创造一个新的名词来代替原初状态。

从马克思主义本身来说，实际上并不是没有与原初状态在某种程度上相对应的概念。邓小平理论中的"国情"就是这样一个。[①] 在邓小平理论中，国情就是理论建构的基础，正是从当代中国的国情——社会主义初级阶段——出发，邓小平理论形成了一个宏大的体系。从理论建构的角度来讲，国情与原初状态是处于同一个层次的。不过"国情"并不是一个严格的哲学概念，它所具有的含混意义使得建构严格精确的逻辑体系存在一定的困难。因此，有必要构筑一个更高的更有概括性的概念，将国情与原初状态共同划归于它。

笔者拟用"抽象历史状态"这一概念来概括这样一种前政治的契约情境。这一状态所以是"抽象的"，因为政治契约的起点无法停留在某些数据的说明或现象的描述上，否则过多的经验事实将超越我们的理论推理能力。另一方面，"抽象"一词实际在也起着"无知之幕"的作用，它除了屏蔽必要的个人信息之外，还屏蔽掉某些事实上为当事人都知道但与政治共识无明显关联的社会信息。比如说，中国人基本上都属黄色人种，其文明的起源地主要是黄土地。除非我们能够证明人种或土地的颜色与社会契约中的当事人的理性存在明显的相关性，否则我们应当将这一事实屏诸契约环境之外。

---

① 这里我们不考虑社会形态、经济基础、生产力等概念。因为社会形态已经包含了政治共识等内容，作为一个社会总体的描述性概念，它与作为前政治（正义）状态概念的原初状态所指称的对象并不相同。经济基础作为生产关系的总和，其中已经包括了人们在社会中的合作条款，而这本来应当有待在契约中讨价还价的。生产力这一因素应当在社会契约前提中加以考虑的，但之所以不把它作为与原初状态相对等的概念，是因为它只关涉人与自然关系，而未涉及人们之间的关系。

这一状态所以是"历史的",就是要明确这一概念与原初状态的区别。在原初状态中,契约当事人可以是任何一代人,但不管他们所处时代是什么,浓重的无知之幕都将他们所处的历史环境遮蔽到契约过程之外。这样的契约结果必然是"放之四海而皆准"的公理。在罗尔斯看来,只要人们尚处于一种中等匮乏的情况下,那么正义就是必需的;而如果在这种情况下选择一种正义观的话,只有他的作为公平的正义将是最合理的。接下来的推论就是,自由民主制度将是历史的首选制度。这个结论完全是一种自由民主制度的意识形态,并没有考虑到另一种替代性制度的可能。应该看到,罗尔斯之所以做出这样的判断,从其本人的思想来看,固然是一个自由主义者的天然倾向,而从逻辑上看,却是其原初状态这一概念缺乏历史性所导致的必然结果。可以说,如果我们想描述当代中国或者任何某一具体的社会中的政治共识,在契约前提中加入历史因素是一个必然的方法移植的要求。

从理论建构的角度来讲,抽象历史状态与国情、原初状态、自然状态是处于同一个层次的,它是社会契约的起点,是契约当事人进行选择的背景事实。它的不同规定和描述关系到不同的逻辑结果。比如,霍布斯认为,自然状态下的生活是"孤独、贫困、卑污、残忍而短寿"[1],其中发生着一切人对一切人的战争,因此为了保证政治秩序的建立,就必须建立一个专制式的政府。而洛克的自然状态"是一种完备无缺的自由状态,他们在自然法的范围内,按照他们认为合适的办法,决定他们的行动和处理他们的财产和人身,而毋需得到任何人的许可或听命于任何人的意志"[2]。人人有思想,有情感,追逐并采取行动满足自己的欲望,生活在无拘无束的自由中。这是"一个人所能合理期望的最好的无政府状态"[3],由此决定洛克的主张是古典自由主义的政府。在中国革命问题上,陈独秀与毛泽东对中国社会所处阶段的不同认识,从而导致两种不同的行动策略以及理论。就此而言,抽象历史状态只是根据我们的理论目的有选择性地对契约前提的规定,其目的在于真实而准确地把握政治所处的社会现实。

抽象历史状态这一概念在方法上的好处是,既保存了社会契约论中自然状态、原初状态等概念的精确性和严格性,从而保证逻辑推理上的必然性;另一方面更强调了它所具有的实质性内容,从而使描述具体的而又带有相当稳定性的政治共识成为可能。

(二)契约的期限问题

契约的期限初看起来只是一个时间问题,但它的重要性在于它一方面关系到

---

[1] 霍布斯:《利维坦》,商务印书馆 1985 年版,第 95 页。
[2] 洛克:《政府论》(下篇),瞿菊农、叶启芳译,商务印书馆 1964 年版,第 5 页。
[3] Robert Nozick, *Anarchy, State, and Utopia*, New York: Basic Books, Inc., 1974, p.4.

契约的条款,另一方面关系到承诺强度(the strains of commitment)。从契约条款来看,期限在某种程度上是上一个问题的延续。如果契约前提是永恒的,像霍布斯、洛克所设想的那样,那么社会契约的原则和条款一旦得以确立,也必将是一成不变的。而如果契约前提是一个历史的状态,那么其契约结果也将跟随历史状态的变化而变化。罗尔斯认为,正义论不需要以持续的经济增长为前提,一个秩序良好的社会完全可能处于密尔所描述的正义的静止状态(a just stationary state),其中人们不再进行资本积累活动。[①] 他认为,抛弃经济社会的历史状态之后再做出推定,必然得出一种适应于所有的社会的正义观;无论是对资本主义,抑或是社会主义,他的两个正义原则都将是有效的。

由于在抽象历史状态这一概念所包含的假定中,我们已经排斥了那种停滞的社会历史观,因此在契约内容上,我们也不可能推导出一种永恒的正义观或政治共识。对我们来说,运用罗尔斯反思平衡的分析性推理既然是以具有历史含义的抽象历史形态为前提,其具体结论必然也只是历史性的、暂时的,而不是永恒的。换句话说,我们不能指望用这个方法所得出的结论能够适用于所有时代和地方,它只是适用于某个特定时期的特定地区。如果我们以当代中国为背景,运用反思平衡的方法来寻求政治共识的话,我们必须明确自觉其结论有限的适用性。我们在社会契约中所做出的选择都是存在一定的期限的,它可能会在某种情况下失效,或者需要契约当事人重新谈判,做出某些修正。

由于契约是人们的自觉选择,而不是一种外部强加的力量,因此,承认契约存在期限还意味着人们遵守契约也存在一定而不是无限的强度。契约终将会发生改变,而改变的力量也存在于订约的当事人。那么,当事人遵守契约的强度就必然存在一定的限度。罗尔斯假定"由于原初的契约是最终的和永久性的,就不会有第二次机会了"[②]。为了保证人们必须一劳永逸地解决其契约的订立问题,罗尔斯不得不给契约当事人的承诺强度以最大的压力。

如果我们承认"观念、范畴也同它们所表现的关系一样,不是永恒的。它是历史的、暂时的产物"[③],那么指望描述一种永恒的政治共识将是徒劳无益的。我们不必设想契约当事人承诺自己在任何时候都会遵守契约条款,但是如果不存在任何承诺的强度,那么社会契约也就失去了存在的意义。因此存在一定限度的承诺强度是社会契约的必然要求。问题在于难以规定这一承诺强度的值。

笔者的初步想法是将承诺强度与抽象历史状态的变动相联系起来。如果抽象

① John Rawls,2001,*Justice as Fairness*:*A Restatement*,Cambridge,Massachusetts:Harvard University Press,pp.63-64.

② 约翰·罗尔斯:《正义论》,何怀宏等译,中国社会科学出版社1988年版,第168页。

③ 《马克思恩格斯选集》第1卷,人民出版社1995年版,第142页。

历史状态具有相当的稳定性,那么承诺强度必然是相当强的。如果抽象历史状态正处在变化之中,其承诺强度则相对较低,人们违反契约行事的现象将较为普遍,社会很容易处在一个失范的状态中。当契约当事人决定从根本上推翻原有契约,重新缔结一个全新的社会契约时,我们可以推断,这是因为抽象历史状态已经发生了根本的改变,绝大部分当事人认为有必要完全改写社会契约,这也就是人们常说的革命。而如果抽象历史状态仅仅只是发生了部分的改变,当事人更可能倾向于修改契约中的部分条款,而形成一种改革的局面。以当代中国的私人经济政策为例,改革前并不允许私人经济的合法存在,只有当个体和私营经济已经发展到相当程度时,中国的宪法才逐步承认个体经济,然后是私营经济的合法存在。在这里,由于抽象历史状态的部分改变(私人经济的崛起),导致了契约部分条款的修改。同时,由于抽象历史状态的基本描述仍然有效(人多,地少,发展中社会等等),当事人对于原有社会契约的承诺仍然保证了基本的遵守。

无知之幕与契约期限是契约的构建过程中两个关键的变量,对这两个因素的重新解释有助于我们合理地吸收借鉴罗尔斯的方法,用以描述某个具体社会的政治共识。当然,回答了这两个问题,并不意味着我们马上就可以描述某个具体社会的政治共识,从方法上看,仍然有许多问题——如参与人(或代表者)的确定、选择的理性、讨价还价的规则等等——悬而未决。不管怎么说,一旦明确无知之幕的厚薄与契约的期限问题后,我们就可以展望以当代中国政治共识为表述对象时应用罗尔斯方法的未来前景:一个马克思主义的契约论。

第二节　斯坎伦的契约主义

托马斯·斯坎伦 1940 年出生,是罗尔斯的学生,目前是哈佛大学哲学系教授。他早年关注数理逻辑,后来转向政治哲学。20 世纪 60 年代,他和托马斯·内格尔等人创办了《哲学和公共事务》(*Philosophy and Public Affairs*)杂志,目前该杂志已成为国际上最权威的政治哲学期刊之一。1982 年,他发表了一篇影响非常广泛的论文《契约主义与功利主义》(*Contractualism and Utilitarianism*),继续扩展罗尔斯批判功利主义的倾向,并提出了契约主义这一区别于其他社会契约论派的概念。有学者将"contractualism"翻译成非自利契约论,虽然把握了罗尔斯以及斯坎伦的基本倾向和流派特征,但因与字面文义相距太远,这里仍然从字面来译为契约主义。斯坎伦此作被视为自卢梭、康德、罗尔斯乃至斯坎伦这一系比较正统的契约主义的观点主张的辩护,它拒绝了功利主义契约论和其他流派的看法。斯坎伦还发表了一些有关言论自由、平等、宽容、契约法基础、人权等政治哲学的论文。1998 年,他出版《我们彼此亏欠什么》(*What we owe to each other*,中译本作《我们彼此负有什么义务》），该书可以视为其契约主义社会契约论的完整表述。

一、二阶论证

问题就一个，采取什么样的方法来证明自康德至罗尔斯的义务论的基本立场，并拒绝功利主义的倾向。当斯坎伦着手这么做的时候，他所面对的是罗尔斯的论述。作为一个更为彻底的义务论者，斯坎伦虽然称赏了罗尔斯的事业，但仍然觉得做得还不够。他认为，罗尔斯没有充分地认可契约主义的重要性。①

正如前面所指出的是，罗尔斯的论证方法中包括着两个层面：反思平衡和原初状态。其中反思平衡是对于现存各种道德观念的折中和综合，而原初状态则作为提出原则和检验反思平衡后的结果而创设的试验装置。

斯坎伦将反思平衡所涉及的观念称之为第一阶的道德观念，因为反思平衡直接处理人们各种各样的一阶道德观念，那么在这种情况下，它所最后达到的平衡观显然有可能成为一种折中的产物。正是在这意义上，斯坎伦表明了对于反思平衡的不满——因为即使反思平衡达到了最大程度一致（maximally coherent）的某种道德观念的一致，但它仍然没有实现对于道德观念的哲学解释。因为社会的共同的道德判断观念很可能是一组相同的社会反应，并没有真正对该道德给予应有的哲学解释。② 斯坎伦的这种看法显然类似于卢梭对于公意与众意的区分，即使所有人都同意的做法，但也不必然等同于正确的公意。

那么，应当怎么办呢？难道一定要坚持某种道德观念，然后指斥其他观念为错误的吗？或者持一种道德相对主义的立场，认为各种道德观念都彼此彼此，不存在客观的道德吗？斯坎伦都不接受，他拒绝在道德观念的具体内容上探讨的做法，而是试图通过在这些一阶的观念基础之上来探讨道德的哲学解释的做法。他称为二阶的判定。

从这个意义上看，斯坎伦是对康德的义务论做法的更坚定的支持者，因为在罗尔斯的理论中，还留下了许多功利主义、直觉主义的因素，而斯坎伦则通过对反思平衡的批评，完全彻底地将这些因素清除去掉。

二、不可拒绝性

在斯坎伦看来，最核心的问题是如何推导出道德，在这个问题上，他与高西尔（见后面相关章节）所关注的主题是一样的。斯坎伦的著作出版在高西尔之后，显

---

① Thomas Scanlon, "Contractualism and Utilitarianism", in Amartya Sen and Bernard Williams, eds., 1982, *Utilitarianism and Beyond*, London: Cambridge University Press, pp. 103-104.

② Thomas Scanlon, "Contractualism and Utilitarianism", in Amartya Sen and Bernard Williams, eds., 1982, *Utilitarianism and Beyond*, London: Cambridge University Press, pp. 106-107.

然,不但高西尔对于人性的假定是他所不能接受的,而且高西尔在使用契约来推导道德时的那种斤斤计较的做法也为他所不屑。

在这个问题上,他区分了为道德寻找理论的两种概念工具:"动机"(motivation)与"理由"(reason)。高西尔的做法显然是基于动机的,每个人为了自己的利益,最终相互妥协而达到有关于道德的契约。斯坎伦认为,道德的本质不可以依赖于动机,而应当取决于理由。当我们说某种行为是错误的时候,这并不是说这种行为不合乎我们的利益,而是我们没有理由去这么做。简言之,道德的推导应当是基于理由,而不是动机的。在这里,斯坎伦与罗尔斯一致,坚持了自康德以来的义务论立场。

那么,什么行为可以视为是合乎道德的呢?斯坎伦提出了一个检验标准,即合理拒绝的原则。"一个行为如果其实施在那种境遇下会被一般行为规则的任何一套原则所禁止,那么,这个行为就是不正当的;这种一般的行为规则是没有人能有理由将其作为明智的、非强制的普遍一致意见之基础而拒绝的。"①也就是说,如果一种行为——不可杀人——我们找不出合理的理由来拒绝的话,那么该行为就应当成为我们的道德。

这里,斯坎伦所以提出不可拒绝性(non-rejectability),其头脑里的参照概念是道德论证的"合理接受"的概念。所谓合理接受,其主张就是,如果一种观念或行为你能够设身处地考虑的话,你觉得能够接受,那么这种观念或行为就是合乎道德的。看上去,两者似乎是同一种说法的反弹琵琶式的论述,可以合理接受与不可拒绝性有什么区别呢?对于不可杀人这样的道德箴言,我们难道不是可以合理接受,同时又无法拒绝的吗?

确实,对于那些极其基本的而且几乎不容反驳的道德观念来说,这两种不同的论述并无本质的区别。但对于那些处两可之间,可接受也可反对的道德观念来说,两者的应用将导致截然相反的结果。试想,面对着同性恋现象,第三个人可能无法接受这一现象。无论如何,人们在这个问题上的态度是充满歧义的。那么,怎么办呢?让道德相对主义占据这块地盘吗?承认每个人都有自己的道德观吗?显然,这样,退后太多。斯坎伦的策略是,你虽然不认同,但你提不出有效的拒绝理由,因为这些同性恋并未影响到他自身。这样,同性恋行为在这个道德客观主义的话语中获得了认可。合理拒绝的检验标准为道德提供了一个灰色地带,那些既不提倡也不反对的某种行为在此获得了生存空间。

斯坎伦从拒绝的角度而不是接受的角度来论证道德,对此有学者正确地指出,"斯坎伦的契约主义的道德定义最值得注意的是,他不是对什么行为在道德上是正

---

① 托马斯·斯坎伦:《我们彼此负有什么义务》,陈代东等译,人民出版社 2008 年版,第 163 页。

确的行为下定义,而是对道德错误下定义"①。这一论述是非常有力的,它事实上为那些自己虽然并不主张但难以反对的道德行为留下了空间。美国总统奥巴马任职之后在美国军队针对同性恋倾向实施不闻不问的态度,可以视为这一逻辑的体现。这样,合理拒绝的否定性论证事实上拓展了道德的领域。因为传统的道德领域是对于"对或错"的判断,而合理拒绝所理解的道德观显然要比传统的道德观更为宽泛。"道德的要求,道德上的对错,是由他人无法反驳的具体理由所决定的,这些理由构成了对错道德的基础和道德重要性的基础。"②

三、责任与契约主义

斯坎伦并不满足于为那些非主流的道德观念和行为的不可拒绝性辩护,事实上,他更多关注的是当那种责任与义务施加到我们身上时,我们所应当持有的态度。换句话说,虽然非拒绝性可以为更为广泛的道德观念留下空间,但更重要的是,它所涉及的是那种比较狭窄的道德观念,即这类道德观念使人与人之间承担了某些责任和义务。而这,恰恰才是不可拒绝性检验标准的最适宜的场所。

斯坎伦在道德方面的最大贡献在于,他不是将权利而是将责任和义务视为道德的本质。当代政治哲学家对于权利的论述浩如烟海,由此导致对于自由和反对政府干预的相关论述。比如有人会认为婚前性行为、懒惰、浪费、同性恋等行为是个人的权利。斯坎伦的不可拒绝性为这些权利留下了空间,也为自由主义的论述提供了另一种论述。但斯坎伦更着重于对于狭义的道德观念说明,这种狭义道德"与我们对他人的责任相关,包括诸如帮助他们的要求以及反对伤害、杀戮、压迫、欺骗的禁令"③。

斯坎伦举了这样一个事例:一位父亲已经将其资产转移给了其儿子,其儿子因为做出了错误决定而造成了损失。现在儿子怪罪其父亲不该转移资产。这个故事所反映的是责任承担的问题。斯坎伦认为,"一个人对于他人的义务和他反对这些义务的要求依赖于他有过的选择机会和他作出过的决定"④。因为责任并不是单方面的要求,它的本质包含着一种自愿因素。这种自愿就体现在个人所面临着的机会时所做出的选择。你当初存在着几种选择,而你选择了这种行为,那么,这一蕴含着自愿的选择行为也赋予你相应的责任。斯坎伦在此基础上,进一步分析了基于诺言的责任、不撒谎的责任以及关涉到我们令其他人形成期望的责任等等一

---

① 龚群:《斯坎伦的契约伦理思想初探》,载《华东师范大学学报(哲学社会科学版)》2009 年第 5 期,第 46 页。

② 陈真:《道德和平等——哈佛大学斯坎伦教授在华访问演讲录》,载《哲学动态》2005 年第 9 期,第 43 页。

③ 斯坎伦:《我们彼此负有什么义务》,陈代东等译,人民出版社 2008 年版,第 7 页。

④ 斯坎伦:《我们彼此负有什么义务》,陈代东等译,人民出版社 2008 年版,第 273 页。

些具体内容。

斯坎伦的基本思想大抵如此,除了对于责任的重视之外,他并未提出某种特殊的道德观念或正义观。与其说他的贡献在于某种道德主张,毋宁说,他在论证方面的精巧性令人叹服。这其实也是当代许多契约论作者的一个普遍表现。这也许是因为政治思想发展到今天,在英美这种承平时代的社会环境中,学者们很少能够提出独创性的思想了。在这种情况下,斯坎伦的基本思想倾向本身并不值得特别注意,而是以其论证的环节与技巧获得了学术界的关注。

第三节　佩迪特:反思平衡达致自由

菲利普·佩迪特(Philip Pettit,1945—　),是一位爱尔兰政治哲学家,目前在普林斯顿大学任教。佩迪特以为共和主义辩护而著称,他的名著为《共和主义:一种自由与政府的理论》。此外,他对于罗尔斯有专门的研究,曾与库卡塔斯合著《罗尔斯》,两者皆有中译本。这里,基于全书主题的关系,我们将不拟对他的思想进行评价,而着重于他的契约论逻辑。

一、各种思潮中的自由

在佩迪特看来,政治生活中的各种规范性观念(normative ideas)占据着首要的地位。因为政治家和官员们借这些规范性的观念来获得公民的支持,也正是这些规范性的观念可以代表公民并形成政策。规范性观念在政治生活中起伏,充斥了各种政治制度。它们形成了各种政治思潮(currents),有时这些思潮合力而推动了政策往各个方向发展,有时它们之间相互冲突。

当代世界中,主要的思潮有四种:第一,满足偏好的经济观念的思潮;第二,普遍人权(universal rights)的思潮;第三,强调福利、公平或平等的思潮;第四,民主思潮,把人民意志看成合法性的源泉。这些思潮相互交织,彼此竞争,构成了政治辩护的语言或话语,并决定政策方向的对话内容。对于规范的政治理论家或政治哲学家来说,其任务就在于检验这些政治讨论的语言,批评这些政治语言的前提,探讨更新或更宽泛的政治术语以涵盖这些政治争论。①

那么,什么样的政治术语能够获得更大的接受性呢?前面提到了四种思潮,佩迪特认为,这些思潮有一个共同的观念,那就是自由。经济语言指向了自由市场以及自由缔约;权利语言关注思想自由、表达自由、自由参与等等;福利公平或有关贫

---

① Philip Pettit, *Republicanism: A Theory of Freedom and Government*, Oxford: Clarendon Press, 1997, p. 2.

困剥夺的语言则要求有效地享用自由;民主合法性宣称自由的人民自由决定,其中蕴含了人们共享的集体自由。[①]

那么什么样的自由观才最具有代表性呢? 佩迪特认为,共和主义的自由观才能够代表并支持各种各样的政治要求。共和主义远可以追溯至西塞罗,当代也有斯金纳、苏斯坦因、布莱斯怀特等人。与相近的其他意识形态相较,自由主义的自由观是一种消极自由,而民粹主义(populism)自由则是一种积极自由。而共和主义的自由观则超越左右派的分歧,而提供一种中间派的立场,"它为我们指引的方向非常接近于中左派自由主义者"。佩迪特认为,这种政治立场与罗尔斯等人非常接近,但为这个立场所做的辩护却更好:首先,它的作为论证起点的公理(axiom)要比其他两派更少争议;其次,共和主义的公理化以一种非常独特但令人信服的方式扩展了共有的直觉。例如,它可以为平等主义甚至社群主义的制度提供辩护。它用争论取代同意来重新思考民主制度。

二、无支配自由

传统对于自由的定义主要是从无干涉的角度来讨论的。所谓干涉(interference),指的是通过采取某种行为导致某人境况的恶化。干涉有专断干涉,也有非专断干涉。佩迪特试图从支配(domination)的角度来定义自由,所谓支配,只要一方拥有专断干涉他某些选择的能力,就出现了支配。一旦出现了支配,这种支配就成为一种共识,支配者和被支配者均熟悉这一点。如此,根据该定义,支配仅仅要求能力,因此有可能在没有干涉行为的情况下出现。另一方面,干涉如果不是专断的,那么就不能算是支配。所谓自由,佩迪特的界定就是无支配(non-domination)。

相比无干涉自由,无支配自由让我们不受他人有意妨碍,此外,还可以带来其他三种好处:个人不会承受前者的不确定性;减少个人考虑策略性防卫措施、揣度、献媚讨好的必要;心理上可以感到与他人平起平坐。可以想象得出,一个亿万富翁虽然没有干涉其他人的生活,但因为他所具有的支配能力,因此事实上让人感受到了不平等,从而也意味着不自由。在这个定义中,无支配自由显然更具有平等主义的倾向。考虑到自由本身对于右翼自由主义的根本性,佩迪特认为,它也是能够为后者所能够接受的。

佩迪特认为,无支配自由应当成为一种政治理想,为此他从以下几个方面进行辩护。

---

① Philip Pettit, *Republicanism：A Theory of Freedom and Government*, Oxford：Clarendon Press, 1997, p.6.

(1)无支配自由是一种罗尔斯意义上的基本善,值得每一个人向往和珍惜。无干涉自由貌似更加可欲,它期望能够减少他人的干涉,而无支配自由并不能完全杜绝干涉。但是由于无干涉自由允许人们在干涉的情况下逐渐形成支配他人的能力,这也意味着存在着一种不确定性,即一些人拥有了干涉他人的能力,亦即出现了支配。相反,无支配自由在人们减少外来专断干涉的不确定性、实施自己计划的能力以及避免与强者博弈方面具有巨大的优势,因此它更应当成为个人的善(personal good),也是罗尔斯意义上的基本善。①

(2)无支配自由应当内在地与政治制度相关,因为作为政治理想,它应当由国家所应当推动和保障。许多有价值的事物——比如友谊——虽然非常重要,但它不应当由政府来推动和提供,这里,每个人都可以自己主动去追求。而无支配自由则不是这样,它不能仅仅通过个人努力来实现,那样的话,由于个人能力与机会的不平等,最终将导致严重的不平等,从而致使支配占据了主导地位。②

(3)无支配是一个政治追求的目标,但不是追求其他目的的约束。一旦确认为无支配自由与政治内在相关,那么接下来就是如何相关的。一种办法是将无支配视为一种目标来追求,一种办法是把无支配作为约束手段(constraint)。这两种办法看似并不矛盾,但存在着微妙的区别。佩迪特认为,如果坚持把无支配看成一种手段,那么它就可能为了其他目的而被牺牲,而如果把无支配看成一种不容妥协的目的,那么就可能产生荒诞的制度安排。因此,无支配自由应当去追求,但不能作为手段,鼓励人们在无支配自由的框架下追求其他目标。

三、反思平衡:佩迪特的运用

对于佩迪特来说,最重要的问题是,如何让那些非共和主义者——最主要是自由主义者与民粹主义者——也接受共和主义的自由观以及相应的政府观。或者说,找到一种方法,能够检验其理论的可接受性。佩迪特的方法就是从罗尔斯处借用过来的反思平衡。

在全书中,佩迪特并未对反思平衡方面本身予以深入的探讨,反思平衡只是他的检验其无支配自由的可欲性的工具。与罗尔斯的反思平衡再加原初状态的精致做法有别,他主要是从两个方面来进行检验或者说辩护的:第一,这种观念是否为我们描述了一种政府应当怎么去做的图景;第二,该图景也是我们经过反思后将会加以接受的同一幅图景。

---

① Philip Pettit, *Republicanism: A Theory of Freedom and Government*, Oxford: Clarendon Press, 1997, p. 90.
② Philip Pettit, *Republicanism: A Theory of Freedom and Government*, Oxford: Clarendon Press, 1997, p. 92.

共和主义政府提供了一种多元主义语言（pluralistic language），这其中每个人都可以申斥冤屈。人们可以借此提出多种诉求，而不是如自由主义的尽量减少个人与政府之间的联系，也不仅仅限于平等主义的特定诉求。由于语言的多样性，它不仅允许传统的保守主义的表达——最主要的是私有财产，而且也容纳各种语言，如女权主义、环境主义、社会主义和多元文化主义的。共和主义的语言多样性最终达到这样一种程度，即无支配自由的理想本质上是动态的。它要求政府系统地追踪人们的利益与观念，这样就允许新出现的或新改变的利益与观念进来，对原有的无支配自由进行更新和重新解释。

政府实践的理想大抵如此，而人们的观念支持——反思平衡的另一面——又该如何呢？佩迪特认为，民主的理想并不是建立在人们的同意（consent）之上，而是人们所要求政府从事的事情的可争辩性（contestabilitiy）上。这里，佩迪特提出了一个非常有意思的概念"可争辩性民主"。在这种情况下，人们虽然对于政府的每一种做法可能会存在着争辩，但是他们对于可争辩性民主的总体框架问题上，并不存在着重要的理由来加以拒绝。而如果人们不存在着重要的理由来加以拒绝，并且他们拥有无支配自由这一最重要的基本善和政治目标，那么，虽然有人最初可能不愿意接受无支配自由这一概念，但经过反思之后，将会发现无支配自由是可取的。不要说弱势阶级能够在接受无支配自由这一看法，便是"那些坚信古典自由理想的企业家和专业人士也将发现，无支配自由的理想也能够满足他们的目标"①。

佩迪特本人对于社会契约论——尤其是罗尔斯的理论——有深入的研究，但他的重心并不在于方法的阐述。共和主义的论述中，他很自然地使用了罗尔斯的反思平衡，这表明当代社会契约论的方法论与理论工具已经相当成熟，在众多作家中得到了纯熟而有效的运用。

本章小结

本章对于以罗尔斯为代表的契约主义的几位重要作家的基本思想做了一个简介。应当说，这种简介是远不足以充分表达这一流派的基本面貌。罗尔斯的许多学生，如 Normann Daniels，他们往往侧重于一些具体的技术环节的论证，如反思平衡、无知之幕，等等。这也使得要归纳整个流派显得比较困难。

但是，总体上来说，这一流派的特征也是比较突出的。第一，通常来说，他们都尊崇罗尔斯，虽然未必在论证方法和理论上亦步亦趋，但思想上受到罗尔斯的巨大

---

① Philip Pettit, *Republicanism: A Theory of Freedom and Government*, Oxford: Clarendon Press, 1997, p. 134.

的影响并总体上接受罗尔斯的事业是不能否定的。这一点,与其他流派不同,其他流派与罗尔斯的商榷性显然更为突出。第二,正如斯坎伦对于契约主义的论述所指出,该流派承袭康德、罗尔斯而来,对于理智(reasonableness)而非计算性的理性(rationality)予以更多的重视。康德将人视为目的而不能仅仅只作为手段,体现在契约论中的概念体系上,就是该流派对于理性计算或多或少的拒斥。如果斯坎伦几乎是明确地拒绝,那么罗尔斯等其他人也是将理性计算视为理论中不那么重要的部分。第三,该流派对于政治正义层面给予了更多的重视,即使论述自由,也强调的是政治自由。这一点与诺齐克等社会哲学契约论有别,后者虽然也是在政治哲学的框架中讨论,但事实上真正深入的反倒是社会层面。

但是,必须承认的是罗尔斯的理论的特殊意义。罗尔斯的理论框架博大精深,所涉及主题非常广泛。他的影响远远超过这里的流派所列举的几个人,事实上当代契约论在很大程度上可以说是围绕着他而展开讨论的。另外一些方法上具有明确意识的作者,如宾默尔、高斯等人,都或多或少从他那儿汲取思想资源和概念工具。因此,用契约主义这一流派来包纳罗尔斯存在着一定的不公平。这一点,也是读者需要留意的。

第四章　诺齐克与社会哲学契约论

如果说罗尔斯开创了当代社会契约论这一总体性的思潮,那么同时借批评罗尔斯而声名昭著的诺齐克应当如何看待呢。把罗尔斯当作契约论者,这是毫无疑义的。而诺齐克却自称是反契约论者,我们把他纳入到社会契约论的传统中是否合适? 应该说,这样做是有理由的。当代思想史的研究者普遍将诺齐克视为当代社会契约论的一个重要人物,比如库卡塔斯与佩迪特认为,"虽然把诺齐克当作契约论者可能违背他自己的直觉,但他的方法极其接近契约论"①。而赫费甚至认为,严格来说,诺齐克的理论要比罗尔斯更算得上典型的契约论。② 这种情形与休谟有些类似,休谟本人当然是反对契约论——至少是那个时代的契约论——这一传统,但当契约论的内涵与外延发生变化的时候,今天的学者如高西尔、宾默尔等人早已把休谟当作重要的契约论作家了。

本章评述当代社会契约论的一个重要流派,即这些作家主要着眼于使用契约论来探讨社会正义或者社会道德,因此在某种程度上,这些理论研究与着眼于宪政——罗尔斯称为宪政实质(constitutional essentials)——的传统政治哲学稍有偏离。这里,我们主要介绍三位比较有代表性的作家:罗伯特·诺齐克、布鲁斯·阿克曼和吉拉德·高斯。

第一节　诺齐克:反契约的契约论

罗伯特·诺齐克(Robert Nozick)1938 年 11 月 16 日出生于美国布鲁克林,

---

① Chandran Kukathas and Philip Pettit, Rawls, *A Theory of Justice and Its Critics*, Stanford: Stanford University Press, 1990, p. 31.
② 奥特弗利德·赫费:《政治的正义性:法和国家的批判哲学之基础》,上海译文出版社,1998 年,第393 页。

1959 年获得哥伦比亚大学的学士学位,1963 年获得普林斯顿博士学位,1963—1964 年作为富布赖特学者在牛津访学。此后在哈佛大学任教,为哈佛大学哲学系的阿瑟·金斯利·波特(Arthur Kingsley Porter)哲学教授。1998 年荣获约瑟夫·佩里格雷诺(Joseph Pellegrino)驻校教授职务,1981—1984 年担任了哈佛大学哲学系主任。1974 年出版的《无政府、国家和乌托邦》是他针对罗尔斯的《正义论》所作的批评性论著,这帮助他获得了很高的声名。值得注意的是,虽然两人的观点并不一致,但各自在两部名著中都感谢对方的批评。诺齐克于 2002 年 1 月 23 日因为胃癌去世。

诺齐克被视为洛克思想的继承者,"他的《无政府、国家和乌托邦》一书详述和捍卫了十七世纪哲学家约翰·洛克的一系列传统观念"①。他的理论从洛克式的自然状态出发。他认为,洛克式的自然状态是相较其他人的自然状态而言比较令人满意的。而如果在这种比较不错的自然状态中,仍然有产生国家的必要,那么一种关于国家的哲学是有其存在的必要了。对于诺齐克的研究,我们最好的办法是拿它与洛克的思想进行比较,这样我们就能够对诺齐克的方法有一个更准确的把握。

一、自然状态:对洛克的承袭

自然状态是西方政治哲学的传统中一个比较重要的概念。所谓自然状态,即指没有国家的情况下人类所处的状态。显然,没有哪位政治哲学家亲身经历过这样的一种状态,就是使用这一概念的思想家也未必相信这一状态的存在。霍尔巴赫说:"没有什么事物比这种所谓'自然状态'更虚幻、更稀奇古怪、更违背人性的了。"②尽管这种状态纯粹出于假设,但这种预设却在这些政治哲学家的理论中占据着重要的地位。这是因为,自然状态一方面是人性假设的逻辑延伸,另一方面又是国家起源的逻辑起点,并由此决定各种理论的内在逻辑结构和政治倾向。如霍布斯的自然状态里,一切人对一切人的战争,这一状态描述正是人性恶与君主绝对专制的连接点;而卢梭对自然状态的赞扬,又与他对不带社会性的纯真人性说和人民主权说有着紧密的联系。

对于以自然状态为起点来建构政治哲学的思想家来说,重要的不在于自然状态的有无,而在于如何从一种自然状态过渡到政治社会。这一种过渡后所形成的结果——国家,由此确立了它诞生的必然性和存在的合法性。诺齐克指出,探讨自然状态的必要性在于:自然状态是一种无政府状态,如果能够从自然状态中引申出

---

① 汤姆·L·彼彻姆:《哲学的伦理学》,雷克勤、郭夏娟、李兰芬、沈珏译,中国社会科学出版社 1990 年版,第 344 页。

② 霍尔巴赫:《自然政治论》,陈太先、眭茂译,商务印书馆 1994 年版,第 4 页。

国家存在的必要,则说明无政府主义是不可取的,并由此确立政治哲学的必要;另一方面,从自然状态开始探讨政治哲学具有一种解释性的目的,即从非政治解释政治。① 可见,一种自然状态的预设的意义,不在于它是否描述了国家诞生的真实过程,而在于它对国家诞生的解释是否合理。因此,尽管自然状态被众多批评者指斥只是一种假设,历史上从来没有真正发生过,但这类指责无损于政治哲学的地位。

在西方的政治实践和意识形态倾向来看,洛克的政治哲学应该说成为主流的代表。作为自由主义的代表,洛克的学说直到今天仍然是西方资本主义国家的意识形态。作为当代自由主义的代表之一,诺齐克被认为洛克思想的继承者,"他的《无政府、国家和乌托邦》一书详述和捍卫了十七世纪哲学家约翰·洛克的一系列传统观念"②。诺齐克一方面试图恢复洛克的理论传统,即从自然状态为逻辑起点而构建国家起源;另一方面,他对国家的目的和功能上所持的观点与洛克基本上一致。鉴于两人观点的相似,对二人的比较有助于我们对占据西方主流地位的政治哲学的理解。当然,对二者观点上的异同进行比较是较为容易的,但要对这些相同点与不同点做出整体的把握,却有必要回到二者理论的共同出发点:洛克式的自然状态。

"人类天生都是自由、平等和独立的。"③洛克式的自然状态的特征是自由、平等和被自然法所统治的,这是一种比较理想的自然状态。首先,在自然状态下人是自由的。"那是一种完备无缺的自由状态,他们在自然法的范围内,按照他们认为合适的办法,决定他们的行动和处理他们的财产和人身,而毋需得到任何人的许可或听命于任何人的意志。"④人人有思想,有情感,追逐并采取行动满足自己的欲望,生活在无拘无束的自由中。然而,自由不是放任,有一种人人都遵守的"自然法",理性引导人们不侵犯他人的生命、财产和健康,各自过着独立而平等的生活。洛克认为这种自由与霍布斯的自然状态下的自由是不同的,霍布斯的自由实际上是放任,它使人们处于战争状态。

其次,这种状态下人是平等的。"这也是一种平等的状态,在这种状态中,一切权力和管辖权都是相互的,没有一个人享有多于别人的权力。"⑤即使父母与儿女也是处于平等的。

更重要的是,有一种自然法统治着这种状态。"自然状态有一种为人人所应遵

---

① 罗伯特·诺齐克:《无政府、国家与乌托邦》,何怀宏译,中国社会科学出版社 1991 年版,见第一章"为什么要探讨自然状态理论?"。
② 汤姆·L·彼彻姆:《哲学的伦理学》,雷克勤、郭夏娟、李兰芬、沈珏译,中国社会科学出版社 1990 年版,第 344 页。
③ 洛克:《政府论》(下篇),瞿菊农、叶启芳译,商务印书馆 1964 年版,第 59 页。
④ 洛克:《政府论》(下篇),瞿菊农、叶启芳译,商务印书馆 1964 年版,第 5 页。
⑤ 洛克:《政府论》(下篇),瞿菊农、叶启芳译,商务印书馆 1964 年版,第 5 页。

守的自然法对它起着支配作用;而理性,也就是自然法,教导着有意遵从理性的全人类;人们既然都是平等和独立的,任何人就不得侵害他人的生命、健康、自由或财产。"①社会秩序和结构的维系靠的是理性的自觉。理性措置各人自己的行为在合理的范围内。但在人们违反自然法,侵害他人的权利时又如何处置呢?洛克认为,每个人都有权惩罚违反自然法的人,以制止违反自然法为度;同时,受到任何损害的人,除了与别人共同享有的处罚权之外,还享有要犯罪人赔偿损失的特殊权利。在这里,洛克区分了两种不同的权利,一种是人人所享有的旨在制止相关罪行而惩罚犯罪行为的权利,另一种是只属于受到损害的一方要求赔偿的权利。

诺齐克在建构自己的理论之前,假设一种"如果没有政府我们现在会怎样的"状况。首先他认为,悲观的无政府的描述(如霍布斯)是很难让人信服的,因为这种论据既缺乏心理学和社会学材料,且有赖于不提出有关国家状态的类似的悲观假设,而后者显然是可能,甚至是现实存在的。另一方面,对这种状态采取最乐观的假设(如葛德文)也是不可取的,因为生硬的乐观主义也是缺少说服力的。因此,比较恰当的办法是探讨一种在其中人们一般都满足了道德约束、一般都像他们所应当活动的那样活动的无政府状态,这是一个人能合理期望的最好的无政府状态。这种状态正是洛克式的自然状态。

他认为,洛克式的自然状态是相较其他人的自然状态而言比较令人满意的。而如果在这种比较不错的自然状态中,仍然有产生国家的必要,那么一种关于国家的哲学是有其存在的必要了。当然,他认为洛克对国家起源的解释仍然留下缺口,故有必要重新做出一番论述。

诺齐克的自然状态的内容基本上与洛克的一致,无需再加说明。需要解释的是诺齐克在自然状态中并没有使用自然法这一概念,但他有关权利的论述实质上即洛克的自然法,仅仅解释略有差异。如他的财产权观点,基本上承袭洛克,他在论持有原则时特别提出洛克的条件,即当一个通过其劳动力而取得对无主物的占有时,应以"还留有足够的同样好的东西给其他人所共有"(enough and as good left in common for others)为条件。换句话说,对无主物的占有,因具排他性的独占而使他人无法再行占有,其合乎权利与否,取决于他人是否与其未占有时状况没有变坏。诺齐克设想了一种对洛克这种观点的批驳:一个人 Y 通过占有一物,而使他人 Z 失去使用这一物体的机会,因而 Y 的占有是不允许的;而在 T 之前,另一人 X 通过占有又使 Y 的使用一物的机会减少,如此的占有也是不允许的。由此上溯到第一人 A,所有的占有都是不合道德的。诺齐克的辩护是:一个人的占有可能通过两种方式使另一人的状况变坏——第一种是使别人失去通过一个特殊占有来改善

---

① 洛克:《政府论》(下篇),瞿菊农、叶启芳译,商务印书馆 1964 年版,第 6 页。

的机会,第二种是使别人不再能够自由地使用(若无占有)他先前能使用的东西。他认为第二种并不违反洛克的条件,从而维护了洛克的观点。[①]　关于施行惩罚权和索取赔偿的区分上,诺齐克也与洛克相同。他认为,唯有受害者对于侵害者享有索取赔偿的权利,他在受到损害后,可以提出索取赔偿,也可以不提出赔偿要求;他可自己去索取赔偿,也可以委托他人去索取。但是惩罚权则不只属于受害者,而是属于每一个人,即使受害者原谅侵害者,拒绝惩罚他,别人仍有权向侵害者实施惩罚,因为如果罪行逃过惩罚,别人会感到恐惧和缺少保障。而由于每个人在惩罚权的根本决定中有一定的发言权,那么它将合为一种人们集体拥有的而非个人拥有的权利。诺齐克在这两种权利的表述上与洛克基本上没有差别,仅仅是诺齐克用心理学的方法重新解释了自然法。

二、反契约论:与洛克的背离

如何从这种自然状态中产生国家呢? 二人的回答由此显示出差别。

洛克认为,在没有共同可以诉请救助的尊长下,存在着战争状态的可能性,在这种战争状态下,人们并不按理性行事,而是企图对另一个人的人身施加强力。避免这种战争状态,是人类组成社会和脱离自然状态的重要原因。人们放弃其自然自由,同其他人协议联合组成为一个共同体,以谋他们彼此间的舒适、安全与和平的生活。"当某些人这样地同意建立一个共同体或政府时,他们因此就立刻结合起来并组成一个国家,那里的大多数人享有替其余的人作出行动和决定的权利。"[②]这一组成共同体的过程是一个人们一致同意、共同订立契约的过程。这就是洛克的契约论。

诺齐克指出,国家的两个必要条件是:一是,它拥有一种在这个地区内对使用强力的独占权;二是,它保护这个地区的所有人的权利,即使这种普遍的保护只能通过一种"再分配"的方式来提供。个人主义的无政府主义认为这两个要点是国家不道德的主要依据,而诺齐克则要证明,这种独占和再分配因素在道德上是合法的。他要说明一种自然状态过渡到一个超弱意义上的国家(出现独占因素)在道德上是合法的,不会侵犯任何人的权利;从一个超弱意义上的国家过渡到最弱意义上的国家(出现再分配因素)在道德上也是合法的,也不会侵犯任何人的权利。

自然状态下发生纠纷时,认识的主观偏差导致个人假定自己的正确,并高估所受伤害的程度;同时,激情导致他们去过分惩罚他人或索要赔偿。这样,对一个人权利的私自强行,将导致世仇和宿怨,导致无休止的报复行为和索取赔偿。这种情

---

①　罗伯特·诺齐克:《无政府、国家与乌托邦》,何怀宏译,中国社会科学出版社 1991 年版,第 179—181 页。
②　洛克:《政府论》(下篇),瞿菊农、叶启芳译,商务印书馆 1964 年版,第 60 页。

况下，没有稳定可靠的靠个人行为来解决争端的方法，此外，面对他的权利的较强对手，他的个人行为也是无力的。因此，个人只有呼请他人联合保卫。"在自然状态中，一个人可能自己去强行他的权利，保卫自己、索要赔偿和进行惩罚（或至少尽自己所能地去这样做）。而其他人也可能应其呼请而与他联合起来保卫他。"①这样产生了保护性社团。

最初，有几个不同的保护性社团或公司将在同一地区提供它们的服务。当不同机构的委托人之间发生冲突时，不同机构对案件的裁决往往是不一致的。这些不同的机构或者进行实力较量，失败机构的委托人由于得不到好的保护，而离开它与胜利者发生关系；或者形成各自的势力范围，像国家一样；或者二者同意建立第三个裁判机关或法庭并服从其决定。不管怎样，它最终导致一个支配性的保护社团。从许多的保护性社团到支配性社团并不需要订立契约，这种社团的诞生就像货币一样，是由一只看不见的手在操纵的。

但支配性的保护机构仍不是国家，它并不拥有强力的独占权。在存在着一个支配的保护性机构的地区内，一些委托人付钱给这个机构，购买保护服务，另外也有一些独立者，他们不想或没有能力加入这个保护性机构。当"委托人"和"独立者"之间发生伤害时，在诺齐克看来，原则上"独立者"有权利进行报复。但是，一个独立者应被禁止由个人强行正义，因为普遍的个人强行正义往往给人带来恐惧。关键在于，支配性社团认为自己的程序是可靠的和公平的，并强烈地倾向于认为所有其他的程序，甚至由别人实行的"同样"程序都是不可靠的或不公平的。它将不允许任何人抵制自己的程序，亦即它将惩罚任何抵制者。所以，尽管它并不提出程序的独占权，但这一支配性保护机构通过它的力量占据了独一无二的地位，即一种事实上的独占权，而非权利上的独占权。具有这种事实上的独占权的机构将禁止任何个人强行报复，而由它垄断全部强力，从而形成超弱意义上的国家（ultraminimal state）。

一个超弱意义的国家仍然不是国家，它坚持一种对所有强力使用的独占权，并只对那些出钱购买了它的保护和强行保险的人们提供保护和强制实行契约的服务。它为要使自己对强力的垄断成为合法的和合乎道德的，就必须给予其强行自卫权利被禁止而遭受损失的"独立者"以赔偿。超弱意义的国家对独立者最方便的赔偿就是也为他们提供保护性的服务，以抵消他们与这一保护性机构的交费顾客间冲突中的损失，这样做已经包含了再分配因素。所形成的这种既拥有强力垄断权又能为所有公民提供保护的社会机构就是诺齐克所向往的"最弱意义的国家"（minimal state）。这一整个过程就是诺齐克在国家起源上的权利论，它与洛克的

---

① 罗伯特·诺齐克：《无政府、国家与乌托邦》，何怀宏译，中国社会科学出版社1991年版，第20页。

契约论恰相反对。

三、解释机制：看不见的手

为什么国家从同一种自然状态诞生会有完全不同的过程呢？这与他们各自的方法有关。

就设立国家的目的来说，洛克显然是个人主义的。他强调公民的权利，主张限制国家的权力，从而增进个人的利益。他对私有财产的崇拜达到如此的地步，以致说每人都有权惩罚对他的财产的侵袭，甚至可以为此伤人性命。罗素讽刺他说，洛克没附加任何限制，所以我如果抓到一个干偷鸡摸狗之事的人，依自然法显然有理由把他枪毙。① 这种对私有财产的迷信正是个人主义在资产阶级革命时的表现。萨拜因指出："在洛克的时代，以个人的利益来解释的社会学说已属早已确定的结论。自然法理论的整个趋势是朝这一方面发展的，洛克在推动这一发展上作出了不小的贡献。"②

但是，需要指出的是，在国家的形成机制上，洛克却不是以个人主义的方式来证明的。各个人彼此平等而又不可剥夺的权利是怎样衍生出各种机构的实际权力呢？他假设了存在一种公意，这种公意即使没有明白地被所有的人表达出来，但至少是为大多数人所默许的。这种公意，调节人们之间的行为，并形成规范，促使人们订立社会契约。公意的假设本身就意味着一种公共意志的存在，它在一定程度上是对个人权利的否定。由此可见，在国家起源的方式上，洛克采取了一种与国家目的不同的论证方法，即整体主义的方法。方法与目的的不同倾向，是洛克的政治哲学中的内在矛盾。

但洛克的公意何以可能呢？而且一旦形成，它会不会发展成大多数的暴政？彻底的个人主义对公意有着本能的担心。而如果不用公意的解释，又怎样证明国家的合法起源呢？为此，诺齐克试图在国家起源上也采取个人主义的方法，即个人的绝对意志自由。③

诺齐克称自己的国家起源说是一种"看不见的手"的解释，即那种乍看起来是某个人有意设计的产物的东西，实际上是不由任何人的意向带来的。为此，他区分了两种情况：过滤过程和平衡过程。如结果为 P，过滤过程中存在着一种结构，它滤掉了所有非 P 的因素，只有适合于 P 的成分才能经过过滤过程。而在平衡过程中，没有这种结构，每个成分相互作用，最后作用的总和就构成或实现了 P。如果

---

① 罗素：《西方哲学史》（下卷），马元德译，商务印书馆 1982 年版，第 159 页。

② 乔治·霍兰·萨拜因：《政治学说史》下册，刘山译，商务印书馆 1986 年版，第 589 页。

③ 需要指出的是，诺齐克在后来新著《被审查的生活》中自称放弃他原来所持意志的绝对自由观点，参见乔纳森·沃尔夫：《诺齐克》的导言部分，王天成、张颖译，黑龙江人民出版社 1999 年版。

存在过滤过程,那么个体主义方法论的观点可能出错。所有 Q 的因素到 P 的过程就不能参照每个特殊的 Q 的因素的解释,为何所有 Q 因素都是 P 的解释,与这些个别的解释没有关系。要解释的对象的原因正存在于对象之中。用在国家起源上说,对政治的解释应存在于政治之中,而不应该从非政治中去寻求原因,这一点显然不是诺齐克的初衷。

他指出,有这样一种情况:我们没有任何为什么个体 Q 是 P 的因素的解释。我们并不知道 P 中的过滤因素,某些 Q 的因素是 P,看上去是一个统计出的结果。在这种情况下,我们只有求助于平衡过程的解释。从非政治诞生政治,这种平衡的解释比那种过滤的解释更可取。洛克认为社会契约的订立都必须有公众的一致同意,诺齐克不同意这种解释,认为这种公意类似于一种过滤过程。诺齐克认为应摒弃这种契约的解释,而寻求一种更为自然的解释,即个人之间的相互作用,自然而然地产生了一种国家,最弱意义上的国家。

这是一种平衡的解释,其实质是个体主义的原则。"个体主义方法论的观点,则不需要任何基本的(不可还原的)社会过滤过程。"①诺齐克对自己的方法论有着明确的意识。他的个人主义与洛克的整体主义形成鲜明的对照。

四、乌托邦:指向一个理想社会

诺齐克的理论中,最有意思的当属于对于乌托邦的界定与表达。诺齐克认为,在最低限度国家之中,每个人都可以追求自己的生活。他把这种在最低限度国家之中的政治生活描述为"乌托邦"。诺齐克事实上一直坚持最弱意义的国家。而他对于这一国家的论证不仅在于它的合理性,而且也在于它对于人的吸引力与鼓舞力的剖析,这也就是他使用"乌托邦"这一术语来描述同一个词的。大抵而言,诺齐克仅仅只是简要地证明,这种最弱意义的国家能够允许人们进行各种各样的自愿探索、冒险与合作的乌托邦理想和精神。

诺齐克使用了"乌托邦"这个术语,但不接受传统的乌托邦作家对整个国家和社会进行计划的做法,认为这是一种静态的因此也是模式化的做法。相反,真正的乌托邦或者说最弱意义上的国家仅仅通过权力分立和制衡来避免对人们的权利的剥夺,但允许人们进行自愿的联合、进行探索,因此这是最值得向往的国家。

诺齐克有关乌托邦的论述是非常简略的,与历史上乌托邦论述者详细描述具体的未来生活完全不同。事实上,诺齐克的乌托邦与历史上的乌托邦论述存在着本质上的区别。与其说他继承了乌托邦这种空想社会主义的精神,毋宁说他借用这个概念来为他自己的最弱意义上的国家辩护。这种辩护,非常简略,但其实用在

---

① 罗伯特·诺齐克:《无政府、国家与乌托邦》,何怀宏译,中国社会科学出版社 1991 年版,第 31 页。

于在英美政治哲学的话语系统中重新论证了这个领域：社会。

很多人认为，诺齐克的意义在于对罗尔斯的批评，因此而提出一种所谓自由至上主义的主张。这种看法是从思想倾向来讲的，虽然不能说错，但并未真正理解诺齐克的贡献。如果从逻辑角度来看，诺齐克的贡献应当在于，他在对罗尔斯的批判中发现了与政治领域不同的社会领域。而社会领域并不能与政治领域遵从相同的原则，它有着其自身的规律。契约论由此而转入社会领域内的正义探讨。正是由于诺齐克、范因伯格、埃尔斯特等人的论述，当代契约论事实上形成了一种共识，即政治哲学与社会哲学的范围并不完全相同。故罗尔斯在《政治自由主义》里面确认其范围适用于政治领域，与社会正义（或者说地方正义）所针对的对象并非一物。

第二节　阿克曼：自由国家里的社会正义

布鲁斯·阿克曼（Bruce Ackerman，1943—　）是一位美国的宪法学教授。他1964 年在哈佛获得学士学位，1967 年获得耶鲁大学的法学学士，1967—1968 年，担任美国上诉法院弗雷德利法官的助手，1968—1969 年担任美国最高法院哈兰二世法官的助手。1969 年成为宾夕法尼亚大学的教师，1974—1982 年在哥伦比亚大学任教授，自 1987 年以来，成为耶鲁大学法学院的斯特林教授，也是美国法学界被引用最高的几位学者之一。2010 年，《外交政策》杂志把他列为全球顶级思想者。阿克曼写了 11 全书和近 50 篇文章，涉猎领域包括政治哲学、比较法和政治学、经济学、美国宪法、社会公正等。他著名的著作包括《我们人民（第一卷）——建国》(*We the People：Foundations*)（1991）以及《我们人民（第二卷）——转型》(*We the People：Transformations*)（1998）等等。

全书主要介绍阿克曼在《自由国家中的社会正义》一书中的基本思想，该书总体思想与诺齐克接近，属于自由至上主义。① 但相比较《无政府、国家和乌托邦》一书对于社会（乌托邦）领域语焉不详有别，全书直接描述了一个乌托邦的社会——它论证了在一个自由至上主义的国度中的各种社会领域中的正义原则。与诺齐克相似的是，他也拒绝契约论，而认为自己是反契约的。但对于我们来说，这并不重要。因为文中的论证方法——各种虚拟的参与者相互辩驳而达成共识——完全是可以归入契约论传统的。全书涉及了许多主题，除了传统的政治哲学主题如国家、公民身份（citizenship）、自由民主之外，还有诸如生育权、教育、委托、剥削、财产等等问题。我们从社会契约论这一方法的角度，来探讨他的论证方法。

---

①　liebertarianism，他本人称为自由主义 liberalism。这种术语的混乱在 20 世纪七八十年代比较突出，这并不妨碍我们对他的立场的把握，因为他显然拒绝罗尔斯的中左翼立场。

一、主题：资源的权利主张应如何得到认可

首先要确认一个事实，即只要我们活着，就难逃被卷入权力争夺的命运。在物质匮乏的世界里，人们争取权力，以控制资源。因此，问题在就于："如果现在有人提出要求想要控制你认为理应归你所有的资源。他认为比你有权占有这些资源。他继续追问，你有什么权利拥有它们？你怎样证明这些过去用得如此得心应手的权力的确应该归你所有？"①阿克曼的这一论述从休谟的中等匮乏条件出发，提出了一个社会经济领域中的核心问题。

阿克曼将这一证明所应遵循的原则归纳为如下几种：

（1）理性原则。显然，每个人所拥有的对于资源的权利（或权力）都有可能受到质疑。对此，他认为，存在着两种做法，一种是权威主义的做法，即通过权力去压制不同的声音，这当然是不可取的；另一种是认真对待质疑的声音。阿克曼取后者，由此提出一条理性原则："无论在什么时候，某个人一旦对另一个人权力的合法性提出质疑，权力的所有者都不能以压制质疑者作为回应，而应该给出理由解释为什么他比质疑者更有权得到这一资源。"②如此，每个人都应当准备好充分的理由来为自己的权力或权利辩护。

（2）一致性（consistency）原则。权力持有者提出的要求此权力的理由与他在证明其对权力的其他要求的合法性中提出的理由应该保持一致。这是不难理解的，就比如纳粹不能一方面宣称，"因为雅利安人比犹太人好"来证明他对 X 权力的要求是正义的，转过身他又宣称"所有人生来就是平等的"从而证明他对 Y 权力的要求是正义的。

（3）中立（neutrality）原则。权力拥有者不得宣称，他所宣称的善的概念（conception of the good）优于其他公民，并且无论他所提出的善的概念是否优越，他也不得宣称他在本质上优于其他公民。因此，如果一方拥有特殊的权力或资源，另一方可以用"我至少和你一样好"这样的借口，要求分享同样的权力或资源。阿克曼称之为非支配性平等，并认为这将有助于在资源的争议情况下，达致一种权利的分享，以解决各方的争议。

阿克曼将自己的任务定位于在坚持这三个原则的前提下，为自由主义提出一个论证，证明它可以规范各种有关权力的冲突。他的论证办法是一个新奇的思想试验：一个寻求新世界的太空飞船。

---

① Bruce Ackerman, *Social Justice in the Liberal State*, New Haven and London: Yale university press, 1980, p. 3.

② Bruce Ackerman, *Social Justice in the Liberal State*, New Haven and London: Yale university press, 1980, p. 4.

二、飞往新世界的太空飞船

故事的基本情景如下：人类放弃了地球上已有的财富和地位，坐上太空飞船，来到了一个全新的世界。这里存在着一种叫作吗哪（mana）的资源，该资源能够转变为我们想要的任何物质客体。这一点，它与我们的货币相似，但比货币更为优越。但是与地球类似的场景仍然存在，没有足够的吗哪可以满足我们所有成员总的需求。因此，一场对权力的争夺还是无法避免。在向这个星球靠近的过程中，飞船里的人们议论纷纷，每个人脑海里就策划怎样分配吗哪。现在，人们进入到飞船的会议大厅讨论初始分配的问题。

飞船的指挥者宣布：第一，存在着完美的正义技术（perfect technology of justice），飞船上的计算机可以提供任何与我们想要讨论的东西相关的信息；飞船上配置的激光枪可以无条件转变为一个完美的警察力量（police force），坚决保护任何一种我们认为正确的吗哪分配方式。第二，指挥者保护合法的要求，并剔除那些不符合三个原则的分配方案。第三，谁也无法革命，推翻那些因为符合三个原则而获得合法性但自己不喜欢的方案。每个人只能期望提供一些符合中立性的解释，然后期望该解释获得通过。①

人们对于分配的方案吵闹不休。一些人要求基于个人优势分配吗哪，另一些则根据个人需求进行分配；一些规则以个人对全人类幸福贡献大小为分配标准，另一些则以个人对弱势群体的贡献为标准；一些规则认为应该平等分配吗哪，另一些则认为吗哪应该指定给某些人，诸如此类。更糟的是每个规则的支持者很快就发现不同阵营对优势、需求、善的解释在很大范围上各不相同；即使是那些采用完全相同分类策略的人对于每组成员应分配多少吗哪也是各执己见。

但是每一种看法必须通过这三个原则的检验，然后我们发现，那些认为自己具有内在的优越性或者其目标要优于别人目标的论述并不能通过这些检验。最开始，只有平等分配的要求通过了检验，当然，这只是初步的权利。因为这只能是飞船着陆时的初步分配方案。

然而随着时间的流逝，还出现了新的问题。第一个问题就是生育权（birthrights）。上一代人把所有吗哪分配完毕，后来生育来的年轻人显然是要抱怨的。更严重的是，如果第一代人都拒绝生育，那么后一代人也许永远都没有机会进入到这个世界。但是，阿克曼在此展现了他的想象力。他说，设想一个未成形的晚辈提

---

① Bruce ackerman, *Social Justice in the Liberal State*, New Haven and London: Yale university press, 1980, pp. 31-32.

出要求，要有一个肉体："让我进来！我坚持要有一个肉身，我至少要和你一样的好。"①在这种情况下，上一代人拒绝生育的做法显然不能通过中立性检验，因此后代获得了生存并享用吗哪的权利。在同样的逻辑下，上一代人将吗哪消耗完毕的做法也不能得到合法的允许，只有在代际之间保证中立性才是合理的。在生育权问题上还有许多有意思的话题，比如基因控制、堕胎、避孕等等，限于篇幅，这里我们不予以详细介绍。

接下来就涉及教育问题。也许有的人会主张公社式的集体教育，而另一些人反对。自由国家应当如何对待家庭教育上的分歧呢？什么情况下的教育才是允许的？这里涉及许多具体的问题，即家庭教育在什么情况下是滥权，在什么情况下又是没有承担起应有的责任。而当孩子长大进入到中级教育的时候，学校的课程设置又应当如何，怎样才能保证自由主义的课程？

在教育问题结束之后，阿克曼接下来讨论了自由交易和委托的问题。其中前者所论述的是自由市场的制度，显然，阿克曼认为这是极其重要的。在这里，他论证了私有财产的必要性。委托问题所集中表现的是继承权。父辈应当给予子女一定的吗哪，从而让后者有一定资产开始自己的生活——如同其父辈最初来到这个星球。另外，如果一位父辈留给自己的子女更多的财产，而其他父辈的子女得到了较少，后者显然也有理由抗议并要求得到同样多的吗哪。但是，基于自由交易的论述，如果一位父亲愿意多赠予一些礼物给某些人，这是允许的。这里的自由交易与非支配平等就存在着一定的冲突。而且在代际的问题上，阿克曼并不认可诺齐克的主张，后者认为，只要第一代保证了公平，那么就可以如其所愿地规划第二代的人生。② 但是，阿克曼虽然勉强在这个理想世界中保证了三个原则，但已经开始意识到这里存在着严重的冲突，事实上，它们是难以按照理想的原则来予以解决的。

这接下来就进入到现实的不理想世界。这里最大的问题就是剥削，一切不符合正义原则的现象，它既包括资产者对于无产者的剥削，也涉及少数族裔所面临的剥削等等。这里，理论开始回到现实。阿克曼不得不把最初所设想的理想正义技术这一条件放弃，而来到这些次优乃至更糟的世界里，我们应当如何应对？阿克曼这里把资本主义、社会主义和自由主义相提并论，认为自由主义要优于资本主义与社会主义。不过，阿克曼这里的论述显然远不如在飞船降落之初那样有力。不管怎么说，阿克曼勉强完成了他对于社会正义的论述。

---

① Bruce Ackerman, *Social Justice in the Liberal State*, New Haven and London: Yale university press, 1980，p. 110.

② Bruce Ackerman, *Social Justice in the Liberal State*, New Haven and London: Yale university press, 1980，p. 221.

三、对话：一种确证合法权利的手段

阿克曼的逻辑大抵如上所述，在进行这些理论论述时，当遇到不同的意见，指挥官应当如何解决冲突？阿克曼称之为对话（dialogue）。这一概念有些类似于哈贝马斯的商谈，但这其中最重要的是存在着一个指挥官，他是用以把对话者各方的主张进行检验的人。我们不妨用原文的一小段对话来看看它们是如何解决有关资源的权利主张上的冲突的。

当飞船降落新世界之初，有些人如躁狂症患者（manic）期望获得比别人更多的吗哪，而抑郁症患者（depressive）争取获得与别人至少相同的吗哪。

躁狂症患者：我想要吗哪！

抑郁症患者：我也是。

指挥者：你们谁能给出支持你们要求的理由吗？

躁狂症患者：我想用它来实现那些对我有价值的目的。

抑郁症患者：我也一样，我的目的的价值并不比你小。要实现这些目标，我需要控制这些匮乏的资源。

指挥者：所有这些有关目的表达都很好，但我看不出，它们能够帮助解决我们的分配问题。毕竟，我们没人声称拥有一套标准，用以衡量生活中各自冲突的目的的相对社会价值。

抑郁症患者：好，至少我已把自己定义为一个有目的的人。

躁狂症患者：我也是一个已肯定自己拥有某种善的概念的人。

指挥者：祝贺你们！但我仍没看到这对我们的谈话有任何的帮助。

躁狂症患者：这没有帮助吗？我认为只要我有自己的善的概念，我就有权捍卫自己获得吗哪的要求。

抑郁症患者：我同意，无论他认为什么是善，每个公民只要把自己看作一个有目的的人，他就值得获得吗哪。

指挥者：迄今为止，这很好。无论这一观点有什么优点，它通过了中立原则中反对选择性（selectivity）的限制——因为他在各种相互竞争的善的概念之间做出高下之分。但是你们说得还不够充分，即使大会仅仅因为你是拥有了某种善的概念，就承认你要得到一些吗哪的要求，你还必须告诉我你们每个人至少有权得到多少颗吗哪。

抑郁症患者：好，我不能说我有关善的概念可以让我获得特殊的待遇。但是，对声称无条件优势的要求的禁令并不能阻止我说至少我和躁狂症患者一样好。

指挥者：那这和吗哪有什么关系？

抑郁症患者：如果至少我和躁狂症患者一样好，那我至少应该得到同样多我们

两个都想要的东西。

指挥者:好,躁狂症患者,你已经听到抑郁症患者对一个平等分配吗哪原则的解释,现在要决定他的辩护是否可以通过自由主义合法性的检验,对此你要说什么?

躁狂症患者:我没听过任何违背中立原则的东西。

指挥者:那理性原则对此又有什么限制呢?

躁狂症患者:好,我当然也不能抱怨该表述违背了完备性或和谐。一条给予每个公司至少和其他人一样多的分配规则不存在任何形式上的缺陷。

指挥者:那为该规则辩护的理由——它是否也通过了理性原则的检验?

躁狂症患者:我必须承认,它指出了一个能区分每个公民差别的特征——事实是每个人都肯定了自己善的概念。

抑郁症患者:除此之外,我向你保证,我将在每个对我平等分享吗哪的要求提出挑战的谈话里援引同样的话。

躁狂症患者:好,这样综合性也满足了。

抑郁症患者:并且,根据这一理论基础,我们可以很容易规定那些非法的世界状态。

躁狂症患者:这样就通过了基于理性原则的可信性检验(conceivability test)。

指挥者:好,那你还困扰什么?

躁狂症患者:坦白说,我并不认为抑郁症患者的有关自身价值的辩护具有多大的说服力。我不认为人们仅因为他们拥有一个有关善的概念,就有权获得吗哪。

指挥者:但你没有权力指责所有你不认可的论据为非理性的。只有在那些解释不能被人们可信地视为对决策规则的证明时,第一原则才会排除该论点。

躁狂症患者:好,我必须承认抑郁症患者没有说无关的废话——例如,天空颜色可作为判断对吗哪的要求是否合法的标准。我确实看到某个人是如何认为一个公民仅因为他是一个拥有某种善的概念的人,就有权得到吗哪。

指挥者:因此,我必须宣布,抑郁症患者已被解除自由主义国家施于他身上的初始对话的负担。

抑郁症患者:那是否意味着我得到了吗哪?

指挥者:没那么快,也许躁狂症患者转而会用你的话来反驳你,并通过额外的理由证明你不能平等分享吗哪。

躁狂症患者:或者我可以对一个可通过中立原则检验但全然不同的决策规则给出一个完全不同的论证。

指挥者:那样的话,我们必须设计一个过程对那些合法子集里的竞争性意见进行选择。

抑郁症患者：嗯,好的,我看这可能要花些时间,但这一次,也可能不用花多少时间。所有事都取决于躁狂症患者或其他人,也许他们发现要推翻我对吗哪的要求不是那么容易,因为自由对话原则对他们的限制和对我的限制一样多。①

这是一种非常有意思的思想试验,总体上来说,它符合自由主义和平等主义的形式平等的论述,其检验的做法类似于斯坎伦的不可拒绝性和高斯的有理由接受和没有理由反对的论证办法。唯一有区别的是,阿克曼特别强调了三个基本原则的形式要求,并用了一种法官式的指挥官来进行判断和执行,这大概是他的法官经历的影响吧。

四、中立对话

阿克曼坚信他的做法是非契约论的,他对于契约论中的自然状态不屑一顾。比如他认为,他的第一条理性原则,即允许人家质疑并必须合理地质疑就使得"自然状态"这一概念破产。凭什么你当年占有的资源今天还可以占有——当资源已经如此稀缺的时候? 对于契约论,阿克曼在每一章问题的讨论结尾都引用并指出契约论的不恰当。针对罗尔斯的原初状态,阿克曼不无讽刺地写道:"事实上,最引人注目的契约神话版本试图通过设计一种谈判情境——在这一情境里所有的理性行为者唯一的明智选择就是直接签字——来打断在已约定的协商中喋喋不休的谈判双方。"②

阿克曼对于契约论的批判要点在于,契约论设想了缔约之时的潜在的社会进入者。如果这位参与者不满意合同条款,他将不进入这个社会。虽然这种做法要比功利主义的理想观察者要更容易为人接受,但是这种潜在进入者的问题也是非常严重的:契约论要求我们把自己想象成为一个远离现实社会的人。③ 但是,这是不现实的。从出生之时起,我已经成为一个组织起来的社会里的一个成员。从生命的延续来看,我必须在物质上依赖于他人;从精神上讲,没有先辈所创造的行为模式和语言,我永远不可能实现我的目标。虽然每个人是不相同的,每个人有其独有的个性。但不论我拥有怎样的个性,我的个性不是离开社会而获得的,它是与社会沟通交流的结果。

阿克曼对这一传统契约论的批评是非常有力的,但要看到,这一批评只是对那

---

① Bruce Ackerman, *Social Justice in the Liberal State*, New Haven and London: Yale university press, 1980, pp. 55-57.

② Bruce Ackerman, *Social Justice in the Liberal State*, New Haven and London: Yale university press, 1980, p. 6.

③ Bruce Ackerman, *Social Justice in the Liberal State*, New Haven and London: Yale university press, 1980, p. 330.

些完全彻底的个人主义契约论的批评是有效的。如果契约论一开始所设立的参与人就是在特定文化中生存并拥有特殊观念的人，那么，契约论还是可能回避这一批评。更重要的是，阿克曼自己所提出的方法，从更宽泛的意义上看，也落入了社会契约论这一大的传统之中。

在拒绝了功利主义和罗尔斯的契约论之后，阿克曼提倡直觉主义(如费因伯格等人所提倡的)做法。以奴隶制为例，罗尔斯的直觉是它是不正义的，而亚里士多德的直觉是它是自然的。如何在不同的直觉中取舍呢？将各种直觉进行反思平衡所取得的结果，仍然避免不了这种局限性。因此，唯一真正有效的达致正义的路径就是中立对话(Neutral dialogue)。

在这里，阿克曼强调，虽然达致自由主义存在着多种可能的路径(比如罗尔斯的理论)，但是中立对话有其特殊的好处。它不强迫某个人一定接受某种论证，但会逐渐引导该人按照其自己的观念最终达致自由主义。并且自由主义国家的政治对话和捍卫自由主义国家的哲学对话之间存在着完美对应。自由主义国家里的政治对话是组织那些追求不同的善的目标的自由人的一种工具，而捍卫自由主义国家的哲学对话是一种说服那些自由追求不同的理解途径的人的手段。政治对话的任务是使每个公民有可能不用宣称他生来就比其他人高等就可以维护自己的权力；而哲学对话的任务是使所有人不用宣称他所走的这条通往自由主义的道路从本质上优于其他道路就可以合理解释他的中立原则。总之，通过对话，不需要强迫人民追求一个共同的"善"，也不用指望人们达到共同的理解，而是达成深层次的团结，即所有人都在寻求通过一种共同的对话过程来定义自己。

第三节　高斯：基于公共证明的社会哲学

社会哲学(social philosophy)这个概念的兴起是 20 世纪 70 年代的事情。Joel Feinberg 于 1973 年出版《社会哲学》一书，认为社会哲学是探讨治理社会生活中的各种原则。[①] 虽然这个概念早已出现，但它更多是法哲学或一般意义上的政治哲学的事情，因此，它不能把所有著作都纳入到社会契约论这个传统之中。

吉拉德·高斯(Gerald Gaus)是亚利桑那大学的哲学系教授，他以研究自由主义思想而著称。写作《社会哲学》的时候，他采纳了社会契约论的一种重要证明手段——公共证明——从而证明社会契约论不但可以探讨宪政问题，而且也可以用来探索社会正义问题。

---

① Joel Feinberg，*Social Philosophy*，Prentice-Hall，1973，p. 1.

一、社会哲学的对象

高斯认为,社会哲学的核心内容是有关社会道德的公共证明。社会哲学既非纯粹的道德哲学,亦非纯粹的政治哲学,而是联系伦理学与政治哲学的桥梁。因此,社会哲学虽然每每需要与伦理学联系,但它并不关心个人的伦理问题,比如价值观、个人理想或人类生活与个性的评价等等。它所关注的道德是那些能够向所有人应用时都可以得到确证的道德,那些即使在陌生人之间也应当实施的道德,亦即公共道德(public morality)。

从这个意义上看,社会哲学可以视为对于政治哲学和法哲学提供了一个舞台:政治哲学与法哲学可以视为解决获得公共证明的社会原则的解释与执行方面的争端的学问。从这个角度来看,高斯认为,历史上最伟大的社会哲学著作无疑就是密尔的《论自由》,该书所提出的判定自由的伤害原则(harm principle)至今仍然构成自由讨论中最重要的观念基础。当然,社会哲学并不仅仅限于自由的讨论,它还涉及私有财产、分配正义、环境损害、冒犯、见义勇为等等问题。①

这些相关的公共道德的论证终究与政治哲学有什么区别呢? 罗尔斯对于分配正义的论述难道不正是政治哲学最典型的内容吗? 私有财产问题上的证明与反驳,固然可以算为社会哲学,难道也不正是经济哲学的基本问题? 显然,高斯所界定的社会哲学与相关领域的哲学——政治哲学和经济哲学——存在着一定的交叉。而且这些问题,也很难一定归为政治或经济哲学。不过,通观高斯全书的框架,虽然高斯所关注的问题与传统的政治哲学存在着一定程度上的交叉,但毕竟所关注的是社会领域的问题。我们可以这样解释高斯的意图:这些问题虽然也是政治哲学的关注所在,但它们毕竟本身仍然是社会哲学的问题,因此作为社会哲学的领域来加以探讨。此外,从全书的框架来看,高斯基本上不直接论述政府职责、分权制衡、宪政等狭义的政治领域,而且其观点基本上围绕着密尔的损害原则(Harm principle)而展开,因此这种与狭义政治领域拉开距离的意图还是比较明显的。

二、公共证明

如何建立一种为公共所接受的道德,这是高斯所考虑的核心问题。在这个问题上,有两种观点都是无法让人接受的。权威主义者认为某种观念是正确的,因此依靠政府强力推行,这种做法的危险是导致暴政;而相对主义者则认为这个世界不存在公共的道德,每个人都有着自己道德观,因此不需要建立或证明一种公共的道德。高斯认为这两种观点都不可取,前者导致暴政,后者则导致公共失序。高斯认

---

① Gerald F. Gaus, *Social Philosophy*, Armonk, New York, and London: M. E. Sharpe, 1999, p. Ⅷ.

为,出路不在于认定某种观点属于公共道德,而在于证明一种能够让公众接受的道德,这样做,就必须采取公共证明(public justification)。

所谓公共证明,就是证明某种所有人都有良好的理由去接受的共同道德。① 公共证明这个概念,在罗尔斯那里也出现过。罗尔斯认为,公共证明"是从某些共识开始进行的,也就是说,是从这样一些前提开始进行的,即这些前提是处于分歧状态的所有当事人都能够有理由被期望加以共享的,也被期望能自愿加以赞成的,而所有这些当事人都被假定是自由的和平等的,并完全具有推理的能力"②。这一论述与高斯并无大的判别,不过罗尔斯的具体推理过程还涉及重叠共识、反思平衡以及原初状态等等相关观念。在这个问题上,高斯有自己的特点。

首先,高斯反对那种追求"实际同意"(actual assent)的公共证明的做法,认为不管是原初契约的路径还是当下同意的路径都是不现实的。原初契约的做法会遇到一个服从问题,人们很容易违背自己的承诺,当下同意更加不可能,因为现实中人们的分歧极其繁复,不可能指望人们达成一致同意。

那么,显然只能希望用一种理想化的公共证明概念,也就是说,虚拟情境式的公共证明。这里,一种办法是把该情境中的人们设置为完全理性的(rational),但这样做也无法完成目标,因为人们有可能会抱着不合理的信念(unreasonble beliefs),比如一个理性的权威主义者是根本不可能接受其他人的信念,如此也无法达成公共道德。因此,合理的设置就是拥有合理信念之间所进行的公共证明。在这个基础上,公共证明才是可能的。

前面所界定的,只是公共证明的前提。而公共证明的具体路径存在着两种方式:一种是共识(consensus)论证,一种是趋同(convergence)论证。在前者,是每个人都拥有相同的理由去接受某种道德,他们的道德观与接受该道德的理由都是相同的。而后者是人们接受相同的某种道德,但他们接受该道德的理由并不一致。共识论证意味着拥有相同的目的,这方面的做法有目的论和功利主义的理论。高斯并不反对共识论证,显然,他更为倾向于趋同论证——事实上,他把趋同论证基本上等同于契约论,他称为契约主义(contractualism,高斯的概念与斯坎伦的概念有别)。

而趋同论证又包含着两种倾向,一种是强契约主义(strong contractualism),其中代表作家就是高西尔的新霍布斯主义的契约论(有关高西尔的理论,见全书第六章)。但高斯对此表示强烈怀疑,认为它充其量说明彻头彻尾的目标理性者有可能出于自身的利益而接受某种限制自由的道德体系,但无法证明这些人能够尊敬他人,或者当别人对他们不公正的时候,他们能够表达出义愤或者憎恶。也就是

---

① Gerald F. Gaus, *Social Philosophy*, Armonk, New York, and London: M. E. Sharpe, 1999, p. 20.
② 罗尔斯:《作为公平的正义——正义新论》,姚大志译,上海三联书店 2002 年版,第 46 页。

说,这种做法是难以用作公共证明的。另一种做法是弱契约主义(weak contractualism),这方面的代表就是罗尔斯。虽然高斯的证明路径也属于弱契约主义,但他并不满意罗尔斯的原初状态。罗尔斯的理论面临着最大最小规则设置,这意味着一旦无知之幕撤销,人们可能不会接受这一结果;此外,个人不能应得他的自然天赋的成果也会受到争议。

这样,高斯就提出了他自己的方案,与其将契约视为一组用来调节社会生活的基本结构的原则,不如把它视为理智的道德人根据各种理由来寻求能够公共证明其道德需要的做法。换句话说,这需要理智的道德人一个一个去检验各种道德原则,当人们发现某个道德原则存在着问题时,就否定或者修正其原则,从而确立了公共道德。

三、方法例证:精神损害的公共证明

高斯的方法原理如上所述,为使读者更好地理解这种方法,我们不妨用高斯在自由问题上的讨论来说明。损害原则来自于密尔《论自由》中对于自由的界定,密尔认为,"本文的目的是要力主一条极其简单的原则,使凡属社会以强制和控制方法对付个人之事,不论所用手段是法律惩罚方式下的物质力量或者是公众意见下的道德压力,都要绝对以它为准绳。这条原则就是:人类之所以有理有权可以个别地或者集体地对其中任何分子的行动自由进行干涉,唯一的目的只是自我防卫。这就是说,对于文明群体中的任一成员,所以能够施用一种权力以反其意志而不失为正当,唯一的目的只是要防止对他人的危害。"①

比如艾弗重重打了贝蒂一拳,这损害(harm)了贝蒂的利益,也对贝蒂造成了伤害(hurt)。这是基本上无疑义的。但如果贝蒂向艾弗借了一全书,书中夹了一张中了百万的彩票,贝蒂用自己的数字接近的彩票替换了艾弗的彩票,兑奖后,贝蒂还"慷慨地"给了艾弗1000元,在这种情况下,不知情的艾弗认为,贝蒂为人非常好。他从未怀疑过这件事。在这里,虽然艾弗没有受到伤害(hurt),但其利益受到实质性的损害(harm)。因此,两者存在着重要的区别。② 损害涉及实质性的利益,而不能仅仅根据个人的主观感受来判断。但是,主观判断就是不是完全排除在外呢?

艾弗与贝蒂同事,艾弗吸烟,有证据表明,这对贝蒂造成了损害。因此,贝蒂要求禁止艾弗吸烟。显然,这是可取的。艾弗认可这一点,从此他在家吸烟。而贝蒂一想到这一点,就非常憎恶。她愈想就愈不能自拔,以至夜不安寐。这一次,艾弗

---

① 约翰·密尔:《论自由》程崇华译,商务印书馆1959年版,第9—10页。
② Gerald F. Gaus, *Social Philosophy*, Armonk, New York, and London: M. E. Sharpe, 1999, p.140.

回敬道："这是你的问题，不干我的事。"毫无疑问，艾弗这次是对的。那么，这是不是意味着所有的损害必须有严格的证据（如被动吸烟对于身体组织的影响），那些仅仅基于态度而造成的损害（如贝蒂的偏执念想导致的失眠）就可以排除在公共道德认可的损害之外呢？凡是精神损害利益都不能得到保护吗？高斯举了另外一个事例：艾弗是贝蒂的哥哥，他告诉贝蒂其母亲死于一种家族女性都会得的遗传病，而事实上其母亲死于来自于父亲的被动吸烟。① 由于艾弗的错误告知，贝蒂精神紧张，并很有可能早逝。用这一事例说明，虽然贝蒂的损害来自于她自身的精神因素，但显然其精神损失应当得到补偿。那种认为凡属基于态度的损害应当排除在自由原则之外的做法是不可取的。

前者贝蒂的要求补偿是无理的，后者当然是应当成立。那么，在理论上如何将两种情况做出区分呢？高斯认为，要点在于采取一种与评价无关的（evaluation-independent）损害判断原则。贝蒂之死的案例虽然也蕴含着贝蒂的精神态度，但这种精神态度并不取决于贝蒂对于艾弗行为的道德判断。也就是说，艾弗的告知与贝蒂之死存在着关联，这种关联不涉及贝蒂本人独有的道德观。而在吸烟导致失眠的案例中，贝蒂的失眠与她本人独有的道德判断相关——她认为吸烟是一种错误的行为并为之苦恼。利益损害的存在与否不能取决于每个人的独有道德观念，至少在公共道德的角度来看是如此。否则的话，每个人看到不顺心的事情就义愤填膺，就可以要求补偿。

高斯的全书中充满了这类简单而富有启发性的事例，它用这些虚拟的事例来检验每一种道德观念以及相应的理由。这种公共证明的做法与罗尔斯在原初状态中虚拟的缔约完全相反，有的只是人们在观念上的例证与反驳。它非常类似于诺齐克用许多小案例来检验基本原则的做法。在社会基本结构——宪政实质——的层面上，公共证明不能够因为一个小小的案例来否定整个结构，但在社会正义的哲学领域中，这种做法却极其合适，也最富有启发性。

本章小结

这一章，我们把诺齐克与社会哲学的研究者归纳为一块。初看上去，诺齐克所做的是政治哲学，许多观点与罗尔斯针锋相对。而费因伯格是一位法哲学家，算是当代社会哲学的开创者之一。高斯研究自由主义，也写作社会哲学。他们之间的共同点又在什么地方呢？

---

① Gerald F. Gaus, *Social Philosophy*, Armonk, New York, and London：M. E. Sharpe, 1999, pp. 142-143.

　　显然,罗尔斯对于政治的定义可以构成我们对比这两个流派的参照系。罗尔斯对于正义区分了三个层面上的含义:全球正义(global justice)、政治正义(political justice)以及地方正义(local justice)。撇开全球正义不论,政治正义与地方正义与诺齐克的国家与乌托邦的区分暗合。诺齐克对于社会领域中的正义并未真正展开论述,因为他还只是在框架上为它留下了空间,描述了一个美好前景。

　　阿克曼的工作主要是对于自由主义国家下的社会正义进行探究。罗尔斯等人对政治正义与地方正义的区分是在 20 世纪 90 年代所做出的,这部著作是 1980 年出版的,因此其中对于政治正义与社会正义的区分尚未有明确的意识。但总体上该书所关注的大部分主题如财富、教育、生育、自由交易、剥削,基本上可以归为社会正义。

　　在这个领域真正进行研究的就是被称为社会哲学家的研究者。这里,费因伯格和高斯就是值得关注的学者。不过,考虑到费因伯格仍然采取典型的直觉主义的论证,而高斯事实上已经运用了社会契约论的方法,所以全书仅限于介绍高斯的理论。高斯以密尔的损害原则作为中心,展开了社会领域中方方面面的探讨,从而集中展现了社会契约论在应用方面的优势。

第五章　哈萨尼与功利主义契约论

　　功利主义契约论,在缪勒看来,是在"在罗尔斯对道德哲学的贡献与福利经济和公共选择文献之间形成了一座桥梁"[1]。对于道德哲学家而言,讨论与契约相关政治哲学是一件很容易的事情,而桥梁的另一端——福利经济学和公共选择理论——则意味着跨度比较大的经济学理论,也意味着多数经过哲学训练的学者难以深入。这也意味着,经济学者可以方便地通过这所桥来到哲学道德领域发言,相反,桥这一端的学者却很少能够过去。因此,功利主义契约论基本上是经济学家的天下。本章所介绍的三位作者全都是诺贝尔经济学奖得主,这并不是一件偶然的事情。

　　西方经济学与契约论的耦合有其必然的逻辑。曾有论者指出,自 19 世纪以来,当契约这个概念在政治社会领域普遍被抛弃的时候,经济学领域还仍然保留着它。而当政治哲学重新重视契约论的时候,经济学家几乎毫无困难地进行哲学研究。并且他们还可以用更为精确的数学工具来加以探讨。这也使得当代政治哲学中的一个现象非常突出:经济学家对于政治哲学的影响要远远大于政治学者和哲学家在经济学的影响。

　　本章所探讨的内容为功利主义契约论。在美国政治哲学中,功利主义的影响曾经占据主导地位。但罗尔斯的《正义论》出版之后,"功利主义"似乎成为一种不光彩的名词。不过,功利主义的影响并非《正义论》一书就可以消除。长期以来,经济学界的基本思想倾向大多都可以归纳为功利主义。针对罗尔斯的批评,经济学家起而应对。这其中,最重要的作者当属约翰·哈萨尼。虽然哈萨尼等人对于罗尔斯的批评予以回击,但并未否认罗尔斯的契约论方法。这也从事实上造就了功利主义与契约论的融合,从而形成功利主义契约论这一当代社会契约论的重要流

---

　　[1]　缪勒:《公共选择理论》,杨春学译,中国社会科学出版社 1999 年版,第 516 页。

派。本章主要介绍哈萨尼、布坎南和森这几位重要的作家。

第一节 哈萨尼的契约论

对于当代政治哲学来说，一个不容忽视的特征就是形式理论——主要指经济学和数学——的应用。这方面，我们可以找到太多知名的例子，比如布莱斯威特、罗尔斯、高西尔、布莱恩·巴里、乔·埃尔斯特。但要承认，由于现代学科的专业化程度日益深化，只有极少数几个人能够同时在道德理论和形式理论两个方面都做出不可磨灭的贡献。而在这几个极少数之中，就有好几位是诺贝尔经济学奖得主，比如肯尼思·阿罗、布坎南、阿马蒂亚·森。哈萨尼（John C. Harsanyi）[1]毫不愧色地名列其中，虽然他在中文政治哲学文献中被关注的程度远不如前面几位。

哈萨尼 1920 年 5 月 29 日出生于匈牙利的布达佩斯，1947 年 6 月获得布达佩斯大学博士学位。1956 年，哈萨尼获得了洛克菲勒研究基金的支持，到美国斯坦福大学学习两年，指导老师是阿罗。此时哈萨尼已经发表了两篇重要论文。阿罗褒扬地说，其实哈萨尼大可不必再读书。[2] 哈萨尼于 1958 年获得斯坦福大学经济学博士学位，1961 年到美国底特律的韦恩州立大学（Wayne State University）任经济学教授，一直工作到 1963 年。1964 年，哈萨尼到加州大学工作，直到 1990 年退休。鉴于哈萨尼在不完全信息博弈论方面的重要贡献，他与纳什、泽尔滕共同分享了 1994 年的诺贝尔经济学奖。2000 年 8 月 9 日逝世于加州。

哈萨尼的履历似乎与哲学关系不大，但在当代政治哲学的领域中，他其实是一个举足轻重的人物。他与罗尔斯在不确定性状态下选择规则问题上的争辩，堪称完胜，赢得众多政治哲学家的赞同。而在坚持功利主义的同时，他又借用契约论手段，开创了功利主义契约论这一影响日益广泛乃至可称当代西方契约论主流的契约论方法。另外，近年来对于规则功利主义与行动功利主义的形式区分也源于哈萨尼的贡献。[3] 缪勒的《公共选择理论》里"功利主义的契约"一章，首先讨论他的理论，而不是布坎南，算得上应有的尊重。[4]

---

① Harsanyi 有多种译名，如豪尔绍尼、海萨尼、哈桑伊、哈桑尼、哈沙尼、海深义、哈桑依等，这里遵从目前国内经济学界的通译。

② Kenneth Arrow, "Foreword", in *Essays On Ethics, Social Behavior, and Scientific Explanation*, Dordrecht: Holland, Boston: U. S. A., London: England, 1976, p. Ⅶ.

③ 有论者认为密尔已经提出了规则功利主义的思想，另外，将规则功利主义提出来并未必始于哈萨尼，但至少哈萨尼在形式上的证明是非常突出的，并且他往往被视为规则功利主义的代表。

④ 缪勒：《公共选择理论》，杨春学译，中国社会科学出版社 1999 年版，第 516—526 页。

一、人际效用比较与社会福利函数

当决策者制订社会政策时,他需要估计人们的主观需求,而这涉及人际效用比较(interpersonal utility comparison)的问题。同样,如果社会契约的当事人在协商确定契约论的内容时,还会遇到对每个人的效用指数进行估价然后进行比较的问题,这也离不开人际效用比较这个概念。从历史上看,这种人际效用比较来源于功利主义的先驱,当边沁将人们的利益进行加总时,这其中就蕴含了基数效用论以及人际效用比较的概念。但是这一做法,在反功利主义者看来,是完全不可接受的。比如经济学家莱昂内尔·罗宾斯认为,"任何人的心智对其他所有人来说都是神秘的,人们的感觉并不存在共同的特性"①。循此逻辑,当代经济学家发展出显示偏好理论来对抗人际效用比较。阿罗在1951年他那本奠定社会选择理论基础的开创性著作时对人际效用比较不屑一顾,"效用的人际比较毫无意义"②。而政治哲学家约翰·罗尔斯接受了显示偏好理论,极力反对在正义理论中应用人际效用比较以及这一概念背后的功利主义基础,因为"功利并不在人与人之间做出严格的区分"③,使用人际比较这一概念可能抹杀了人们之间的区别,并且在逻辑上有可能导致多数人压迫少数人的结果。可以这样说,功利主义与众多反功利主义的逻辑核心就是人际效用比较。④ 因此,布鲁斯·阿克曼才认为,"自由主义者和功利主义者在管理集体资源的标准上发生差异。对于自由主义者来说,他们的目标是实现进行理想的灵活交易,为了给这一目标一个定义,自由主义政治家想知道,每个市民将同意他奉献多少物质财富来为实现集体主义做贡献。与之相反,功利主义将不会把他的目标建立在公民的奉献物质资产的意愿上,而是公民主观上的满意。对于自由主义来说,根据共同的准绳来衡量,这一超越显示偏好的做好是不合法的。拒绝越过显示偏好是自由主义理论与当代福利经济学所共享的许多特征之一。"⑤

---

① Lionel Robbins. "Interpersonal Comparisons of Utility: A Comment", *Economic Journal*, 1938, (192), p.636.

② Kenneth J. Arrow, *Social choice and individual values*. New York: Wiley, 1951, p.9.

③ 约翰·罗尔斯:《正义论》,何怀宏等译,中国社会科学出版社1988年版,第24—25页。另外,在《正义论》的第49节,罗尔斯再次强烈批评了人际效用比较。

④ 一种宽泛的理解将人际效用比较区分为效用水平比较与效用差异比较,而以罗尔斯为代表的非功利主义者反对的是效用差异比较,但接受效用水平比较,见《新帕尔格雷夫经济学大辞典》的"人际效用对比"词条(经济科学出版社1996年版,第1027—1029页)。按该词为哈萨尼后来所撰,对人际效用的理解存有新意。但考虑到多数人仍然将人际效用比较直接理解成为人际效用差异的比较,本文不做细分。

⑤ Bruce Ackermann, *Social Justice in the Liberal State*, New Haven and London: Yale University Press, 1980, p.200. 阿克曼此论将自由主义与功利主义对立,这并非是学术界的共识,而只属于阿克曼本人对于自由主义的特殊理解,因为功利主义者而持自由主义的看法的人并非少数。但也足以从侧面说明,功利主义的人际效用比较在20世纪下半叶所受到的不欢迎程度。

然而人际效用比较在哈萨尼的理论中却是十分关键的。为此,哈萨尼对人际效用比较进行辩护。他承认,要求一个人准确地估价他人的效用是很困难的,但是在道德理论中它是不避免的。比方说,如果要我评价某个食堂里为学生提供的包含有许多鱼的菜谱是否公平,这并不是依据我个人对鱼的喜恶做出判断,而是以学生的喜好做出判断。同样,一个议员对与自身毫无相干的某项政策投票时,虽然他自身并不受这项政策影响,但可以想象受此影响的人的效用水平,并依此做出判断。因此在社会公共政策中,人际效用比较是不可避免的。事实上,我们谁也无法避免人际效用比较。比方说,我们经常要做出决定,家庭的哪一个成员或朋友中的哪一位更需要我的帮助,我不得不设身处地体验谁的需要更为急迫,从而决定优先给予帮助。公共事务中的投票者或官员,也不时需要决定哪一个特殊的利益群体应得到政府的最大帮助。哈萨尼认为,在正义理论中否定我们日常生活一种普遍的心理活动的合理性是毫无意义的。

人际效用比较之所以成为可能,这是因为所有人类的个人偏好和效用函数都服从于相同的基本心理规律。用一句俗语来说,就是"人同此心,心同此理"。我的效用函数不同于你的效用函数,但如果我具有与你相同的个人特征,如相同的生物遗传和相同的生活经历等等,我将拥有与你一样的效用水平。这就是说,"一个人可以设想他处在另一个人的客观的物质、经济和社会条件下,并且突然获得那人的主观态度、嗜好和偏好时,也就是获得那人的效用函数时,他可估价出那人所拥有的效用水平"①。这样,人际效用比较实际上转变成个人的内心效用比较(intra-personal utility comparison),我将在我现有的效用水平与我所处在假设状态下的效用水平进行比较。这意味着,在理想条件下,我们可以做出分毫不差的人际效用比较。

虽然人际效用比较并不是哈萨尼的创见,但在 20 世纪 50 年代,当显示偏好理论大行其道,而人际效用可比论几乎成为一种落水狗的情况下,哈萨尼的坚持可谓力挽狂澜,替功利主义争取了最后的基石。十几年后,保罗·萨缪尔逊——这位显示偏好理论的大家——也对哈萨尼的证明给予高度评价,认为是福利经济学中的少数重要成就之一。② 临近 20 世纪末,另一位诺贝尔经济学奖得主阿马蒂亚·森则在获奖演说中指出,尽管要做到完全的人际效用比较是不可能的,但我们可以在某种程度上使用人际比较,而这样做时无需做到极其的严格与精确。③ 风气已经转过来了。

---

① John C. Harsanyi, *Essays On Ethics, Social Behavior, and Scientific Explanation*, Dordrecht et al., D. Reidel Publishing Company, 1976, p.50.

② Paul A. Samuelson, "An Essay on the 40th Anniversary of the Hicks-Allen Revolution in Demand Theory", *Journal of Economic Literature*, 1974, Vol.12, pp.1266-1267.

③ 阿马蒂亚·森:《理性与自由》,李风华译,中国人民大学出版社 2006 年版,第 68 页。

　　而一旦确立了人际效用比较的理论基础,接下来要讨论社会总效用,亦即社会福利函数的计算。这种福利加总问题虽然只是一个纯理论问题,但构建它之上的公共评估问题极其广泛,比如社会利益、社会分配、不平等、贫困、环境评估、公共政策指标等等。可以说,任何政治哲学,一旦反思其自身的理论,都不可能回避它。从思想史来看,这个问题最早可以追溯至边沁,他认为大多数人的最大幸福是正确与错误的衡量标准。① 这一基本判断构成了以西季威克、A·庇古等等功利主义和福利经济学家的基本信条。而发展到 20 世纪下半叶时,它已经失去了大半市场。且不论所谓以艾布拉姆·伯格森和保罗·萨缪尔逊等所谓新福利经济学对传统追求社会总福利的做法颠覆,仅在政治哲学领域,反对的声音也成为主流。阿罗的不可能定理就是在序数效用和帕累托标准下所得出的结论,社会福利最大化压根就没有成为阿罗所考虑的问题。而罗尔斯更是反对功利主义的社会福利最大化,他认为社会福利是不可加总的,一个社会不能以最大福利来证明其压迫少数人的合理性。并且由于社会福利不可加总,个人在原初状态下的选择必然是"最大最小值规则",每个人都以处境最不利可能遇到的情况来选择,这将导致一个公正的社会。总之,在流行的显示偏好理论看来,人与人之间的价值判断、主观偏好都是不可通约的。对任何一种社会政策的判断都必须根据个人的偏好来做出决定,而不可根据某种社会总体的福利来做出判断。

　　哈萨尼认为这是一种误解,它缘于对社会福利与个人效用的混淆。许多人都将社会福利与个人效用混合使用,以为社会福利就是个人效用的加总。其实个人的效用是不可以简单地进行加总从而推导出社会福利的,但是这并不意味着社会福利总函数是不存在的。事实上它存在,并体现为一种基数效用(cardinal utility),因此可以进行加总。对社会福利进行加总,首先就必须在在个人的社会福利函数和他的效用函数上做出区分,前者是个人在考虑社会因素的基础上的偏好,而后者是他实际的偏好。前者可以称为他的伦理偏好,后者是他的主观偏好。哈萨尼举例说明,比方说,某个人因为自己非常贫穷,因而倾向于一种更有利于穷人的收入分配,这种偏好很难说是一种真正关于社会福利的价值判断。如果这个人虽然自身很富裕,但仍然倾向于这种制度,或者虽然很贫穷,但表达其关于社会福利的偏好时并未考虑其自身的因素,那么这时他所表达的偏好便是一种社会福利偏好。这就是说,他在表达其关于社会福利的偏好时,实际上对自身在所处社会的相对位置的实情是无知的。由于社会福利并不等于个人的实际偏好的加总,而是个人关于社会福利的价值判断的加总,因此,社会福利的加总可以在伦理偏好的基础上进行,这种加总形成的结果便是社会偏好。为什么在要必须考虑社会偏好呢?

---

① 边沁:《政府片论》,沈叔平等译,商务印书馆 1995 年版,第 92 页。

哈萨尼指出,在不存在消费的外部经济或不经济时,任何两个人(比如雇主与工人)之间的效用分配都是独立于社会其他人的,但是如果存在消费的外部经济或不经济时,他们之间的效用分配都受这个社会其余部分的影响。因此在分配问题上必须考虑整个社会偏好,而不能只考虑个人偏好。① 这里引出了如何营造一种理想条件这一问题,在哈萨尼的理论中,他也使用了类似于罗尔斯的原初状态的装置,但给予了不同的解释。

二、预期平均效用作为选择原则:对罗尔斯的批评

在罗尔斯的理论中,原初状态是一个用以模拟缔约过程的重要装置,它取代了古典契约中带有历史性的自然状态。在原初状态中,理性的个人所一致选择的原则将成为判定一个社会是否正义的标准。它所以具有这样一种功能,关键在于原初状态设置了一层无知之幕,它屏蔽掉所有个人的信息,从而对契约当事人的选择给出伦理上的证明。哈萨尼早在 1953 年和 1955 年的两篇文章中,就提出了与原初状态这一概念相类似的思想。② 他指出,价值判断并不等于个人判断,关于一种收入分配的价值判断与个人的实际处境不存在联系。个人做出价值判断时,就必须对他本人在社会中的相对位置处于完全的无知。这一概念其实就是经济学中的不确定性(uncertainty)在个人身份方面的应用。就此而言,哈萨尼所论实为罗尔斯的原初状态之雏形。③ 考虑到布坎南和塔洛克在 1962 年的《同意的计算》也使用了这一概念,应该说不确定性构成政治哲学家阐明公正性的一个重要理论工具。布莱恩·巴里指出,哈萨尼与罗尔斯的理论结构是同质的,其中参与人在原初状态中,对个人身份无知的情况下进行自利选择,只是一个推导出功利主义,一个推导出正义的两个原则。④

哈萨尼肯定了原初状态在社会选择中的作用,认为它是一个用于厘清正义或其他道德概念的工具。而哈萨尼借用经济学的概念一针见血地指出,原初状态其实就是"不确定性"⑤。在原初状态中,参与人将以什么样的规则做出选择呢? 这

---

① John C. Harsanyi, "Cardinal Welfare, Individualistic Ethics, and Interpersonal Comparisons of Utility", *The Journal of Political Economy*, Vol 63, Issue 4(Aug., 1955), pp.309-321.

② See John C. Harsanyi, "Cardinal Utility in Welfare Economics and in the Theory of Risk-taking", *Journal of Political Economy*,61(October, 1953), 434-435; and "Cardinal Welfare, Individualistic Ethics, and Interpersonal Comparison of Utility", *Journal of Political Economy*,63(August, 1955),pp.309-321.

③ 难以肯定罗尔斯是否受到了哈萨尼的影响,阿罗认为哈萨尼与罗尔斯应各自独立地做出贡献,见 Kenneth Arrow, "Foreword", in *Essays On Ethics*, *Social Behavior*, *and Scientific Explanation*, Dordrecht: Holland, Boston: U.S.A., London: England, 1976, p.Ⅶ.当然,即使罗尔斯借鉴了哈萨尼和布坎南的概念,但也不可抹杀罗尔斯"原初状态"的原创性。

④ 布莱恩·巴里:《正义诸理论》,孙晓春、曹海军译,吉林人民出版社 2004 年版,第 379 页。

⑤ John C. Harsanyi, "Can the Maximin Principle Serve as a Basis for Morality? A Critique of John Rawls's Theory",*The American Political Science Review*,1975, Vol.69, p.594.

一问题构成两人分歧的焦点。罗尔斯认为,原初状态下的代表将采取最大最小规则(maximin rule),意即在任何计划的行动中,根据可能发生的最坏情形来做出决定。罗尔斯指出在原初状态中选择这一规则的理由是:第一,选择者并不考虑各种未来情况的概率;第二,选择者并不怎么关心超过"最大最小规则"所规定的最低工资之外的可能得到的收入;第三,被拒绝的选择方案包含有个人所无法接受的后果,因为它涉及重大的冒险。①

哈萨尼认为这一规则以及罗尔斯的理由是无法接受的。他指出,由于原初状态假定选择者并不知道他本人所处的实际处境,因此它在本质上是一种不确定状态。因此原初状态的实质就是一种蕴含风险的选择(choices involving risks)。在蕴含风险的情况下,存在两种可能的选择规则,一是最大最小规则,这一规则在20世纪40—50年代中期曾经非常流行;另一种是预期效用最大化规则(expected-utility maximization)。他认为,最大最小规则由于不考虑未来事件的可能性,不可避免存在着自身逻辑上的悖谬。他举例说明。设想一个居住在纽约的人,面临着两种选择,一个是工作乏味且报酬低廉的纽约的职位,但这份工作是在纽约,另一个是接受他很感兴趣且报酬丰厚的芝加哥的职位,但如果他想得到这份工作就必须马上乘飞机赶去。但坐飞机存在一个发生事故的可能性,这可能性非常小,但仍然存在。这时他可以做出两种选择,或者选择纽约的职位,这样他肯定活着,但待遇较低;另外他如果选择芝加哥的职位,存在两种可能性,一种是死于事故,一种是活着并拥有一份极好的工作。他说,如果按最大最小规则,则无论飞机失事的概率如何小,他根本就不考虑这一问题,只要认定失事的后果是无法承受的,则此人一定会选择纽约的工作。显然,最大最小规则在这里得出一个违背常识的结果。②

不仅如此,在哈萨尼看来,在原初状态中,根据最大最小规则而推导出来的差别原则也不符合人们的理性。他举例说明,设想社会中存在两个人,其中 A 具有较高的天赋,而 B 的天资愚劣。现在有一份不可分割的剩余资源,方案一是培训 A 的数学,从而为整个社会做出较大的贡献;而方案二是替 B 补习,以期稍稍减低在他与 A 之间的智力差距。根据罗尔斯的差别原则,方案二是当然之选,这恰恰违反了预期效用最大化规则以及常识的选择。③

总之,选择者将不会采用最大最小规则,而将采用预期效用最大化规则。假定社会由 n 个人组成。当选择者在两种可能的社会制度之间进行选择时,他并不会单单依据他可能是处在这种社会制度中最不利的人的位置来考虑,而是会思考自

---

① 约翰·罗尔斯:《正义论》,何怀宏等译,中国社会科学出版社 1988 年版,第 145—148 页。

② John C. Harsanyi, "Can the Maximin Principle Serve as a Basis for Morality? A Critique of John Rawls's Theory", *The American Political Science Review*, 1975, Vol. 69, p. 596.

③ John C. Harsanyi, "Can the Maximin Principle Serve as a Basis for Morality? A Critique of John Rawls's Theory", *The American Political Science Review*, 1975, Vol. 69, p. 596.

己有可能成为任何一种制度里的最优者、次优者、第三优的位置……直至最不利的位置。在无法确知他成为每种位置的可能性时,他将会假定每种位置的可能性相等,都是 $1/n$。这也就是一种不确定性情况下主观赋定的贝叶斯概率。然后他将会把每种位置的收益加权,从而得出个人在该社会制度中的预期效用值 U_1。此后,个人再将个人的预期效用最大化选择规则应用到其他社会制度中,从而也得出相应的预期效用值 $U_1, U_2 \cdots U_n$。有了这些不同社会制度中的预期效用值,个人就能够在不同的社会制度之间做出比较,最终选择令预期效用最大化的社会制度。

三、选择结果的模糊:功利主义的优点

罗尔斯在《正义论》中对功利主义的原则批评有许多方面,其中一个重要的论据是,功利主义的原则过于模糊,它不像差别原则那么"比较容易解释和运用"。差别原则明确指出,社会政策问题必须首先促进最不利者的利益,然而功利原则却不能做到这一点。它要求我们估计不同人的效用水平,并通过人际比较而实现最大的社会利益。然而这种估计本身往往是粗略的,而且各种相互冲突的观点很难统一。一些人可能断言一个群体的所得超过了另一群体的所失,而另一些人则可能否认这一点。而且,在罗尔斯看来完全不能接受的是,效用的测度往往受到种种实际条件的影响,也就是说,"从道德观点来看,任意的偶然因素影响了功利的测量"。它使道德应得概念屈从于一种外在的偶然。因此,在正义问题上,必须完全放弃效用的测度和福利的计算。[①]

哈萨尼承认罗尔斯对功利主义的批评。不过,罗尔斯的差别原则也不能完全逃脱模糊性,虽然其模糊的程度要比功利主义淡得多。他还指出,功利主义的模糊除了罗尔斯所批评的缘故之外,还有一个重要的因素,就是对备选社会政策的短期和长期的后果估价也存在差异。因此,即使两位具备同等的知识、具有同样的意愿并且同样聪明的功利主义者在许多问题上也存在不同的判断。相比较之下,罗尔斯的理论,虽然也存在某些模糊之处,但确实要清晰和易于操作。在罗尔斯的理论中,无论在何种情况下,人们的基本自由都绝对优先于他们的经济和社会利益。其次,无论何种情况下,最不利者总是给予了优先考虑。

但哈萨尼怀疑罗尔斯的理论的清晰性能否作为一个优点。在他看来,人类道德原则的模糊性是必然的,功利主义原则的不确定性只是反映了现实道德处境中极大的复杂性和不可避免的困境。简单的机械原则并不有助于满意地解决现实的道德问题,因此在许多情况下,它都可能导向选择错误的一端。比如说,在许多欠发达国家中,有许多理由支持这样一种情形,即国家要推进经济发展,就不得不把

---

① 约翰·罗尔斯:《正义论》,何怀宏等译,中国社会科学出版社 1988 年版,第 309—313 页。

权力集中于政府手中,而这不可避免地要对公民自由带来某些约束和损害。这时,道德哲学家能否对这些国家的人民说,无论经济和社会发展的利益是如何之大,也无法证明对些微自由的限制的合法性。显然,我们应当采取功利主义的观点,任何政策的决定都必须根据实际情况对它所可能产生的利弊进行平衡,而不是简单地预先设置一种优先权利,并不考虑实际情况就做出决定。

进一步看,罗尔斯与哈萨尼之间的争论焦点其实不在于功利主义选择结果的不确定性问题这一表述,而在于罗尔斯的优先性(priority)规定在基本自由或者权利方面是否成立。这里,罗尔斯的立场事实上处于一个被批评的中心,因为它规定了一种特殊的偏好序列:词典式最大最小规则,在这种规则下,任何对其重要性次于基本自由的选择都必须在满足基本自由之后才有可能。但这一条件过于严格。难道说在一些基本自由——比如出版自由——没有满足的情况下,人们就不可以追求一些物质利益——比如购买住房吗?在哈萨尼之外,罗尔斯受到的批评并不鲜见,无论是实践还是理论。实践方面,有作者引用美国联邦最高法院的判例说明,虽然判例也曾经有将基本自由(比如契约自由)而置于经济利益之上的做法,但越来越多的判例更倾向于为了自由之外的利益——比如最低工资、普遍利益——而限制自由。① 在理论方面,《正义论》甫一出版,布赖恩·巴里就用一个数学模型来图示罗尔斯的基本自由优先性,对罗尔斯的自由优先性予以深刻的怀疑。② 其他学者的批评更不鲜见。而一旦克服了"优先性"这样的形式要求,我们即使不能完全接受功利主义结果的模糊性,但也或多或少生出一种亲切感。在中国等许多发展中国家的特定情境中,坚持个人自由抑或追求集体发展往往构成政府决策时所面临的两难处境,比如拆迁。哈萨尼显然对这一情形有深刻的洞见与理解。我们可以指望,这种洞见及相关的理论论述可以成为中国政治哲学讨论的思想资源之一。

这里还简要说明一下规则功利主义(rule utilitarianism)。在一些学者看来,功利主义的问题在于有时为了效用最大化而不择手段,因此逻辑上存在着为奴隶制辩护的可能。哈萨尼的解决之道是,我们每个人的个人偏好与道德偏好是不同的,前者出于自己的私利,而后者则是理想观察者得出的社会效用。在道德问题上,如果我们每个人都根据自己的道德偏好来做出功利主义的理性决策,我们就有可能得出所有人都认可的道德规则。这种规则功利主义的道德观所着眼的并不是某一次行动的得失,而是整个规则的得失。一位行为功利主义者(act utilitarian)所追

---

① Joseph P. DeMarco, Samuel A. Richmond, "A Note on the Priority of Liberty", *Ethics*, 1977, Vol. 87, pp. 272-275.

② Brian Barry, "John Rawls and Priority of Liberty", *Philosophy and Public Affairs*, 1973, pp. 374-290.

问的问题是:"这次信守诺言的行动是有利于还有损于社会效用?"而规则功利主义者的问题是:"某一具体的规则是有利于还是有损于社会效用?"因此,规则功利主义并不主张在总体上坚持某条规则的情况下便宜行事,除非某条规则本身是不利于社会的。哈萨尼认为,这种道德观很可能与我们传统的遵守承诺的道德观是接近的,虽然不必在所有的细节上都赞同传统的道德观。[①] 规则功利主义在某种程度上成功地通过了罗尔斯的奴隶制的试金石检验,当然这仍然不能让斯坎伦等契约主义者满意。[②] 但它至少说明一点,那就是功利主义具有强劲的韧性。

四、功利主义契约论的起源

功利主义者一直被视为契约论的反对者。确实,我们看到,功利主义的奠基者——边沁本人对古典契约论的批判可谓不遗余力。而当代契约论的代表罗尔斯在推导作为公平的正义这一理论过程中,功利主义也一直作为契约论的对立面来表述,这使得相当一部分读者生成了这样一种印象,凡契约论者必主张理性(reasonableness),强调道义的优先性,因此才有可能使用契约这一理论装置。相反,由于功利主义唯利是图,以效用最大化作为基本的行动指南,因此不会将契约所内在的承诺搁在眼中,如此功利主义与契约论在本质上是对立的。

针对这样一种流行的观念,哈萨尼把理性契约作为证明功利主义原则的方法,从而树立了功利主义契约论这一新的传统。不仅如此,功利主义契约论的影响远远超出多数中文读者的印象。如果说哈萨尼为功利主义契约论的成立奠定了逻辑上的基础,那么,布坎南则从另一个角度深化了功利主义契约论。不仅如此,布坎南的契约论除了涉及传统政治哲学中的主题——国家起源、正义、道德——之外,更深入到现实的政治与经济问题,比如公共财政。由于布坎南的努力,当代讨论宪政经济学和公共财政的文献自觉不自觉地笼罩在契约论的框架之下。我们完全有理由为契约论这种广泛的应用性喝彩,也为政治哲学的讨论与现实政治经济问题的相关而感到鼓舞。此外,宾默尔结合了演进博弈理论,而将时间、博弈、社会变迁引入社会契约理论。可以说,哈萨尼所开创的功利主义契约论已经成为当代契约论中的最重要的流派之一。这里我们不妨根据宾默尔在契约论上的理论源流图而做进一步的谱系描述,如图5-1。[③]

[①]　John Harsanyi, "Morality and the Theory of Rational Behaviour", in Amartya Sen and Bernard Williams, eds. *Utilitarianism and Beyond*, Cambridge, London, etc: Cambridge University Press, 1982, pp. 56-60.

[②]　T. M. Scanlon, "Contractualism and Utilitarianism", in Amartya Sen and Bernard Williams, eds. *Utilitarianism and Beyond*, Cambridge, London, etc: Cambridge University Press, 1982, pp. 103-128.

[③]　宾默尔的原图见 Ken Binmore, *Playing Fair*, Cambridge and London: The MIT Press, 1995, p. 8. 这里略去原图康德与密尔之前的作者,而增加了罗尔斯和哈萨尼之后的几位代表性作者。另外,本图与宾默尔图的差别还在于,这里强调哈萨尼在契约要求对个人身份无知这一重要观念的独创性贡献。

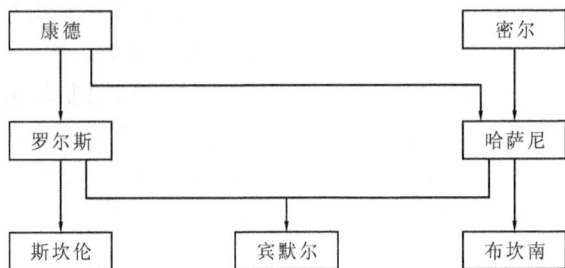

图 5-1　当代功利主义契约论谱系图

　　这里的谱系是围绕着哈萨尼的一个大概轮廓，远不足以说明近几十年契约论的复杂图景。笔者就哈萨尼与功利主义契约论做几点说明。

　　（1）作为"功利主义当代最杰出的辩护者"[1]，哈萨尼最突出的成就是重新复兴功利主义。在 20 世纪五六十年代，功利主义一改前一个世纪成为英美政治哲学的态势，而遭到普遍的质疑。其中一个重要的理由就是："功利主义误解了平等待人的理想，这样，功利主义就允许某些人成为他人实现目的的手段，允许这些人因此而遭受不平等的待遇。"[2]这种以康德式立场来观察功利主义的观点，当然是令人难以接受的。而哈萨尼在这种功利主义备受歧视的时代，给出了一种更能让人接受的辩护，即接受康德式的立场，主张人的理性与道德先验性，但同时坚持功利主义的基本精神，对于任何道德原则予以功利主义的检验。这样做，一方面避免了行为功利主义所遭到的批评，另一方面也更符合人们的常识，那些无法接受罗尔斯过于严格的优先性排序的读者就会很容易接受哈萨尼的立场。罗尔斯在证明其理论时应用了原初状态下契约参与人讨价还价的模型，在这个方面，哈萨尼接过这一模型而给出更符合当代博弈论的解释，其成就无可置疑，这也是目前众多福利经济学教材或著作虽然经常提到罗尔斯，但几乎没有人接受罗尔斯的论证的缘故。

　　（2）功利主义契约论的应用性远较其他理论尤其是罗尔斯更为明显。其最大影响在以公共选择理论为代表的社会科学之中，这与颇具契约主义倾向的罗尔斯传统更多在哲学和伦理学有所区别。毫无疑问，罗尔斯的影响对经济学和政治学也很广泛，但应看到，这种影响的存在更多是以参照系和批评对象的形式而存在。因为罗尔斯在选择原则与选择结果方面的特殊见解与弥漫功利主义精神的社会科学很不协调。与之对照的是，哈萨尼的功利主义契约论坚持摩根斯坦的效用理论而与众多社会科学理论相协调——以至于众多作者甚至忽略了自身见解的奠基理

　　① David Boucher and Paul Kelly, "The Social Contract and Its Critics: An Overview", in *The Social Contract from Hobbes to Rawls*, ed., David Boucher and Paul Kelly, Routledge, London and New York, 1994, p. 23.
　　② 金利卡：《当代政治哲学》（上），上海三联书店 2004 年版，第 73 页。

论构成。但布坎南作为一个中介而明确地说明了,目前大行其道的公共选择理论的理论基石源于哈萨尼的论述。

（3）更重要的是,哈萨尼的意义在于确证契约论的工具性。契约论(contract theory)与契约主义(contractualism)一直存在着千丝万缕的联系,但毕竟两者不是一回事。契约主义利用契约来解释社会关系,并且将契约视为一种应然的价值。而契约论只是将契约视为一种工具。因此,契约主义者往往都使用契约论,但使用契约论的作者未必持契约主义。而在当代这些作家——尤其在哈萨尼之后——的手中,契约论愈来愈成为仅仅只是一种纯粹的理论工具,而本身并不包含任何的价值倾向。不但罗尔斯可以讲他的契约论,就是他的对立者也可以使用契约论。而且,便是马克思主义者,也可以使用契约论来分析政治观念以及现实的政治经济问题。比如,普沃斯基和华勒斯坦则用资本家与工人阶级之间讨价还价模型来解释当代资本主义国家的持存。[①] 而哈贝马斯的契约论由于强调生产与交往的关联,因此在宽泛的意义上堪称马克思主义的社会契约论。总之,只要我们恰当设定契约论这一理论工具的应用范围以及局限性,吸收和借鉴契约论应当可以成为发展中国政治哲学的重要方式。

第二节　布坎南:公共选择中的契约

1986 年诺贝尔经济学奖得主、公共选择理论的创始人之一布坎南也是当代社会契约论的一位重要作者。他作为经济学家而介入到政治哲学理论问题,为政治哲学研究提供了独特的视角,并产生了广泛的影响。布坎南 1919 年 10 月 2 日生于美国田纳西州的穆尔弗里鲍尔。1948 年,他在芝加哥大学获得哲学博士学位,作为弗兰克·赖特的学生,他自称深受其影响。1955—1956 年,布坎南靠富布赖特奖学金在意大利进行了为期一年的研究,受到了欧洲财政学派的影响,使他进一步坚定了关于政府不是一种理想的制度的观念。从意大利回国后,1956—1968 年,布坎南在弗吉尼亚大学任麦金太尔讲座经济学教授,他与 W·纳特建立了研究政治经济学和社会哲学的托马斯·杰斐逊中心,并于 1958—1969 年担任该中心主任,在这期间逐步奠定了公共选择理论的基础。1962 年布坎南与塔洛克发表了《同意的计算》,为现代公共选择理论奠定了强有力的基础。1986 年因把经济方法运用于政治过程的研究所取得的杰出成就填补经济学研究领域空缺所做出的重大贡献而获诺贝尔经济学奖。1986 年瑞典皇家科学院贺词:"第十八届获奖者詹姆

---

① Przeworski, Adam and Wallerstein, Michael, "The Structure of Class Conflict in Democratic Capitalist Societies", *American Political Science Review*, Vol. 76, 2. , 1982, June: 215-238.

斯·布坎南——公共选择理论的创建者。"传统经济理论主要是关于消费者和企业家如何做出关于商品购买、工作选择、生产及投资决策的,而布坎南则相应地创建了公共部门的决策理论,被称作"新政治经济学"或"公共选择"理论。

本章探讨布坎南的理论方法的基本内容,考虑到他的理论与罗尔斯形成了一个鲜明的对照,这里我们主要拿布坎南来与罗尔斯的理论进行比较。布坎南和罗尔斯是当代契约论的突出代表,他们以不同的方式发展了契约论。他们所关注的主题并不一致,罗尔斯关注的集中于社会正义问题,是当代政治哲学最优秀的学者之一;而布坎南是公共财政的研究专家,并以此获得诺贝尔经济学奖。但二人的论述所关涉的问题广泛,其基本的方法又都属于契约论的传统之中。作为同时代的学人,两人彼此对对方的著作都比较熟悉,在各自的著作中有不少地方提及对方。全书的任务是将他们二人契约论的逻辑过程进行梳理、比较,分析各自建构公共理性的方法。我们得出的结论是,当代契约论存在两种相反背的基本方法。我们分别称为证明的契约论方法和计算的契约论方法。

一、公共理性的历史前提

对于契约论来说,探讨公共理性的一个重要的问题就是,它在什么条件下可以存在,亦即公共理性的历史前提。由于理论往往可以视作现实的某种反映,这一问题所要解答的是理论与历史社会的关联,它一方面是理论对当代社会的描述与解释,另一方面也是理论对自身存在理由的证明。在这个问题上,布坎南和罗尔斯的看法、角度有别,但实质上是一致的。

布坎南指出,在集体选择的问题上,可以有两种理解,一种把集体决策的单位作一种有机的理解,比如存在一个有机的国家(organic state),其价值独立于生活于其中的成员;另一种是作个人主义的理解。他认为,对集体性的这种有机的理解在本质上是与西方政治哲学的传统相对立的。如果我们想针对现代西方民主国家建立一种集体选择的理论的话,就不能采用这些前提和预设。既然我们需要理解当代西方民主社会,我们就必须对它采取一种个人主义的理解方式。① 布坎南认为,在立宪问题上的理性计算只有在个人主义的现代西方社会才有可能。他在1975年《自由的限度》一书中指出,他和戈登·图洛克在《同意的计算》中所描述的立宪民主的政治结构,具有许多美国国父们设想的政体的特征。②

布坎南的论述是比较粗略的,而罗尔斯在这一问题上提出了一系列深刻的命

---

① James M. Buchanan and Gordon Tullock, *The Calculus of Consent: Logical Foundations of Constitutional Democracy*, Ann Arbor: The University of Michigan Press, 1965, pp. 10-15.

② James M. Buchanan, *The Limits of Liberty: Between Anarchy and Leviathan*, Chicago and London: The University of Chicago Press, 1975, p. 6.

题与思想,可以视为当代契约论对自身理论所处社会历史环境的具有代表性的反思。布坎南承认,自己的理论分析背景与罗尔斯的论述存在密切的关联。① 虽然布坎南并未使用罗尔斯的概念作为理论工具,但事实上他基本接受了罗尔斯对社会历史环境的分析。

罗尔斯认为,当代政治社会与处于一种理性多元主义的现实(the fact of reasonable pluralism)之中,这决定了正义的环境并不是一个社区(community)。社区是由一群享有共同的统合性或部分统合性教义(comprehensive doctrine)的人组成,其特征在于人们对于善有着共同的理解。而当代政治社会中的人们持着不同的统合性的哲学、宗教、道德或美学观念,显示着巨大的、不可调和的差异。② 人们彼此之间存在分歧,但这并不意味着它不合理。这种理性多元主义的现实并不是一种转瞬即逝的历史现象,它是必然的,并成为民主社会中的政治文化上的永久事实(permanent fact)③。为什么会出现这种合理的分歧(reasonable disagreement)呢?

罗尔斯并没有采纳通常的解释,即认为人们的判断受其利益的影响,或者人们往往是非理性的。他之所以不采纳这些解释,并不是它们没有道理,而是想给理性多元主义的现实一个更深刻的基础。罗尔斯认为,即使每个人都是理智的,其处境都是处在理想的条件下,合理分歧仍然是不可避免的。因为在人们的政治生活中,存在许多障碍,以至于无法形成正确的判断和推理④:第一,人们用以支持某一论断的证据往往相互冲突、极其复杂,因此很难评估;第二,即使我们考虑到所有的因素,但对其各个因素的权重仍有不同的看法,而这将导致不同的判断;第三,在某种程度上,所有概念都是模棱两可的,这意味着理智的人们的判断和解释上会产生差别;第四,我们在证据的评估和价值的评价上往往受自身总体经验的影响,显然人们的总体经验总是千差万别的;第五,通常情况下,对一问题不同方面存在多种不同的规范性考虑,因此很难做出总体评价。罗尔斯把所有导致理性多元主义的根源称为评判的重负(the burdens of judgement)。由于这些因素,人们很难指望通过自由而公开的讨论来达成一致结论。这一点使得罗尔斯与哈贝马斯形成对立,后者认为,在理想的语境中,人们可以通过交往和对话达成最终的一致意见。

① James M. Buchanan, *The Limits of Liberty*: *Between Anarchy and Leviathan*,Chicago and London: The University of Chicago Press, 1975, p. 181.

② John Rawls, *Justice as Fairness*: *A Restatement*,Cambridge, Massachusetts: Harvard University Press. 2001, p. 3.

③ John Rawls,*Justice as Fairness*: *A Restatement*,Cambridge, Massachusetts: Harvard University Press. 2001, pp. 33-34.

④ John Rawls, *Political Liberalism*, New York: Columbia University Press, 1996, pp. 54-58; John Rawls, 2001, *Justice as Fairness*: *A Restatement*, Cambridge, Massachusetts: Harvard University Press, pp. 35-36.

在这种深刻的理性多元主义的现实之中,在政治社会里,要想人们都持某一种统合性教义是不可能的,除非用国家力量来压迫民众。① 这种压迫不可避免地包含粗暴和残忍,并导致宗教、哲学和科学的堕落。欧洲中世纪的宗教压迫便是证明。罗尔斯甚至认为,即使一个社会将康德或密尔的学说——罗尔斯的理论可视为康德和密尔的发展——作为联系的基础的话,也不例外,虽然这种理论倡导宽容和良心自由。德雷本认为,罗尔斯的这一观点在哲学史上是首次提出,是一个彻底的激进观点。②

人们既然在许多问题上无法达成一致意见,这是否意味着我们就必须持一种哲学怀疑主义的立场,并且对宗教问题等不闻不问呢? 罗尔斯并不愿意如此。③罗尔斯认为,在政治领域(political domain)里,我们不能持怀疑主义的立场,而必须对基本政治问题达成一致同意。因为政治领域的最大特点是,政治问题,尤其是宪政实质(constitutional essentials)上的意见冲突并不能让人们各行其是,它必须得到解决。政治领域不同于社会内部的协会和自愿群体,在后者中,人们有了不一致意见,至少可以随时退出,但是政治社会却很难退出。在观念不一致的情况下,我们就必须向那些持不同意见的人证明自己观点的正确。这种证明实质上是公民之间的相互裁定,而不是某个立法者的裁决。罗尔斯称作公共证明(public justification)。公共证明其根本的特点在于它依赖人们自愿的支持。为什么人们会支持一种公共证明的结论呢,不是存在评判的重负吗? 罗尔斯认为,公共证明所以成立,是因为公共证明里公共理性(public reason)的存在。

二、理性与合理性

在布坎南和罗尔斯的理论体系中,其行动的主体都是个人,个人是契约论的出发点。布坎南曾明确指出,他的方法是方法论个人主义(individualism as of method of analysis)④。罗尔斯虽反对将他称之为个人主义⑤,但在其原初状态中,其选择正义原则的主体就是个人。布坎南指出,罗尔斯在论述其两个正义原则时,并不是从任何外部伦理原则推导出来,而是基于个人的选择,因此,罗尔斯的方法也是

---

① John Rawls, *Political Liberalism*, New York: Columbia University Press, 1996, p. 37; John Rawls, 2001, *Justice as Fairness: A Restatement*, Cambridge, Massachusetts: Harvard University Press, p. 34.

② 布瑞顿·德雷本:《论罗尔斯》,商戈令译,载《儒家与自由主义》,哈佛燕京学社、三联书社主编,生活·读书·新知三联书店 2001 年版,第 132 页。

③ 约翰·罗尔斯:《正义论》,何怀宏等译,中国社会科学出版社 1988 年版,第 201—206 页。

④ James M. Buchanan and Gordon Tullock, *The Calculus Of Consent: Logical Foundations of Constitutional Democracy*, Ann Arbor: The University of Michigan Press, 1965, p. 315.

⑤ 约翰·罗尔斯:《正义论》,何怀宏等译,中国社会科学出版社 1988 年版,第 571 页。

个人主义的。①

布坎南将其理论中的个人设定为理性的(rational)。理性人的含义在于：订约人能够合乎逻辑地排列他们的目标；他们尽量采取达到其目标的最有效的方法，并选择最可能实现目标的方案；此外，在其他条件相同的情况下，选择更多而不是更少地完成。他明确表示，其理论对人性的假定是一种经济人，这种人与种种非私利的动机，如伙伴般的友情、兄弟情谊、同情心、基督式的爱、康德式的绝对命令、公共利益不相容。② 布坎南认为，就人是理性的而言，个人是自私自利，还是利他主义，这都无关紧要。这样，契约中就不存在道德因素，其中的契约人既不是道德的，也不是不道德的。布坎南之所以如此，显然是为了将理论简化，避免在订立契约的过程中引入道德风险和机会主义等问题。

在许多经济学文献中，搭便车等行动一直是集体行动或公共理性形成的根本障碍。而博弈论也指出个人有隐瞒自己的动机的倾向，致使合作无法形成。公共选择会不会也有这样一情况呢？ 如果有，应该如何解决呢？ 布坎南认为，以投票为形式的偏好表达过程，本质上与市场上个人的偏好表达是一致的，个人没有动机隐瞒自己的偏好。他在公共财政的研究中指出，"在集体决策活动或对税收的私人市场反应中，他将不会试图掩盖或隐藏他对公共商品或服务的真正偏好"③。

但是这纯粹理性的人们能否订立一个相互间可以接受的契约呢？ 或者说，即使这一契约对他们来说彼此能够接受，但对于其他人来说能否接受呢？ 罗尔斯对此持怀疑态度。他认为，纯粹理性除了个人愿意获得更多而不是更少这一基本的含义之外，还包括嫉妒和鄙弃他人的倾向、对风险和不确定性的厌恶以及控制他人并实施影响的强烈意志。而这是罗尔斯所不愿意看到的。④ 囚徒困境表明，纯粹理性的两个人的博弈很有可能是一个非合作的结果。更让罗尔斯不安的是，即使纯粹理性的人们如同布坎南所设计的那样，取得了一致同意，但是他们的合约仍然可能是不正义的。

为此，罗尔斯在人性假定上做出了重大的修正，即契约人既是理性的，更是合理的(reasonable)。⑤ 其中合理性这一规定是他的独创之处，理性的规定性也有着

---

① James M. Buchanan, *The Limits of Liberty*：*Between Anarchy and Leviathan*,Chicago and London：The University of Chicago Press,1975, p.175.

② 詹姆斯·布坎南：《市场、国家以及道德的限度》,选自詹姆斯·布坎南：《财产与自由》,韩旭译,中国社会科学出版社 2002 年版,第 80 页。

③ 詹姆斯·布坎南：《民主财政论》,穆怀朋译,商务印书馆,1999 年,第 42 页。

④ John Rawls,2001,*Justice as Fairness*：*A Restatement*,Cambridge, Massachusetts：Harvard University Press, p.87.

⑤ 按关于 rational 和 reasonable,在汉语里大致有两种译法,两种译名恰相反对。一般说来,哲学界将rational 译成合理的,reasonable 译成理性的(如何怀宏译《正义论》,万俊人译《政治自由主义》,姚大志译《作为公平的正义：正义新论》)；而经济学界则将 rational 译成理性的,reasonable 译成合理的。本文从后者。

不同的内容。这一人性假定对其理论有着奠基性的作用。

首先我们来看看他对理性的界定。罗尔斯在理性的基本定义上与经济学家所运用的并无什么区别。① 但是与布坎南中的理性并不具体指涉何种偏好和目的不同，罗尔斯在理性的运用时更强调了理性的基本内容。罗尔斯提出了基本善（primary goods）这一概念。基本善对公民恰当发展和发挥其道德能力，追求他们明确的各自的善的观念来说是必要的社会条件和手段。罗尔斯认为基本善有下列五种：一是，基本权利和自由，如思想自由和良心自由等；二是，移居自由和职业选择自由；三是，赋有权威和职责的职位上的权力和特权；四是，收入和财富；五是，自尊的社会基础。② 基本善这一概念的提出，表明罗尔斯与布坎南对理性有着不同的理解。用赖克的话来说，布坎南所采用的是一种程序理性（procedural rationality），而罗尔斯则采取了一种实质理性（substantial rationality）的含义③。罗斯理解的定义有其深刻之处，这使他的理论不仅仅是形式的，更是实质的，其所关注的正义不仅仅是形式正义或程序正义的问题，更是实质正义的问题。

就合理性而言，罗尔斯认为，具有合理性的人乐意提出为所有人都视为公平合作的条款的原则，并且当其他人提出这类条款时会乐于接受。合理的人具有道德感和道德能力，在其他人人也尊重这些原则的情况下，自己也会尊重它们，即使这样做会有损自己的利益。纯粹理性的人会利用种种有利的情形来获取种种不公平的利益，但合理的人并不会这样做。④

理性与合理性之间又是什么样的关系呢？罗尔斯认为，这两者分别代表两个不同的和独立的基本概念，它们之所以不同，是因为它们之间不存在谁派生谁的问题。罗尔斯借用康德的概念，把合理性等同于康德的绝对命令，而把理性则等同于假言命令。当两者发生冲突时，合理性对理性具有优先性，它使后者处于从属地位。⑤ 从其所包含的信念来看，合理性对理性的优先表达了权利的优先性这一观念，而从推理过程来看，合理性的优先性的证明还要求这样一种推理装置的设计，即能够恰当地表达出合理性的优先性，同时也包括理性的作用这样一种推理条件。这种推理条件在罗尔斯那里就是原初状态（original position），而在布坎南那里则

---

① John Rawls, *Justice as Fairness：A Restatement*, Cambridge, Massachusetts：Harvard University Press, 2001, p. 87.

② John Rawls, *Justice as Fairness：A Restatement*, Cambridge, Massachusetts, Harvard Universiy Press, 2001, pp. 57-58.

③ William H. Riker, "Political Science And Rational Choice", in *Perspective on Positive Political Economy*, ed. James E. Alt and Kenneth A. Shepsles, New York：Cambridge University Press, 1990, pp. 173-174.

④ John Rawls, *Justice as Fairness：A Restatement*, Cambridge, Massachusetts：Harvard University Press, 2001, pp. 6-7.

⑤ John Rawls, *Justice as Fairness：A Restatement*, Cambridge, Massachusetts：Harvard University Press, 2001, pp. 82-83.

是自然分配(natural distribution)。

三、自然分配与原初状态

自然分配与原初状态都是一种推理条件或者说推理装置,是设计者所限定的对契约人选择的初始条件以及外在限制。在古典契约论中,这些条件表现为自然状态(the state of nature),自然状态的不同决定了最终的契约结果将是千差万别。如霍布斯里的自然状态是"一切人对一切人的战争",这决定了霍布斯式的契约是一种专制式的君主制度;而洛克的自然状态则是一种人们比较幸福的一种状态,其中生命权、自由权和财产权已经确立,循此而订立的合约则是一种古典自由主义的政治契约。

布坎南认为,社会契约是作为交易的结果而达成的一个协议,在达成协议前,首先必须得确立交易的初始状态。这种初始状态,在布坎南的理论中,表现为一种自然形成的社会环境,布坎南把它称为自然分配,并建立了一个模型来描述它。①在一个没有规则的世界里,人们可以通过掠夺性的或生产性的活动来增加他们的利益。面对稀缺的物品时,人们实际上处于彼此冲突的境地。为了使其效用最大化,他们以最佳的比例分配用于生产和掠夺的时间。他们对其他人的选择做出最适宜的反应;在其他方面他们则互不相干。结果每个人都进行了一定程度的生产和掠夺,以致个人的活动对除自己以外的所有人的选择都是一个最佳的反应。这个结果就是纳什均衡。纳什均衡反映了一系列个人的理性选择。布坎南将这一纳什均衡解释为自然分配,又称为自然均衡(natural equilibrium)。②

布坎南指出,自然分配中并不存在平等。人们是千差万别的,他们在体力、勇气、想象力、技巧、理解力、偏好、对他人的态度、个人的生活方式、处理社会关系的能力、世界观以及控制他人的水平等等都不相同。这一关于个人差异的陈述的基本有效性是不容否认的。因为"我们所处的是一个个人的社会,而不是平等的社会"③。它是根据人们的实力自然形成的均衡,自然分配有利于更强的、效率更高的和技巧更娴熟的人,因为他们易于获得资源,这对于那些境况很不错的人来说,这将会导致谈判能力的增强。此外,自然分配尚不存在严格意义上的财产权。因为财产权是契约的产物,在这种环境中,只是存在某种类似财产权的事物。

但是自然分配是无效率的,因为资源由于掠夺和防御而被浪费。如果在自然

---

① James M. Buchanan, *The Limits of Liberty*:*Between Anarchy and Leviathan*,Chicago and London:The University of Chicago Press, 1975, pp. 55-64.

② James M. Buchanan, *The Limits of Liberty*:*Between Anarchy and Leviathan*,Chicago and London:The University of Chicago Press, 1975, pp. 23-25;p. 58.

③ James M. Buchanan, *The Limits of Liberty*:*Between Anarchy and Leviathan*,Chicago and London:The University of Chicago Press, 1975, p. 11.

分配的基础上,每个人都尊重他人的权利,不再投资于掠夺和防御等浪费性活动,那么,每个人都将获益,实现了帕累托改进。① 契约人在自然分配的基础上订立契约,确定各自的权利以及各种宪政安排,从而也确立了财产权。在这种宪政安排下,每个人的利益都获得了改进。布坎南将宪政安排与具体的立法以及实施区别开来,宪政安排是契约的结果,其内容是关于政治交易时规则的制度。具体的立法以及实施直接关系到具体的利益。在宪政层面上,制订政治游戏的规则时,必须获得契约人的一致同意。而在具体的立法以及实施上,则并不一定需要获得所有契约人的同意。

但是,要想每个人都对某种宪政安排达成一致意见,似乎是不可能的。无论是在历史还是在当代,从未出现过社会中所有人都一致支持的宪政安排。布坎南认为,要想取得一致同意,在订立宪政契约时,并不可以让契约人自由地进行讨价还价,而必须对它作出限制。如果每个契约人以及其他人对自己在社会中所处的位置获得了完全的信息,那么很难指望所有人会接受某个协议。在这种情况下,任何宪政安排都是不可能的。为此,他指出,契约人在对宪政安排进行订约时,必须让每个人对自己在社会中所处的具体位置一无所知。这时他在制订普遍规则时,无法准确预测自己将属于哪个群体,因此,他将假定,他时而属于这个群体,时而属于那个群体。当每个人都这样想时,他们就能在规则制订上取得一致的结果。② 因为,这时契约人就要考虑如果他处在劣势的社会位置上,这一规则对他来说也是可以接受的。当每个人都这么思考时,他们最终将能达成一致意见,订立共同契约。这样,在自然分配的基础上,加上宪政交易时的无知,便成了布坎南契约论中的推理条件。

布坎南在宪政设计上,安排让契约人对自己的情况一无所知,这是他的创见。相比较卢梭的契约论中立法者必须考虑所有一切因素的观点来说,这是契约论的一大进步。但布坎南在这一问题上的论述是模糊的,并且在其著作中也未特别地重视。而在罗尔斯看来,这种社会环境的契约装置仍然是不够的,因为它仍然有可能导致某种在罗尔斯看来无法接受的结果。为此,罗尔斯提出了原初状态这一概念,作为其契约的推理条件。

原初状态的设计的目的是模拟人们所持的公平信念,并将公平协议的观念应到社会基本结构上。③ 但是要做到这一点存在困难,因为个人所具有的财富、知识和地位的差异,使得契约人在订立契约时具有种种谈判优势或者劣势。具有优势

---

① James M. Buchanan, *The Limits of Liberty*: *Between Anarchy and Leviathan*, Chicago and London: The University of Chicago Press, 1975, pp. 58-59.

② James M. Buchanan and Gordon Tullock, *The Calculus Of Consent*: *Logical Foundations of Constitutional Democracy*, Ann Arbor: The University of Michigan Press, 1965, pp. 77-78.

③ John Rawls, *Justice as Fairness*: *A Restatement*, Cambridge, Massachusetts: Harvard University Press, 2001, p. 15.

者完全可能利用这一点为自己谋取有失公平的利益,而不利者则为他所剥削。此外,现在社会基本结构的特征和环境也往往影响或扭曲了人们达成协议的内容。因此,有必要消除契约人的不公平的谈判优势(bargaining advantages)。罗尔斯所用以消除谈判优势的办法就是设立无知之幕(the veil of ignorance)。

在无知之幕的掩盖下,代表者(既代表人们来订约的契约人)并不知道他们所代表的人们的社会地位和他们所持的统合性教义;他们也不知道其种族、性别以及力量和潜力之类的自然天赋。① 当然,契约人也不能什么也不知道,否则他们将无法进行推理。罗尔斯限定他们知道社会的一般事实(这是由社会理论提供的人们普遍接受的事实)和环境,亦即正义的一般环境。②

无知之幕是罗尔斯在推理条件问题上所拈出的一个概念。这一概念的重要性不仅在于它是契约结果的前提,更在于它对于契约装置的分析作用和启发作用。从中我们可以清楚地看出,罗尔斯的公共理性所需要的各种条件是什么。它有助于我们加深对公共理性推导过程的理解,也激发了许多饶有兴趣的问题:罗尔斯的无知之幕是否太厚?一般知识中是否有某种阻碍协议达成的可能?它们与社会现实的相关程度如何?等等。

要把握布坎南的社会环境与罗尔斯的原初状态之间的区别与联系,我们可以用一个比喻来表达。设想有位设计者制订游戏规则时,他想让自己的规则能够让别人愿意参与进来,这一规则就必须是公平的。在一般人的观念中,游戏里面的参与人所处的位置有优势和劣势之分,但是如果游戏中的位置对于每个参与人来说都是机会均等的,甚至设计者本人也并不知道他将处于何种位置,那么,这种游戏装置便是公平的,是可以接受的。如果某个人在游戏中处于一种不利的地位,那么他只能怨运气不好,而不能归罪于整个制度。但在罗尔斯看来,这有真正的公平观念。真正的公平不仅仅要求这一游戏里面所体现的机会公平,而且要求游戏里具体的得失、位置的优劣等实质内容上也是公平的。游戏的设计者能够让其他参与者任意指定自己应处于游戏中的任一位置,这样的话,游戏的设计者就不会对最后的游戏结果设计过分大的差别,即使他处于游戏中的劣势位置,这种劣势位置也是可以接受的。用这一比喻来看布坎南和罗尔斯,布坎南所持的公平观念相当于前一种,而罗尔斯的公平观念相当于后一种,它更严格,对游戏装置的设计也更为精致。

---

① John Rawls, *Political Liberalism*, New York: Columbia University Press, 1996, pp. 24-25.

② John Rawls, *Justice as Fairness: A Restatement*, Cambridge, Massachusetts: Harvard University Press, 2001, p. 87.

四、政治交易与反思平衡

在契约人的动机以及契约条件确立以后,接下来就看契约人如何达成协议了。在契约方式上,布坎南提出了政治交易这一概念,而罗尔斯用的是反思平衡的方法。

布坎南认为,政治生活中的人与经济生活中的人一样,都是理性的人。他们参与政治,也是为了使自己的效用最大化。布坎南用经济学方法来分析集体决策中的契约人的利益计算。他从个人在集体行动中所担负的成本着手。个人在集体行动中承担两个成本,一为决策成本,即组织集体行动中,个人所付出的直接成本;一为外部成本,为集体决策中由于他人的参加而造成的以自己所承担的成本。这两种成本合起来为相互依赖成本。一般而言,相互依赖成本的大小与集体决策的规则相关联。在要求一致同意的规则下,外部成本为零,而决策成本则可能相当大;如果是只要一个人同意就可以采取集体行动,则决策成本非常小,则外部成本相当大。个人在集体决策时,会根据外部成本和决策成本的总和即相互依赖成本的大小进行决策。相互依赖成本越小,则集体决策就越有效率。

而相互依赖成本的大小往往与决策的领域和对象相关。在市场领域里,每一个人交易时都需与另一方达成一致同意,否则交易无法进行。这种一致同意促进了效率,改进了人们的福利。但在政治领域中,指望所有人对公共产品的需求和产出都持一致意见,似乎是不可能的。由于各种利益相互冲突,如果满足了一些人的利益,则另一些人势必承担这一决策的外部成本。许多民主理论家认为,在政治领域里一致同意是不可能的,民族的实质只是满足大多数人的利益,它实行的是多数决策规则。但布坎南认为,多数决策很有可能导致多数人剥削少数人,这也是不合理的。真正合理的规则必须是一致同意规则。

那么应如何达成一致同意呢?布坎南提出了政治交易这一概念。他认为,政治活动与经济活动一样,本质上也是交易。但政治交易与经济交易不一样,它是一个集体选择的事情,其具体做法就是:在一个单一的议案中,一方投票人想使有利于自己的议案通过时,他为了让另一方也能接受,便给对方进行一种补偿,布坎南把这种补偿称为边际支付(side payment)。如果存在有多个议案的情况下,由于投票人的偏好强度不一,他们彼此之间可以通过互投赞成票的办法达成一致同意。

布坎南的这种观点刚出现时,可谓惊世骇俗。政治生活中原有的贿赂、选票交易等等行为一直是人们所谴责的对象。他则对这些现象进行了全新的诠释,并给予了一种效率意义上和伦理意义上的支持。

布坎南的契约中,参与人是纯粹的经济理性的个人,他们之间的利益可以交易,由此决定了政治领域里交易的可能性和合理性。但在罗尔斯看来,政治领域里的契约人绝非是纯粹经济理性的,他们更是合理性的。而且在公共领域里很多问题也无法进行交易,每个人都持某种统合性的教义,他们对善的理解千差万别,彼此之间无法通约。那么他们如何在政治问题上取得一致意见呢? 罗尔斯采用了一种名为反思平衡的论证过程。

罗尔斯指出,我们的各种判断往往存在多种一般性的层次(at all levels of generality),包括具体行动上的判断、社会政策和制度上的判断以及最终达到非常一般的信念。当单个人进行反思平衡时,他试图将自己各种层次上的判断保持一致。反思的平衡就是自己的道德原则(principle)和判断(judgement)的来回往复的校对和修正过程。如果原则与我们所认可的判断不一致,那么或者认为我们的判断是不合适的,从而修正我们的判断,或者人们要改变我们所要采取的原则。这里存在一个修正过程(revision),由于这种修正只是在单个人的正义观念之下做出的,它的修正必然并不多,罗尔斯把它称为狭窄的反思平衡(narrow reflective equilibrium)。这个过程的结果是,我们使我们自己的各个层次上的道德判断相互支持和协调,整个道德观念获得了一致性。但是狭窄的反思平衡是不够的,因为个人的判断往往是带有偏见的,即使个人的道德原则与道德判断相符合,它也难以提供一个对他人来说可以接受的正义观念。

下一步是一种广泛的反思平衡(wide reflective equilibrium),即他把自己本人所认同的正义的判断与从其他正义观念(这主要是从社会的哲学传统中寻找)的正义的判断相比较,并权衡各种观念的力量与理由,以做最大限度的修改并仍然保持着一种正义判断的内在连贯性,最终达到一种为所有人都能接受的一种政治正义观。从理想的意义上看,反思的平衡要求提出所有可能的正义的描述,并使个人的判断及其全部的哲学依据与其相适应。但由于事实上做不到把所有正义判断都描述出来,因此,对于罗尔斯来说,广泛反思的平衡所能做的是,第一步,研究和考察我们通过道德哲学史所得知的以及自己的正义观;第二步,将这作为公平的正义观的原则和论据与别的一些熟悉观点相比较,如果公平的正义是更可取的话,这样作为公平的正义就使我们更接近于哲学的理想。

至于作为公平的正义的原则,则是从一种假设的原初状态中由理性的人们进行选择的结果。也就是订立契约的结果。当然最初提出作为公平的正义时,并不能保证它必然与我们的深思熟虑的判断相一致。在这种情况下,我们必须在原则和判断之间进行来回往复的校对和修正。有时改正契约环境的条件,有时又撤销我们的判断以符合原则。我们总是在这些原则和判断之间前后往复,最终达到原则与判断之间的平衡。① 罗尔斯把这一过程称为反思的平衡,"它是一种平衡,因

---

① 约翰・罗尔斯:《正义论》,何怀宏等译,中国社会科学出版社 1988 年版,第 15—19、38—49 页。又 John Rawls, *Justice as Fairness*: *A Restatement*,Cambridge, Massachusetts:Harvard University Press,2001,pp. 29-32。

为我们的原则和判断最后达到了和谐;它又是反思的,因为我们知道我们的判断符合什么样的原则和是在什么前提下符合的"①。

布坎南的政治交易是一种典型的讨价还价理论。讨价还价理论所对付的主要问题就是利益的分配。一般而言,讨价还价中的参与人就达成某种协议而言具有共同的利益,因为有某种协议要比没有协议更好;另一方面,他们就达成何种协议又存在利益冲突。在这样一种模式中,参与人的谈判力量对最后的分配起着决定性的作用,而正义并没有存身之处。②就其模式的应用性而言,它在许多方面都具有广泛的解释力,其最大的成功之处,是对民主政治生活中广泛存在的互投赞成票作了突出的解释。但是这一模式也有其局限之处,如果讨价还价的参与人无法在伦理上接受这样一种边际支付,则政治交易仍然是无法实现;另一方面,如果参与人中的某一方没有足够的钱来实施边际支付,则仍然可能会出现多数压迫少数的情况。

而罗尔斯的反思平衡本质上与上述讨价还价模式有别,它是一种理性讨论(rational discussion)的方法。理性讨论可以说是一种特别的讨价还价,它不允许存在参与人的策略性表达等机会主义行为,另外与参与人的地位、财富、技巧、自然天赋等相关的谈判力量也被屏蔽掉。它所唯一要考虑的因素是"更好的论证的力量"(power from the better argument)。它与讨价还价模式的另一区别是,它还考虑一些没有谈判力量的人的利益,比如残障者和后代。在讨价还价模式中,由于残障者和后代并未对当前的社会有所贡献,他们没有任何谈判力量来保护自己。而理性讨论模式则通过一种合理的论据来证明一种正义的制度,从而保证没有任何谈判力量的代表者的利益。

五、计算与证明

通过对两人的考察,我们的结论是,他们都是契约论建构主义,其中都包含着同意与互惠互利这两个要素的强调。但是对契约论这两个要素的强调并不能掩盖两者之间存在的重大差别。

布坎南将经济学应用到公共理性的研究中去,其最大的功绩是在契约论中引入计算的成分。在布坎南那里,计算(calculus)是一个极为关键的词语,在他看来,民主的根本问题,在于个人的偏好如何表达并形成一种合理的公共选择。在这一选择中,个人(或社会利益集团)对成本与收益的计算是天经地义的事,能否获得最大收益的表达方式就成为衡量制度的根本标准。因此在契约中引入计算也成了天经地义的事情。这种可计算性,使得公共选择的政治学开始日益关注制度设计、公

① 约翰·罗尔斯:《正义论》,何怀宏等译,中国社会科学出版社 1988 年版,第 18 页。

② Jon Elster, *The Cement of Society: A Study of Social Order*, Cambridge: Cambridge University Press, 1989, pp. 50-65.

共政策方面的问题,其优点在于:第一,精确性;第二,不同的制度进行比较。

然而在罗尔斯看来,将制度建立在这种计算的基础上是极为危险的。罗尔斯并不否认在订约过程中有某种利益计算的成分,但是正义制度的根本基础并不是计算,而是自由和平等人们之间相互尊重。他认为,"如果我们把社会利益的计算视为与基本权利和自由永远相关的话,那么,基本自由的地位和内容将无法确定。这将使基本自由随特定时间和地位的变迁的环境而发生变化,并很容易引起政治争论,增加了公共生活不确定性和敌意"①。在自由和平等的人们之间相互尊重的基础上建构的正义观念和正义制度,其基本的方法就是证明。罗尔斯认为,宪政自由民主社会中有一个思想的传统,这个传统即"一个社会的基本制度以及对这些制度的已被接受的诠释形式,它可视为一种非明确地共同拥护的观念与原则的源泉"②。政治哲学的任务就在于揭示和发现这个传统,将"非明确地共同拥护的观念与原则的源泉"明确化并取得逻辑的前后一致性。而这就是一种证明的契约论方法,它与计算的契约论形成相互关联,而又相互对立。

这两者方法各有千秋,计算方法对于契约条件的反思并没有证明方法的深入,后者所提出的问题完全超出了经济学的视域,从而使契约论有更多的历史感,对现实条件的把握也更深刻。而证明方法则在成本收益的分析、运用数学模型方面更胜一筹。从而其应用性也更强,能够针对现实的问题提出对策建议,这一点却是证明的契约论所无法做到的。从当代契约论的发展历程来看,诺齐克、范因伯格(Joel Feinberg)、高斯(Gerald F. Gaus)主要采用的是一种证明方法;而哈萨尼(John Harsanyi)、高西尔(David Gauthier)和宾默尔(K. Binmore)则走的是计算的路子。从而形成两个基本不同的潮流。总的看来,这两种契约论的方法都不应忽视。而如何把这两种方法有机结合起来,并运用到现实问题中去,则是契约论发展中应当实现的目标。

第三节　阿马蒂亚·森论自由

阿马蒂亚·森 1933 年出生于印度孟加拉湾,1959 年在英国剑桥大学获得博士学位,先后在印度、英国和美国任教。1998 年离开哈佛大学到英国剑桥大学三一学院任院长。他曾为联合国开发计划署写过人类发展报告,当过联合国前秘书长加利的经济顾问。他因为在福利经济学上的贡献获得 1998 年诺贝尔经济学奖。

---

① John Rawls, *Justice as Fairness*: *A Restatement*, Cambridge, Massachusetts: Harvard University Press, 2001, p. 115.

② John Rawls, *Political Liberalism*, New York: Columbia University Press, 1996, p. 14.

在许多读者的心目中,1998 年诺贝尔经济学奖得主森是经济学界的道德楷模,其著述表达了一位经济学家对贫困、饥荒、剥夺、不平等等社会问题的道德关注。甚至许多专业的经济学家在介绍森时,也往往强调他的这个方面。如萨克斯在《纽约时报》撰稿称他最基本的主题是如何让"甚至极其贫穷的国家也能够提高其最贫苦人民的福利"。国内学者更是集中关注这一点,将森视为对抗"不讲良心的"经济学的旗帜。在这一片倡导良心与道德的呼声中,森在社会选择理论以及政治哲学方面的非常专业且精深的造诣被他在贫困与饥荒等现实问题方面的成就所掩盖。

但是,森对当代哲学也做出了重要贡献,他也许算不上当代最伟大的哲学家,但绝对是 20 世纪后半叶政治哲学发展中所不可或缺的思想家之一。他提出的"自由悖论"激发了许多学者的思考与争鸣,而在权利与自由的几次大讨论中,也往往见到他的身影。翻开罗尔斯的《正义论》的人名索引,我们会发现森被引证的次数达 16 次之多,仅仅次于康德和西季威克,在同时期作家中无人可比。在当代社会契约论最重要的作家宾默尔的《博弈论与社会契约》一书中,除了宾默尔本人之外,引用最多的个人的文献篇目就数森的著述,达 10 篇之多。考虑到罗尔斯和宾默尔对于政治哲学的意义,森在政治哲学上的贡献确实值得我们深加注意,其中森运用契约论的方法对自由的探讨堪称当代政治哲学最重要且极其坚实的贡献之一。

一、自由关涉个人偏好

森将自由摆在了极其重要的地位上。在他看来,自由之所以重要,不仅仅是因为自由的理念深刻地影响了我们,而且自由也是评价一个社会的最基本的标准。当我们评价一个社会的利弊或者某种社会制度的正义与否时,我们很自然地想到不同类型的自由及其它们在社会中的实现与剥夺。在这个问题上,森实现了对传统福利经济学的最关键的决裂,因为传统福利经济学仅仅局限于福利或者效用之上,而森将自由这个概念引入了福利经济学与社会选择理论,从而实现了一种政治哲学与经济学的对话。

自由的探讨是一个经久不衰的课题,关于它的定义极其繁杂,难以取衷。森主张从自由的机会方面与过程方面入手。其中机会方面与传统的福利比较接近,主要指"追求我们所以重视并有理由重视的事物的机会"①。过程方面则指我们的目标实现的过程。自由的这两个方面彼此相关,在评价时往往相互影响,不同的学者

---

① Amartya Sen, *Rationality and Freedom*, Cambridge, Mass. and London: Belknap Press of Harvard University Press, 2002, p. 585.

对于自由的定义往往有所偏重。比如，库普曼与克雷普斯将自由的意义解释为满足未来不可知兴趣的灵活性，这无疑是自由的机会层面的内容。相比之下，诺齐克则更关注自由程序的正当性方面，而这显然与相关社会选择程序的恰当性存在密切关联。总体上，当经济学家运用自由这一概念的时候，他们所侧重的是自由所提供的机会。而政治哲学，尤其自由意志论的政治哲学，则比较偏重自由的过程方面。

森认为，对过程的考虑并不能与对机会的评价完全割裂开来。比如说，我们所追求的机会并不仅仅是达到某种"顶点"，而且也包括以某种特别的达到顶点的方式。事实上，我们评价一个"综合结果"（comprehensive outcome）的时候，其中往往包括取得"顶点结果"（culmination outcome）所经的过程。比如说，一个人不仅希望赢得这次选举，而且希望"公平地赢得选择"，这里他所追求的就是一种综合性的结果，其中包括了过程。

在自由研究上，森的一大贡献是将社会选择理论引入自由的研究，一方面既扩大了社会选择理论的研究范围，同时也使自由的研究与表述可以用社会选择理论中的严格公理来进行表述。森深知自由的含义相当深刻而又复杂，作为一个严谨的学者，他并未声称自己对自由所下的定义是最充分的，相反，他只是根据社会选择理论的严密的逻辑，得出了一些有关自由的几乎是无法证否的基本判断，包括自由与偏好相关，人们具有元排序的理性，因此他可以对自身的偏好进行自我省察，最低限度的自由的定义等等。

自由所以与偏好相关，这是因为自由意味着存在着机会可供选择，而机会必然与我们所重视的事物有关，因此自由必然涉及个人的偏好问题。在这个问题上，森着重批判了那种认为自由可以不涉及偏好的观点。有一些学者试图将自由与偏好两者脱离开来，在这里存在着两种倾向，一种是持自由的基数观，一种是关于自由的博弈形式表述。前者以罗伯特·萨格登（Robert Sugden）以及帕特奈克与许（Pattanaik and Xu）为代表，他们认为，对于自由的衡量，不应当考虑到人们对于机会的偏好，而应仅仅考虑个人所面临的备选方案的数目（或者基数）。森把这种观点称为机会的基数观。这种主张认为，自由可以用人们所面临的选择数目来衡量，如果个人面临的选择数目越多，那么这意味着他的自由更多。森认为这种观点是荒谬的，他举例道，譬如，存在着一个待选择的机会集 A，其中存在着三种极其恐怖的可能选择：绞死，枪毙，活焚。另外还有一个机会集 B，其中也存在着三种选择，但都讨人喜欢：一份高收入报酬，一座舒适房子，一部豪华汽车。根据这一方法，这两种自由都是等价的。显然这种在评价机会时不涉及偏好的观点是荒谬的。森还以日常语言为例证明该观点不成立。一般来说，人们认为，人类摆脱了天花（free from smallpox）是获得了自由。如果不涉及偏好，而仅以选择次数的多少而论的话,那么消灭天花病意味着机会反而减少了,因为有天花病时,人类既有患天花的机会,也有不患天花的机会。现在消灭天花,岂不是机会的减少?而日常语言把天花的消灭视为一种自由,也说明自由不可以脱离人们的偏好而存在。①

另一种忽视偏好的观点则将博弈形式运用到自由的规定中去。这种观点与诺齐克的权利说有着密切的关联,它主要侧重于从权利的博弈形式角度对自由做出规定。其代表有吉尔特纳等人,其基本观点是,每个人在一组策略上进行选择,可行的策略组合则规定了每个人的所能拥有的自由。所有人都可以如其所愿地使用他们的权利(服从于可行组合之内的选择),而"无视"它们的结果。在这种表述中,权利的规定没有涉及任何个人的偏好或实际的结果。比如许多公认的权利仅只关注人们可以自由地做什么,而不是相关人实际所获得的结果。比如说,如果一个人有权阅读一本他想读的书,这是对他采取这一行动的自由的肯定,但是他做不做或者喜欢不喜欢读该书则不属自由所关注的内容。根据这种观点,权利仅仅与行动自由相关,而不与任何结果的达成相关。

这种观点强调自由观念中的权利,它具有一定的合理性,森并不否认这一点。但森指出,有三个理由足以使我们拒绝这种观点。第一,有些权利无法用博弈形式得到恰当的表述。比如说,"免于饥饿的权利",这些权利的一个特点在于它本身包含着结果,而不仅仅是行动自由。在这方面,就必须把人们的偏好以及行动的结果都引进来对自由下定义。第二,即使这些权利能够给出一种博弈形式的表达,它仍然需要对证明给予进一步的分析,而这里又蕴含了社会选择考虑。比方说,公共场所禁止吸烟,这是一种不吸烟者的权利。博弈形式虽然可以用某种不涉及后果与偏好的方式来加以规定,如"如果他人在场,则完全不允许吸烟"。但是之所以这种权利规定是可取的,也是因为里面包含了后果和偏好的因素,即不吸烟者持不愿意被动吸烟的偏好,而不是仅仅用策略行动集合的博弈结果。第三,社会选择也可以对那些偏重于过程因素的权利也吸收进来,比方说,把行动过程本身也可以纳入偏好里面,从而对各种自由和权利做出解释。比如说,某个人竞选总统,他不仅希望能够竞选成功,而且希望能够是公平地获胜。这里他所偏好的不仅仅是竞选成功这一顶点结果,而且也是一个综合结果,包括"公平"这一过程因素。由此可见,博弈形式表述也可以纳入社会选择的概括中。

二、自由蕴含理性对自身偏好的省察

如果说证明了自由与偏好相关,从而为社会选择理论研究自由等基本人类价

---

① Amartya Sen, *Rationality and Freedom*, Cambridge, Mass. and London: Belknap Press of Harvard University Press, 2002, pp. 602-603.

值打开了通道,那么森的另一个重要命题则为理性与自由打开了互通方便之门,这一命题即元排序(meta-ranking)的存在。自由与偏好相关,在某种意义上,对于人们的自由的衡量可以根据人们在公认的私人领域的偏好实现来判断。但这绝非意味着,每个人对于自己的偏好都永远不存在一丝疑问,不可以加以省察。相反,每个人可以对自己拥有什么偏好,对自己当前的偏好都存在着一个判断或者说倾向,这就是元排序。元排序可以说是连接理性与自由的一个重要概念,它体现了个人的意志自主与自由,也同时是理性对于自己的偏好进行省察所生成的一种排序。

一旦将元排序引入社会选择,它不仅能够更恰切地说明现实中人们的心理状态,而且给福利经济学带来深刻的洞见。下面仅仅以列举的方式说明它所涉及的几个重要问题:第一,社会规范。个人并不是每个时刻都是效用最大化者,他也有遵守社会规范的时候,这时他有可能并不完全按照自己的偏好行事。比如,在人家家里做客时,主人送来果篮,自己虽然喜欢里面的芒果,但是因为只剩一颗芒果,便只拣苹果吃。第二,反事实偏好。反事实偏好指的是他目前尚不具备,但有可能会拥有的偏好,它与新古典经济学理论中的显示偏好恰相反对。森认为,反事实偏好相当重要,完全可以引入选择问题。比如说,某个人嗜烟,但是他不必定将他本人的这一偏好毫无理由地接受,他可以对自我进行合理省察,并认为,如果他不嗜烟将会更好。没有理由认为他一定会不顾一切地为自己当前的偏好辩护。第三,偏好形成问题。在社会选择理论中,偏好通常都是给定的,这意味着在推理过程中,偏好无法改变。但是,森认为,个人的偏好并不是一成不变的。事实上,个人的偏好也可能在与他人的偏好交往过程中发生变化,比如说,在公共事务问题上,公民们通过讨论有可能会形成一致的偏好观。这样,就有可能避免那种社会选择的悖论。

自由与偏好相关,也与个人的理性相关,它们构成了森有关自由的基本含义,并为森后来自由概念的发展提供了理论基础。森后来提出了"可行能力"(capabili-ties)这一概念,"一个人的'可行能力'指的是此人有可能实现的、各种可能的功能性活动组合。可行能力因此是一种自由,是实现各种可能的功能性活动组合的实质自由(或者用日常语言说,就是实现各种不同的生活方式的自由"①。在这里,可行能力是元排序概念在应用上的延伸。从思想倾向来看,森所提出的实质自由观是对较早时期右翼思想家形式自由观的反动,构成左翼的重要思想资源。英国工党理论家吉登斯在《第三条道路:社会民主主义的复兴》一书中认为,福利制度的目标不是救助穷人,而是重塑他们参加社会生产所必需的技能。实践上左翼纲领与森的理论的契合并不是偶然的。

---

①　阿马蒂亚·森:《以自由看待发展》,任赜、于真译,中国人民大学出版社 2002 年版,第 62—63 页。

三、帕累托自由的不可能

除了讨论自由与偏好、自由与理性之间的关系,森还以另一种方式阐述了一种社会理性的常见标准与自由原则之间的悖论关系。这就是帕累托自由的不可能(the impossibility of the Paretian liberal,又称自由悖论)定理。1970 年森以《帕累托自由的不可能》为题在《政治经济学杂志》上发表,他在这短短的 6 页纸中阐述这一思想的基本梗概。在同年出版的《集体选择与社会福利》中,他把这一思想纳入其中,篇幅也不长。但这些简短的评述产生了重大的影响,使人们对福利经济学的基石——帕累托原则——产生了怀疑。1996 年,《分析与批评》还专门出了一期有关该悖论的评论文章。从形式理论来看,自由悖论堪称森的最重要的贡献之一,其意义不亚于阿罗不可能定理。

森对这一定理的证明途径是典型的社会选择理论的方式。首先提出几个为所有人基本上都能够接受的社会选择的原则——在这里指帕累托原则和自由——然后指出不存在一种社会选择规则,能够同时满足这两个原则。原则的表述通常具有严格形式与弱形式,为了使证明的逻辑具备无可辩驳的力量,通常是采取弱形式的论证,如果存在某种情形使得两个弱原则之间尚且无法同时成立,那么严格形式之间的对立自不待言。

帕累托原则的弱形式要求,如果每个人都认为,社会状态 x 优于社会状态 y,那么 x 就必须社会优于 y。[1]注意,这只是一个弱形式,而不是严格形式。我们知道,帕累托最优的通常定义是指达到这样一种某种状态,以至于任何个人如果想改善自己的福利就不得不损害他人的利益。显然,帕累托原则弱形式要比这个定义弱得多,因为它只认为,社会状态 x 优于社会状态 y,但并不认为,社会状态 x 就是最优的。换句话说,当选择者面临 x、y 等等选择时,根据帕累托原则,并不一定要选择 x,但肯定不能够选择 y。在这里,帕累托原则成为一个典型的"否决"原则。[2]

个人自由的充分定义相当困难,而且争议颇多。森着重探讨了个人自由的弱形式的表述。这一弱表述也称最低限度的自由(minimal liberty,简称 ML),它要求,对至少两个人来说,存在着这样一个非空的公认的私人领域,其中个人可以自由地选择他或她的行动。并且,个人的选择必须得到社会的尊重。比如说,某个人喜欢读一本特别的小说。如果将他对该书的选择视为他的公认的私人领域,那么在给定的情况下,社会偏好必须将他阅读该书置于不阅读之上。

---

① Amartya Sen, *Rationality and Freedom*, Cambridge, Mass. and London: Belknap Press of Harvard University Press, 2002, p. 384.

② Amartya Sen, *Rationality and Freedom*, Cambridge, Mass. and London: Belknap Press of Harvard University Press, 2002, pp. 449-452.

初看上去,这两个原则都是相当温和的,应当能够同时为人们所接受,也应当能够并行不悖。但这仅仅只是一种粗浅的直觉观念。社会选择理论通常要求社会决策函数的定义域是无限制域(unrestricted domain),也就是说,它应当能够用于所有逻辑上可能的 n 元个人偏好排序。这里,帕累托原则与自由原则就无法共存。帕累托自由的不可能性是指,不存在一种可以同时满足无限制域、帕累托原则(即使是最弱的形式)和最低限度的自由这三个条件的社会决策函数。

森的证明过程如下:[①]假设所有 i 中的 k 和 j 两人对选项 (x,y) 与 (z,w) 进行选择。如果 (x,y) 和 (z,w) 是相同的,那显然,最低限度的自由无法成立。假设两组备选方案中有一个是相同的,比如 $x=z$。当对 k 来说,x 优于 y;对 j 来说,w 优于 x,而对所有 i 来说,y 优于 w。根据最低限度的自由,社会应当认为,x 优于 y 并且 w 优于 x。而根据帕累托原则,y 优于 w。显然,这违背了不循环性,因此不存在最优的备选方案。假设这四个备选方案各自不同。令对 k 来说,x 优于 y,对 j 来说,z 优于 w,对所有 i 来说,w 优于 x 且 y 优于 z。根据最低限度的自由,x 优于 y 且 z 优于 w。而根据帕累托原则,w 优于 x 且 y 优于 z。这同样违背了非循环性。以上是森在 1970 年的《集体福利与社会选择》的论证,在 1983 年的《自由与社会选择》中,他将这一悖论扩展到社会偏好的各种解释含义中,包括结果评价、规范选择以及描述性选择,进一步证明和扩展自由悖论的含义。但基本的证明过程已包含在上面的论证之中。

上述的证明在逻辑上是无懈可击的,这似乎让人难以接受。但现实生活却确乎如此。森受英国 20 世纪 60 年代对企鹅出版社出版《查泰莱夫人的情人》一书的审判启发,以《查泰莱夫人的情人》阅读来说明帕累托原则与自由原则的冲突。[②]如果 A 先生是一位正经者,而 B 先生是一位淫荡者。令 a 表示 A 先生读该书,b 表示 B 先生读该书,而 c 表示两人都不读该书。A 的偏好依次为 c、a、b;而 B 的偏好依次为 a、b、c。根据自由原则,A 可以在 a 与 c 之间进行选择,显然 A 会选择 c,因此 c 社会优于 a;而 B 可以在 b 与 c 之间进行选择,而 B 将会选择 b,因此 b 社会优于 c。如此,自由原则将主张社会选择 b,即由淫荡者 B 读该书。但是这一结果不管是根据 A 的偏好还是 B 的偏好,都帕累托次于 a,即由正经者 A 读该书。由此可见在无限制域的条件下,帕累托原则与自由原则之间的冲突。

帕累托原则依据所有人的偏好,指向一种所有人认为不比现在差的状况。它强调所有人的自愿,这事实上导致一种为现状辩护,反对革命与激烈改革的道路。在一些右翼思想家看来,这代表着一种全社会更为幸福的生活。而自由原则则强调个人的自由,以及个人自由所强调个人偏好。在许多右翼思想家那里,帕累托原

①　Amartya Sen, *Collective Choice and Social Welfare*, San Francisco: Holden-Day, 1970, pp. 87-88.

②　Amartya Sen, *Collective Choice and Social Welfare*, San Francisco: Holden-Day, 1970, p. 80.

则与自由是都是他们根深蒂固所信奉的两个最根本的原则,两者理应彼此契合,为人类所共同追求。比如,布坎南指出,"同意限定公正"①。而诺齐克则主张,只要是自愿的交易,就都是正义的;哪怕个人愿意成为奴隶,那么也应当承认。②在他们看来,自愿交易或相互同意既保证了自由,同时也意味着帕累托原则的实现,这样,两者就可以毫无障碍地兼容。它们表达了相当一部分自由至上主义者的信念:个人自由可以最大程度地实现人类幸福,而人类幸福的改进不可或缺地要求更大程度上的个人自由。从内在逻辑结构来看,森提出的自由悖论,对他们的信念构成了深刻的质疑,促使学者们不得不深入思考两者共存的条件及意义。

自 1970 年森提出自由悖论后,这一悖论就已成为政治哲学和社会选择理论中的一个经典主题,许多哲学家和经济学家都对这个问题有过研究,包括布坎南、诺齐克、宾默尔、萨格登等著名学者,森本人也没有停止对该问题的探讨。从形式的意义上看,对该问题的研究主要体现在对自由悖论的限制、扩展,其中限制主要是讨论如何避免在什么条件下帕累托原则能够与自由原则不发生冲突;而扩展则在于将这一悖论一般化,如吉巴德(A. Gibbard)应用到个人自由,提出了吉巴德悖论。③ 从实质含义来看,它们涉及社会文化的重要性、相互同意的限度、个人自由的含义及其范围、个人权利与群体权利的冲突、社会决策程序的目标、自由的程序观、间接自由(indirect liberty)与直接控制的关系等等社会生活中的重要问题。时至今日,自由悖论就像探讨合作问题的囚徒困境一样,已经成为经久不衰的研究主题。

四、社会选择理论之于社会契约论

森对自由的研究有自己的独到之处,这些都是自由研究方面坚实的贡献。所以如此,这与森的方法是分不开的。森没有像此前哲学家通常所采用的思辨或者印象式的叙述,而采用社会选择理论来研究自由相关命题。社会选择理论是一种广泛应用形式和数学技术(formal and mathematical techniques)的方法,由于其定义与数学推导的严谨,这使得它在论证上具有一种特殊的优势,即当它把每一种逻辑的各种前提条件以及选择原则设定之后,其内在的逻辑推理基本上不可能出现漏洞。如果我们不能接受其结论的话,我们就必须对其前提、选择原则做出更正。采用这样一种极其严格的形式逻辑的理由就在于,"将不同人的不同偏好或利益整合进一幅完全的图像的努力蕴含了十分复杂的问题,此处如果缺乏形式上的审查,

---

① 詹姆斯·布坎南:《自由、市场和国家》,吴良健等译,北京:北京经济学院出版社 1988 年版,第18页。
② Robert Nozick, *Anarchy, State and Utopia*, New York: Basic Books, Inc, 1974, p. 331.
③ A. Gibbard, "A Pareto-consistent libertarian claim", *Journal of Economic Theory*, 7(1974), pp. 338-410.

人们往往误入歧途"①。这样,它就可以在形式上非常有效地检验各种结论的内在逻辑一致性。这在自由悖论问题的研究上,尤其突出。应该说,自由与幸福之间存在着矛盾,古代哲人早已体悟到。但是森用严格的数理逻辑将它表述并推导出来,却是理论史上的第一次。单单由于这一方法上的贡献,我们就无法忽视他在自由研究上的成就。

森在自由观上的另一大贡献是证明,自由讨论不能离开人们的偏好。自由意志论倾向于剥离自由的实际内容,而仅仅着眼于自由的过程或者免于强制的含义。森以其严谨的逻辑对这种观点给予了批判,维护了正确的讨论方向。马克思主义讨论自由,也不是局限于个人自由,而更多地将自由与改造世界实践相联系。森的阐述虽然不依据经典马克思主义的方法,但其对偏好、能力的强调,与马克思主义的自由观存在着相当程度上的契合与印证。读者不妨可以设想,马克思主义自由观的深化与发展,必然要吸取森的正确论述。

从社会契约论的发展角度来看,森的社会选择理论方法也构成了另一种有用的工具。契约论作为一个包容内容广泛的政治哲学思潮,它本身并不局限于某种特定的理论工具与方法。森在引用社会选择理论来讨论政治哲学问题上,是值得我们注意的。

本章小结

哈萨尼的贡献主要在于在契约论的传统中捍卫了一些功利主义的基本原则,如人际效用比较。这个概念后来经森的辩护,已经被视为当代福利经济学和政治哲学的一个重要原则。哈萨尼对罗尔斯的批评,使得学术界基本上承认,预期效用的方法要远比罗尔斯的最大最小规则更有效。虽然罗尔斯一直坚持最大最小的决策规则,但后来契约论的主流已经转向了。对于中国的读者来说,哈萨尼的理论中对那些并不符合自由主义的政治制度抱有一种同情和理论余地,这也是值得注意。

布坎南的精于计算的契约论逻辑得出了一些有意思的结果,尤其是对于政治交易中互投赞成票的逻辑支持,这在当时是具有突破性的。但要看到,政治交易和互投赞成票的前提是参与人双方是在人际效用比较的前提下才有可能,否则,按照政治哲学传统中对于相互冲突的观念上所抱有的悲观看法,政治交易是不可能的。这也是全书所以将哈萨尼的理论放在布坎南之前,并视为整个功利主义契约论传统的奠基者的原因所在。

---

① Amartya Sen, *Rationality and Freedom*, Cambridge, Mass. and London: Belknap Press of Harvard University Press, 2002, p. 73.

　　森的主要理论工具是社会选择理论。他的主要贡献是阐述帕累托自由的不可能，这虽然是在福利经济学的框架下所进行的理论探讨，但它对于政治哲学有着其非常重要的意义，它从形式上证明，那种指望既能完全满足帕累托这一效率标准，同时还实现自由这一个人主义的目标的期待是不现实的。虽然在森看来，有必要为了自由而牺牲帕累托标准，但是，从另一个方面来看，相比较人民福利，个人自由有那么崇高吗？

第六章 高西尔与博弈论社会契约

博弈论是数理逻辑的一个分支,一种用模型来描述和解释游戏中的个体之间的策略、互动以及结果的数学工具。自 20 世纪 40 年代以来,博弈论在社会科学——其中最突出的就是经济学——中所获得的关注无疑要大大超越其他任何数学工具。1994 年,三位对博弈论做出重要贡献的学者共同荣获诺贝尔经济学奖,博弈论的声誉如日中天。这时,它不仅在社会科学,而且在哲学——主要是道德与政治哲学——也取得了耀眼的关注。1996 年诺贝尔经济学奖又授予两位与博弈论一脉相承的信息经济学的开拓者。2005 年,又有两名博弈论作者获得该奖,进一步扩大它的影响。2007 年获奖的机制设计理论也与博弈论有着密切的关联。在这些奖项的背后是这样一个事实:博弈论已经为整个经济学科所接受,并全面改写了经济学理论。与此同时,它也跟随着经济学方法的传播而迅速渗透到政治学、社会学和法学等各门学科,并成为政治哲学中越来越熟悉的面孔。

哈萨尼就是一名重要的博弈论作者,虽然他在契约论中运用博弈论的痕迹并不明显。而之后,越来越多的理论家发现,博弈论用于社会契约论有其天然的优势,因为它通过模拟两个谈判实力不等的参与人在如何达成社会契约论有着非常有意思的推论。在这个方面,高西尔、宾默尔是非常重要的作家。我们把哈丁也纳入到这一章节,因为哈丁虽然并不以"社会契约"作为他的研究对象,他也不能算得上博弈论专家,但其所讨论的救生艇理论却蕴含着重要的博弈模型,即囚徒困境,而且也成为讨论全球正义问题上最重要的理论原型。

第一节 高西尔:基于协议的道德

自罗尔斯的《正义论》出版以来,契约论已经成为英美道德哲学与政治哲学中最为强劲的哲学潮流。

但是契约论从来就没有一个统一的流派。在古典契约论时期，霍布斯、洛克、卢梭、康德等人都堪称契约论的经典作家，他们彼此的逻辑结构与政策主张存在着重要的差别。当代契约论的发展更是异彩纷呈，涌现出一大批名家，戴维·高西尔（David Gauthier）就是其中之一。①

高西尔是美国匹兹堡大学的哲学教授，1969 年出过一本《利维坦的逻辑》，对政治哲学与道德哲学给予了深刻的探讨。而使他跻身于当代最重要的正义（道德）理论家之列的，则是他于 1986 年出版的《基于协议的道德》（Morals by Agreement）。此书问世后引起哲学界广泛的关注。罗伯特·萨格登（Robert Sugden）称《基于协议的道德》是自罗尔斯《正义论》之后诸多契约论中"很可能是最重要并且肯定是最有争议"的著作。②探讨当代契约论，高西尔是无法绕开的重要作家。

一、把道德建立在自利的基础之上

在人们的观念中，一般都将道德与自私自利相对立，而康德更将道德上升为绝对命令，并认为它源出于神。在英美哲学传统中，虽然很少如康德般将道德归之于先验，但一般也不将道德与自利等价，而是将它归之于同情心、情操、移情等情感因素。以斯密为例，其《道德情操论》与《国富论》就似圆凿方枘一般。虽然也有人认为，斯密的理论体系总体上是统一的，但不可否认的是，道德与自利毕竟是互不相属的两大块，自利虽经看不见的手而导致总体的福利最优，但道德情操并非根植于自利之上，而是同情心。根据这一逻辑，在 19 世纪中叶，伦理学发展出情感主义道德论，它在英美道德哲学中占据了主流地位。

但是这种根植于同情心的道德有一个根本弱点，就是它无法真正做到普遍性。高西尔写道，"富人们纵饮狂欢，穷苦的妇女就在他们的门前饥饿将死。但是她甚至得不到富人桌上的面包屑，因为施舍将使他丧失用面包屑喂鸽子的乐趣"③。虽然我们都希望每个人都具有同情心，但这仅仅只是希望而已，这种同情并得不到现实世界普遍的证明。

由于自私自利是人类行动毋庸置疑的动机，因此，道德如果能够为所有人接受，就必须从自利中推导出。高西尔认为，"道德，作为一种理性的约束，可以从非

---

①　高西尔有多种译名，如戈特尔、高希尔、哥西尔、高德、戈迪耶、哥梯尔等等，此处从姚大志译《作为公平的正义：正义新论》一书的译法。

②　Robert Sudgen，"The Contractarian Enterprise"，in David Gauthier and Robert Sugden eds.，*Rationality，Justice and the Social Contract：Themes from Morals by Agreement*，Ann Arbor：The University of Michigan Press，1993，p. 1.

③　David Gauthier，*Morals by Agreement*，Oxford：Clarendon Press，1986，p. 218.

道德的理性选择的前提中产生"①。他的理论致力于证明,从自利的行动者这一起点推导出道德或正义原则。如果某种道德原则能够在这种自私自利的基础上得到证明,那么这种原则就是可以接受的;反之,如果它不能在人类的自利动机上得到证明,那么这种道德只能是个别人的空想,并不能真正付诸实践。也就是说,道德要想得到每个人的认可,就必须符合每个人的利益。

道德是调节人与人之间关系的规则,它规定何种互动是允许的,何种互动是不允许的。如果要在应用上实现道德的普遍性,这必然要求道德能够保证人们合作行为中的互惠与同意。因此对道德的证明,就在于阐明人们是出于何种理由接受协议中的条款,这种理论建构意味着,道德原则构成理性的人们之间事先自愿达成的协议的内容。②

高西尔的逻辑与罗尔斯存在着一定程度上的相似,两者都试图用一种契约——彼此接受的共识——来描述道德与正义,不同之处在于,罗尔斯理论中的订约者是抽象的人,由于无知之幕的隔离,对自己的情况一无所知,既无法利已,也无法利他。这样得出的正义原则将是不偏不倚的正义(justice as impartiality)。巴利(Brian Barry)认为,这种不偏不倚的正义虽然似乎更为可取,但是其弱点在于难以提供人们将根据这种道德行事的理由。③与之相对立的正义观就是基于互惠的正义(justice as mutual advantage),高西尔的理论即属此类。

二、讨价还价的人、规则与起点

一般而言,人们都将高西尔划归自由意志论者(libertarian),这种划归派别的做法没有多大的意义。对于高西尔的理论来说,现实问题并非它的主要关怀。究竟采取什么样的道德原则,并不是首要问题;首要问题是应如何推导出道德原则。高西尔的做法是采用一种讨价还价的办法,即契约人在某种设定的位置上进行相互之间的讨价还价,他们最终达成的一致选择便是应该采取的道德原则。在高西尔的理论中,道德原则的推导过程包含着三个关键的问题。

(一)服从问题:受约束的最大化者(constrained maximizer)

在政治哲学中,高西尔的理论与霍布斯相似,两者都是从人的自私自利本性出发来推导其结论。这也正是有人将高西尔称为霍布斯主义者的原因。但两人仍然存在着本质差别。在霍布斯的理论中,契约条款的遵守是依照一个独裁的君主来实施的。这一独裁者是外在于契约的订约人的。与其他契约论者一样,高西尔的

---

① David Gauthier, *Morals by Agreement*, Oxford: Clarendon Press, 1986, p.4.
② David Gauthier, *Morals by Agreement*, Oxford: Clarendon Press, 1986, p.9.
③ Brian Barry, *Theories of Justice*, Berkeley, Calif.: University of California Press, 1989, p.7.

理论中排除了这个外在的独裁者。问题出来了:如何才能保证参与人在订立契约之后仍然会遵守契约呢?这一问题就是契约论的服从问题(compliance problem)。洛克、康德和罗尔斯等人的理论中,由于缔约者富有道德情操,他将自愿接受承诺的约束。这样,服从问题就通过假定人性中已经存在道德因素而消于无形。但如果假定缔约者是一个自利的效用最大化者,他就完全有可能背约。那样的话,契约能否执行——以及相应的,契约论能否成立——就构成了严重的问题。

高西尔的解决也是回到人性的假设上,但又不肯采取罗尔斯等人的道德人设定——在高西尔看来,道德本身是人类合作或者说缔约的逻辑结果,而不是逻辑预设。每个人都是自私的,这一点毫无疑问。但自私的人在彼此之间能否达成协议,并服从协议,却不可一概而论。

他认为,虽然每个人都是理性的自私者,其目的都是追求利益的最大化。但是对待契约条款上仍然存在不同的倾向(disposition),一种人可称为受约束的最大化者,其策略是:如果对方合作,那么我也合作;如果对方不合作,则我也不合作。另一种可称为彻底的最大化者(straightforward maximizer),其策略是,如果对方不合作,我也不合作,如果对方合作,而我采取不合作对我更有利的话,则不合作。总之,采取对我最有利的策略。后面这种彻底的最大化者堪称赤裸裸的无赖,他们彼此之间只可能会导致合作失败,这也意味着道德——协议各方所共同认可的规范——也无从诞生。而受约束的最大化者彼此之间更有可能会合作,从而达成基于协议的道德。人类社会中绝大多数人都属于受约束的最大化者,他们彼此尊重,服从共同所认可的道德。而对于彻底的最大化者,则拒绝与他合作。

这里存在另一个问题:受约束的最大化者如何能辨别出别人的倾向,从而采取相应的策略呢? 高西尔又提出了另外一个比较关键的概念,即假设人们具有同等的理性(equal rationality)。每个人都具有相同的识别能力,其识别对方的倾向的概率与对方识别自己的概率相等。[①] 同等理性本来源出经济学、博弈论和理性选择理论,在这里亦可以看出高西尔所受的影响。

(二)讨价还价规则:最小最大的相对让步(Minimax Relative Concession)

既然受约束的最大化者彼此之间辨认了对方,从而使得合作成为可能,接下来的问题就是如何分割合作剩余了,这就是政治哲学中的分配正义问题。在罗尔斯的理论中,合作剩余分割的规则是差别原则,它的推导过程也就是代表们在无知之幕背后所采取的选择逻辑。由于代表们并不知自身的真实情况,因此他们的选择是依据对不同原则的论据的力量来决定的。埃尔斯特(Jon Elster)称这种选择方

---

① David Gauthier, *Morals by Agreement*, Oxford: Clarendon Press, 1986, pp. 226-227.

法为理性的讨论(rational discussion),与讨价还价模式相对立。① 在讨价还价(bargaining)的模式中,参与人就达成某种协议而言具有共同的利益,因为有某种协议要比没有协议更好;另一方面,他们就达成何种协议又存在利益冲突。在这样一种模式中,讨价还价规则——合作剩余分割的规则——与参与人的谈判力量(bargaining power)对最后的分配起着决定性的作用。参与人完全清楚自身的情况以及所处的社会中的位置,每个人都是理性的,都想在合作剩余的分割中,追求最有利自己的结果。高西尔的合作剩余的分割就是这一类。

高西尔提出的讨价还价规则是最小最大的相对让步规则。这一规则中,理性的订约人根据每个人的最大化的要求来做出同等的让步以实现合作剩余的分割。他认为这一规则反映了实际的讨价还价过程。每个人都提出自己的最大的要求,但是这些要求不可能都实现。因此必须要做出让步,而理性的人必然做出最可能小的让步。同时又由于每个人都是同等理性的,谁也不愿意,也不可能比别人做出更多的让步。

高西尔认为,这样一种反映了现实的讨价还价规则是理性的,它出自理性的参与人的选择。但如果将讨价还价的环境——其中最重要的是参与人的初始谈判位置——考虑进来,那么这种规则在运用的过程中,并不一定导致公平的结果。因为同等理性并不等于同等的谈判力量,某些人在开始讨价还价时就处在比别人更有利的位置上,即使两个人都是同等理性的,但其结果未必是公平的。

道德原则本质上必须对每个人都是公平的。最小最大相对让步规则虽然反映了实际的讨价还价过程,尚未做到公平。而一种没有实现公平的结果,不仅不符合道德的本质,更重要的是,它在现实中意味着,人们有可能会不愿意遵守这种讨价还价的结果,从而不具有稳定性。如果要推导出道德原则,就必须对讨价还价前的初始谈判位置另外再做出规定,在这里,高西尔想到的是洛克但书(Lockean proviso)。

(三)初始谈判位置:洛克但书

洛克但书源于洛克对财产权起源的论述。在洛克的自然状态里,上帝最初将整个世界赋予人类共有。此时并不存在私人财产权,每个人只对他自己的身体享有一种所有权,他通过他的劳动使某种东西脱离了自然的状态,从而成为他的财产。这就是私有财产的起源,它可以解释为个人利用自身的能力、天赋或努力来谋取利益。个人对于自身天赋、能力以及努力具有天然的所有权,洛克将这视为一种毋庸置疑的问题,诺齐克、高西尔也接受这种观点。

但是,财富并不仅仅源于劳动,也源于外部的因素,比如土地。洛克认为,一个

---

① Jon Elster, *The Cement of Society: A Study of Social Order*, Cambridge: Cambridge University Press, 1989, pp. 50-51.

人开垦土地并把它据为己有的行为,并不损及任何旁人的利益,"因为还剩有足够的同样好的土地,比尚未取得土地的人所能利用的还要多"①。这就是洛克但书,其含义似乎可引申为:由于对无主物的占有,因具排他性的独占而使他人无法再行占有,因此该占有究竟合乎权利与否,将取决于他人的状况有没有变坏。洛克但书既坚持了私有财产的神圣,又强调了公平的含义,因此为自由意志论者所推崇。但是,两者之间又蕴含了矛盾的可能。

诺齐克在他的《无政府、国家与乌托邦》里指出,通常人们将洛克但书解释为避免使其他人的情况变得更坏。他设想了一种对这种解释的批驳:一个人 Y 通过占有一物,而使他人 Z 失去使用这一物体的机会,因而 Y 的占有是不允许的;而在 Y 之前,另一人 X 通过占有又使 Y 的使用一物的机会减少,如此的占有也是不允许的。由此上溯到第一人 A,所有的占有都是不合道德的。但这种批驳观点失于轻率,诺齐克认为洛克但书仍然值得辩护。设想,一个人的占有可能通过两种方式使另一人的状况变坏:第一种是使别人失去通过一个特殊占有来改善的机会,第二种是使别人不再能够自由地使用(若无占有)他先前能使用的东西。洛克但书的强条件将反对这两种情形,而弱条件认为,第二种情形是违反洛克但书的,而第一种并不违背。在诺齐克看来,弱条件符合洛克的原意,因为在弱条件下,那些后来者虽然没有获得特殊的占有,但仍然有机会利用(use)该物体而改善自己的境遇。②

我们不妨用土地的占有来说明对于洛克但书的不同理解。在洛克的眼中,土地是无穷多的,类似于殖民者刚来到美洲大陆时的情形。在这种情况下,一个人在圈地时只要还留有同样好且足够多的土地让他人占有,基本上没有影响他人的利益,那么该人的占有便是符合正义的。但在处于 20 世纪的诺齐克看来,土地终究有限,不比沙滩上的沙子。一个人在沙滩上捡一粒沙子基本上不影响他人占有沙子,但任何一个人占有一块土地却必然影响到他人的占有,而如此下去,会有许多人无法拥有土地。在这种情况下,如果仍然坚持洛克但书的最初理解,那么其逻辑结论必将是对最初私人占有的否定,也就是对私有财产制度的否定。这在诺齐克看来,根本是无法容忍的。要洛克但书所蕴含的正义,还是要它所蕴含的私有财产神圣?诺齐克设想了可以调和两者的情形。土地虽然已经被人们所占有,并没有新的土地供人们去占有。但那些没有土地的人可以向有土地的人租种土地,使用它来追求利润,从而改善了自己的境遇。诺齐克所强调的是占有权与使用权的分离从而让后来也获得改善境遇的机会,这其实也是当代市场经济的现实。

而高西尔从另一个角度来探讨洛克但书。他认为,仅仅禁止使他人的情况变坏,这一条件过于苛刻。因为存在这样的情况,如果不令他人的情况变坏,那么只

① 洛克:《政府论》(下篇),瞿菊农、叶启芳译,商务印书馆 1964 年版,第 22 页。
② Robert Nozick, *Anarchy, State, and Utopia*, New York: Basic Books, Inc., 1974, pp.175-176.

能使自己的情况变坏。市场竞争中就是如此,或者你成为赢家,或者你成为输家,总是有人的情况会变坏。在这种情况下,如果仍然坚持洛克但书的原有含义,其逻辑结论将是否定市场竞争。这当然是无法令高西尔满意的,为此,有必要修正诺齐克的解释。

高西尔认为,洛克但书应当解释为,禁止使别人的情况变坏,除非你能够避免使自己的情况变坏。[1]这样,洛克但书的作用就在于"禁止参与人通过使另一方的处境恶化的手段来改善自身的处境",如此它清除了缔约过程中的过去的力量或欺骗的成分。[2]它符合人们的直觉,即建立在欺骗或暴力基础上的协议是错误的。他用主人与奴隶的例子进行说明。主人决定与奴隶签订一协议,规定主人无需强迫奴隶,而奴隶继续为主人服务。这一协议对双方都是有利的,因为主人不用再承担强迫的成本,而奴隶也减除了强迫的压力。而且双方都是自愿接受了这一条约。但高西尔认为,由于这种协议的起点是不公平的,它没有满足洛克但书,因此其结果必然是不稳定的。奴隶将很快拒绝继续服务主人。他们会想,这仅仅是因为主人的权力才使我们签订这样一个看似合理的协议。如果把他的权力撤开的话,根据最小最大相对让步规则,我们决不会同意签订这样一个协议。因此,我们决不会自愿服从这一协议。[3] 而要签订一个公平稳定的协议,就必须在缔约之初,就设立一个满足洛克但书的初始谈判位置。只有在符合洛克但书的条件之上进行讨价还价,其结果才可以为人接受,它是公平的,也就是说符合道德的。这样,通过奴隶制不符合洛克但书的事例,高西尔证明了洛克但书符合我们心目中的正义观念,因此也足以担当起推导道德这一逻辑过程中的重要环节。

三、张伯伦问题:一个检验

在提出了其理论的基本逻辑之后,高西尔也试图将该理论应用于某些现实政治与道德问题,比如有关福利国家、再分配、殖民地、代际正义等等。在这些问题上,高西尔的论证逻辑显得独具一格。下面以再分配讨论中有名的张伯伦问题来看其理论的应用,以及高西尔与诺齐克、罗尔斯的区别所在。

诺齐克在《无政府、国家与乌托邦》中提出了张伯伦问题。不管最初分配是何种状况,假定篮球运动员张伯伦特别受观众欢迎,他与球队签订这样一份合同:在他打的每场主场比赛中,他可以从每张票中获得 25 美分。假定在这个赛季中,共有 100 万人观看了张伯伦的比赛,他将从中获得 25 万美元,这将远远高于其他人的平均收入。张伯伦是否有权获得这笔收入? 新形成的收入分配是否符合正义?

---

[1] David Gauthier, *Morals by Agreement*, Oxford: Clarendon Press, 1986, p. 203.
[2] David Gauthier, *Morals by Agreement*, Oxford: Clarendon Press, 1986, p. 191.
[3] David Gauthier, *Morals by Agreement*, Oxford: Clarendon Press, 1986, p. 268.

诺齐克认为,由于这场交易是自愿的,该分配状况是正义的,张伯伦完全有权获得这笔收入。张伯伦所以能够做到一点,与他的天赋不无关系,但他的天赋是他本人的私有物,他人无权剥夺这笔收入。①

诺齐克在此所针对的观点是罗尔斯的立场。在罗尔斯看来,每个人的天赋应当是整个社会的共同资产,而不是个人的私有财产。没有一个人能说他的较高天赋是他应得的,因此一个人由于其天赋较高而获得的高收入并非他的应得,而必须在全社会范围内进行再分配。其分配的依据应当是更有利于不幸阶层的利益。②

高西尔采取一种介于诺齐克单纯的个人主义与罗尔斯隐含的集体主义之间的立场。③他认为,诺齐克忽略了张伯伦所获得的收入中,可能会存在一部分并非是由他本人天赋与努力所决定的因素,也就是说,如果全部收入都归张伯伦,这将违背洛克但书的规定;另一方面,罗尔斯否定了个人有利用自身天赋来谋取利益的权利,实质上否定了个人的基本自由,这也是高西尔所无法接受的。

市场交易的过程可能会产生一部分要素租金(factor rent)。租金可以定义为超过该要素的供给成本(还包括机会成本)的那部分溢价。租金产生的源泉在于要素的稀缺性,所谓"物以稀为贵"。张伯伦的篮球技艺举世罕见,因此能够吸引众多的观众,从而产生要素租金。不过,这种稀缺性并非其天赋的本质,而是与整个社会的要素初始分配相关,是整个供给情况的函数。张伯伦的篮球技艺属于他自己所有,取决于他本人,但他的篮球技艺水平举世罕见,却是因为整个社会缺乏类似水平的篮球运动员。因此张伯伦固然有理由靠自身的篮球技艺挣得收入,却没有权利将由于整个社会的篮球水平而产生的要素租金揽入自己怀中。"社会可以视为一项合作事业。要素租金所代表的利益是该事业所提供的部分剩余,因为它仅仅产生于社会的互动。"④将要素租金视为社会共同所有,在社会成员之间进行再分配,这本质上来源于洛克但书的要求。

租金的性质意味着,即使从个人那里剥夺全部租金,个人也仍然愿意供给,而不会影响市场交易。如果张伯伦为打篮球而所付出的成本恰恰就是 25 万美元,也就是说,如果其收入低于 25 万美元,那么他将不愿为观众打球,那么在这笔收入中不存在任何要素租金。张伯伦则有理由获得全部 25 万美元的收入。但是如果给出一个更低的价格,张伯伦也愿意打球,这意味着他打球的供给成本将低于 25 万美元,在这种情况下,其中存在一部分要素租金。张伯伦有权利决定如何使用自己的独特天赋,可以任其所愿地使用。但是,他没有权利决定该天赋所产生的租金分

① Robert Nozick, *Anarchy*, *State*, *and Utopia*, New York: Basic Books, Inc., 1974, pp. 160-163.
② 约翰·罗尔斯:《正义论》,何怀宏等译,中国社会科学出版社 1988 年版,第 96—99 页。
③ David Gauthier, *Morals by Agreement*, Oxford: Clarendon Press, 1986, p. 268.
④ David Gauthier, *Morals by Agreement*, Oxford: Clarendon Press, 1986, p. 274.

配。事实上,不管如何分配租金,也不会影响他利用自身天赋的行为。即使将个人在合作中所产生的租金全部剥夺,也不会影响人们彼此使用自己的独有的天赋来进行市场交易。因此,超过张伯伦供给成本的那部分要素租金,应当在全社会之间进行分配。至于具体的分配方式,高西尔认为应当采用最小最大相对让步的办法来决定。

在高西尔的著作中,实质问题的分析与探讨并不占有一个特别重要的地位。布赖勃洛克(David Braybrooke)评论道:"伦理学理论中这一最奇妙的探索没有得出任何实际的发现,也没有提出任何实际建议。"①诚然,高西尔并未针对某个现实的道德与政治问题提出新颖的政策主张,但是他对这些老问题所给予的证明却具有相当的独创性,值得重视。

四、高西尔的贡献

高西尔的努力是从理性的自利行为推导出道德原则。但是,道德究竟能否从自私自利推导而出,不少人仍然存在疑问。玛格丽特·莫尔(Margaret Moore)认为,这一事业最终仍然是失败的。②事实上,这一事业究竟成功与否倒在其次,而在道德理论中引入讨价还价的讨论模式,则无疑是高西尔在方法上的独特之处。应该说,在契约论引入某些博弈论的因素,始自罗尔斯。沃尔夫(Robert Paul Wolff)认为,罗尔斯对于契约论的贡献就在于他在传统的契约论中第一个引入了讨价还价的因素,他设想了一个由理性的自利的人们所组成的社会,在这个社会里,人们彼此之间进行一种讨价还价的博弈。③ 高西尔也认可这种阐释,并称他自己的事业是沿罗尔斯所开创的这条道路走下去。④

但是,罗尔斯的方法体现了一种折中,其中既有契约论的纯粹程序方法,又包含直觉主义的反思平衡,而其中契约人的讨价还价并未贯穿始终,而且还时刻受到人们的正义观念的修正。比如黑尔(R. M. Hare)认为罗尔斯是一个确定无疑的直觉主义者,他与以前的直觉主义者如西季威克的区别在于:西季威克是一个一元

---

① David Braybrooke, "Social Contract Theory's Fanciest Flight", *Ethics*, Vol. 97, No. 4(Jul., 1987), p. 764.

② Margaret Moore, "Gauthier's Contractarian Morality", in David Boucher and Paul Kelly, eds., *The Social Contract from Hobbes to Rawls*, London and New York: Rouledge, 1994, pp. 211-225.

③ Robert Paul Wolff, *Understanding Rawls: A Reconstruction and Critique of A Theory of Justice*, Princeton: Princeton University Press, 1977, p. 16.

④ David Gauthier, "Between Hobbes and Rawls", in David Gauthier and Robert Sugden eds., *Rationality, Justice and the Social Contract: Themes from Morals by Agreement*, Ann Arbor: The University of Michigan Press, 1993, p. 25.

论的直觉主义者;而罗尔斯则是一位多元论的直觉主义者(pluralistic intuition-ism)。① 而高西尔的特点就在于,将契约论的整个推导彻底地建立在博弈论的逻辑之上,这一点正是高西尔的著作引起广泛关注的原因。

博弈论最大的优势就在于论述的精确与严格。布赖勃洛克指出:"《基于协议的道德》中社会契约论要比此前的任何契约论飞得更高,也更专业化。在全面演绎所有伦理学中最关键的东西如同意、互惠和合作方面,社会契约论是最有前途的工具,而高西尔则以前所未有的精确和严格的方式完成了这一任务。"②在高西尔之后,宾默尔就沿着这一条路走下去。作为博弈论的名家,契约论在宾默尔那里,其数学的演绎更加纯熟。至少在理论形式上,高西尔是宾默尔的先驱,虽然两者的差别也是显而易见的。从这方面来看,在契约论中努力实现一种严格的形式推理,乃是不可避免的发展方向。

第二节　哈丁:救生艇理论及其缺陷

全球正义已经成为当代政治哲学研究中的热点问题,其中,全球气候变化、碳排放等生态议题持续升温,相比较主权、普遍人权等传统主题,尤其令人瞩目。在这方面,人们很自然地想到了两种对立的理论,即波尔丁的宇宙飞船理论和哈丁的救生艇理论。前者将地球比拟成一个宇宙飞船,飞船上的所有人都处于一个共同的生态环境之中,因此人们必须团结自救。加勒特·哈丁(Garret Hardin)则恰恰相反,给出一个极端悲惨的模型,其中富裕国家独自求生构成冷冰冰的无法逃避的结论。③

到目前为止,学者们对于救生艇理论的猛烈抨击构成讨论的主流。学者或者称救生艇理论是一种"生态帝国主义"、"生态殖民主义"④,或者指责哈丁的理论实质是在为发达国家"继续半公开地或隐蔽地向发展中国家转嫁环境污染"寻找借口。⑤ 还有的学者从空间的有限性角度出发,认为自由主义无法成立,如果在这种状况下仍然坚持自由主义,结果就必然违背公平。⑥ 总体来说,这些批判与辩护大抵停留在伦理层面,而对于哈丁理论的内部逻辑则较少涉及。笔者以为,伦理的批

① R. M. Hare, "Rawls' Theory of Justice", in Norman Daniels ed. , *Reading Rawls*, Oxford: Basil Blackwell Ltd. , 1975, pp. 81-107.

② David Braybrooke, "Social Contract Theory's Fanciest Flight", *Ethics*, Vol. 97, No. 4(Jul. , 1987), p. 751.

③ Garret Hardin, "Living on a Lifeboat", *Bioscience*, 24, 1974, pp. 561- 568.

④ 丛志杰:《全球可持续发展中的南北关系探析》,载《内蒙古大学学报》2000 年第 4 期。

⑤ 雷毅:《环境伦理与国际公正》,载《道德与文明》2000 年第 1 期。

⑥ 韩立新:《自由主义和地球的有限性》,载《清华大学学报》2004 年第 2 期。

判必须建立在理论的逻辑基础之上,如果缺乏内在的逻辑推导,单纯的伦理批判将无法服人。鉴于此,本文试图在基本坚持哈丁的模型背景下,对于推理过程加以修正,从而给出一种更为乐观也更符合现实的理论解释。同时,读者将会看到,全书虽未在基本伦理立场上做出断言式的论述,但事实上为各种针对救生艇理论的伦理批判提供了可用的工具。

一、从囚徒困境到救生艇:哈丁的逻辑概述

作为一个生态学者,哈丁以一个冷酷的马尔萨斯式的形象而著称。他批评发达国家对发展中国家进行国际援助,质疑以解决世界粮食危机为宗旨而设立世界粮食银行的做法,反对发达国家从农业技术上援助经常发生饥荒的穷国的绿色革命,并且主张发达国家拒绝外来移民。所有这些看法,都在挑战人类固有的伦理观念,也因此遭受众多的质疑。但要看到,如此冷酷的主张,固然不乏意识形态的因素,但在形式上却是理论逻辑的结果。政治哲学不能简单地停留在伦理批判的基础上,而应当深入探讨其内在的逻辑环节。因此,我们需要还原其理论的逻辑推演过程。撇开一些细节不论,这里我们需要把握从囚徒困境、公用地悲剧到救生艇这三个模型之间的转换。

我们从囚徒困境开始。1950 年,美国兰德公司的梅里尔·弗勒德和梅尔文·德雷希尔拟定出相关困境的理论,公司顾问艾伯特·塔克讲述了一个囚徒的故事,并给出形式化的表述,将它命名为“囚徒困境”。在囚徒困境中,警方逮捕甲、乙两名嫌疑犯,但没有足够证据指控二人。于是警方分开囚禁嫌疑犯,分别和二人见面,并向双方提供以下相同的选择:若一人认罪并作证检控对方,而对方保持沉默,此人将即时获释,沉默者将判监 10 年。若二人都保持沉默,则二人同样判监半年。若二人都互相检举,则二人同样判监 2 年。在这种逻辑下,理性的囚徒将选择认罪并作证检控对方。囚徒困境是博弈论的非零和博弈中最具代表性的例子,它往往用来讨论信任与合作问题,同时也用来说明个体理性导致集体非理性的结果。[①]

1968 年,哈丁在《科学》杂志上发表了《公用地悲剧》一文,提出“公用地悲剧”这个在当代政治哲学中应用广泛的模型。[②] 他设想一个对所有人开放的牧场。每个理性的牧人都企图最大化其收益,为此,他提出这样的问题:“如果在我的牧场上再多养一头牲口会给我带来什么样的效用呢?”这里既包含正效用,也包含负效用。正效用是牧人增加一头牲口的收益。增加牲口导致过度放牧将带来损失,但由于

---

①　中文语境中的理性既有可能指 rationality,也可能指 reason,本文的理性指前者。个体理性指有效地实现利己目的的动机,而集体理性指的是有效地实现集体利益的动机。在此,个体理性基本上等同于经济人假设。

②　Garret Hardin, "The Tragedy of the Commons", *Science* 162,1968,pp. 1243-1248.

过度放牧的后果是由所有牧人承担,该牧人所承担的负效用仅仅只是该损失的一小部分。两者相加,增加牲口的总效用永远是正数,因此,明智的做法是不断增加牲口。而其他的牧人也都这样想。这时悲剧发生了。每个人都尽可能地多养牲口,追求自己利益的最大化,但最后的结果却是因过度放牧而导致所有人的毁灭。公用地的自由将毁灭所有人。

公用地悲剧是囚徒困境的扩展与延伸,两者都存在着个体理性导致集体非理性以至于每个人受损的情势。但该模型并非囚徒困境的简单翻版,而是在其中设置了一个关键变量——承载能力(carrying capacity)。这个概念应用于公共资源方面比较妥切,这也是公用地悲剧模型得以广泛流行的缘故。但哈丁并不满足于此,他继续将公用地悲剧模型应用到全球环境、资源等问题,从而得出了反对国际援助的结论。这一次,与公用地悲剧一样,他也借助了譬喻,这就是救生艇。

在哈丁看来,世界生态环境中的各个国家如海洋上漂流的救生艇,其中富国类似于其装载人数远低于承载能力的救生艇,而穷国则类似于人口超出承载能力的救生艇或者掉落海上的求生者。穷人希望爬上富国救生艇,那富国救生艇上的人该怎么办?哈丁假定,一个救生艇能容纳 50 个人,最多再增加 10 人(不过增加人后,由于不再具备冗余承载能力,遇上天气不好或其他意外,就会发生安全事故)。当载有 50 人的救生艇看到了另外 100 人在海里挣扎并渴望进入救生艇时,艇上的人应当如何回应呢?

哈丁设想了几种可能:第一,根据基督教义或者按需分配要求,让这 100 个人都进入救生艇。结局就是艇被淹没,所有人都将死去。彻底的正义意味着彻底的毁灭。第二,仅仅让 10 人进来,以最大限度地救人。不过一旦遇上意外很可能付出昂贵代价。况且还有这样的问题:让谁上来? 如何面对被拒绝上艇的其他 90 人? 第三,不让一个人上艇,这样才能保障艇上人的安全。也许会有人对第三种做法有负罪感,他们认为见死不救是不正义的。对此,哈丁反驳说,如果你因为良心受谴责而想消除负罪感,办法就是自己跳下海,让出位置给别人。可是,爬上艇的人不会因此而有负罪感,如果他们真有负罪感就不会爬上艇。所以,救生艇的逻辑必然是消除了艇上人的负罪感。第三种选择是必然的出路。

将这一救生艇理论应用于全球正义问题上,哈丁很自然地认为,国际援助是无益的,甚至事与愿违,恶化了全球生态。表面上看这一逻辑极其严格,难以反驳。事实上,从公用地悲剧到救生艇之间,存在着深刻的鸿沟。跨越这鸿沟的逻辑之桥主要有三个,它们分别是:个体理性导致集体非理性、道德的逆向选择和棘轮效应。哈丁的这三个假设都存在着严重的问题。接下来,我们一一讨论。

二、存在集体理性的可能性

自亚当·斯密"看不见的手"这一命题问世后,鼓吹市场的理论家都相信每个人追求私利同时不自觉地促进整体社会福利这一信条。现代经济学在很大程度上可视为对这一信条的形式化的阐述。哈丁的公用地悲剧则说明,每个人的理性并不能自动地促进集体利益。应当说,哈丁的模型具有洞见。而将公用地悲剧用于全球正义问题上,他反对富国的人与穷国的人将救生艇视为公用地,却忘记富国的人自身也可以将所处的救生艇视为公用地。如果富国的人也都是理性个体的话,即使没有穷国的人进来,其资源也将耗尽。因为富国内部就采用公用地的逻辑,从而可能导致公用地的悲剧。所以哈丁的逻辑谬误在于:当哈丁在讨论公用地悲剧时,他认为集体理性是不存在的,而在救生艇模型上,他却单独赋予富国某种程度上的集体理性,拒绝承认穷国具有集体理性,同时否认人类整体的集体理性。

从逻辑上看,富国实现独自生存的可能性有三:或者富国的人们存在集体理性;或者个体自愿节育从而促成社会总人口在承载能力之下;或者富国掠夺其他国家,从而满足其自身。

我们先来看第一种可能性。哈丁的逻辑能够成立,这需要富国发展出一种集体理性。这种集体理性也许指有节制的计划生育,也许是有计划地利用资源、保护耕地和生态公园等。不管集体理性的具体表现是什么,它在富国必须存在,否则,即使没有穷国,富国自身也将陷入公用地悲剧。不过,这种集体理性并非简单地对个体理性的否定,不是用一种完全对立的事物来取代哈丁的概念,而是哈丁逻辑中的内在要求:如果救生艇上的人不存在集体理性,为什么他们能够集体拒绝海中挣扎的人呢? 如果不存在集体理性,他们自身就会发生内讧并且迟早毁灭。但值得注意的是,哈丁虽然隐含了富国的集体理性,却拒绝了穷国具有集体理性,穷国不能可持续利用资源就是明证。此外,哈丁还不愿意看到人类整体的集体理性,救生艇中的人不愿意搭救落水者,富国拒绝援助说明了哈丁逻辑中人类整体的集体理性的缺失。逻辑的一致性迫使我们追问:如果富国的人们能够发展出这样一种集体理性,为什么穷国就不能发展出来呢? 更进一步,为什么整个人类就无法发展出一种集体理性呢? 很遗憾,哈丁在描述救生艇情境的时候仅仅将集体理性单独赋予给富国,而看不到穷国乃至人类整体的集体理性的可能性。

笔者认为,这样一种集体理性确实是可能的。它不仅存在于富国,也有可能存在于穷国,即使在整个人类层面上,也有生成的可能。而且这种集体理性与个体理性并不是非此即彼的关系,而是在一定程度上相互依存。就像我们在现实生活中所观察到的,社会既非完全利他主义的,也非完全利己主义的。

值得注意的是,这种集体理性并不是从天上掉下来的,而恰恰与哈丁的逻辑内在相关。它不仅是哈丁的逻辑所必需(富国独自生存),而且也可能在哈丁的逻辑中生成(穷国求生乃至人类共同求生)。哈丁所有的理论中都贯穿着承载能力有限这一先决条件,但恰恰是承载能力的有限,使得集体意识到,有必要发展出一种集体应对危机的意识以及相应的行为。对此，我们不妨用吸血蝙蝠的故事来说明。吸血蝙蝠必须在一定时间内吸到血，否则就会死去。尽管它们都是自私的，但是因为"演化的压力"，它们经常反刍一些血液供给饥饿的同伴，以避免后者死去。① 历史上，在饥饿、民族生存、落后等压力下，穷国完全有可能发展出一种凝聚力，从而摆脱公用地悲剧。比如，1949 年以前的中国社会是典型的一盘散沙，但在革命精神的号召和革命政党的组织下，它已经成功地走出了失败国家的循环。

穷国由于生存的压力会发展出一种集体理性，同样，在全球范围内，人类也能够发展出一种集体理性。穷国与富国虽然存在着利益冲突与矛盾，但由于面临着共同的生态问题，也有能力发展出共同的奋斗目标与国际交往规则，国际法就是这方面的典型表现。近年来，由于气候变暖等问题的严峻，国际社会开展多次的气候谈判以共同面对人类的潜在灾难。虽然谈判过程本身并不乏各国自己的利己打算，但最终的妥协与结果仍然体现出集体理性的存在。

三、道德不仅仅是逆向选择

道德的逆向选择(adverse selection) 指的是，在严酷的生存条件下，有道德的人无法生存，生存下来的人必然是不道德的。作为一个生态学家，哈丁用生存竞争中的弱肉强食来描述人类，从而得出这一结论。这一逻辑存在着严重的问题。

（1）即使在救生艇环境下，自私与生存并不能简单地画等号，活下来并不等于自私。真正生存下来的群体中，必然包含着一些能够传承的高尚道德因素。前一节有关集体理性的探讨已经指出集体理性的存在，它事实上是群体竞争生存的产物。演化理论指出，在演进过程中，某些群体能够生存下来，某些群体无法生存下来。其中关键的因素就在于成功的群体拥有某些道德因素或者说牺牲精神并能够传承下来。② 回到哈丁的救生艇隐喻，设想某个救生艇所以能够生存是因为一些成年男子做出了牺牲，而当时的未成年人将受到这一牺牲精神的教育。他们会教育下一代并在必要的时候做出牺牲。这样，牺牲作为一种精神将留传下来，并为群体所记忆。当群体需要时，可能又会有人站出来为群体而牺牲。

（2）更重要的问题是，哈丁忽略了规范的形成。人们的互动并不是一次性的，即使在救生艇环境下，人类也不可能在达到承载能力之前毫无察觉或者无所作为。承载能力对于人类所施加的压力并非短时间形成并对人类实施灭绝性的瞬间打

---

① 肯·宾默尔：《自然正义》，李晋译，上海财经大学出版社 2010 年版，第 16 页。

② 这里涉及生态社会学中的群体选择(group selection) 问题。一般情况下，利己主义者要比利他主义者更容易生存，但如果一个群体内部有更多的利己主义者，反而无法竞争过那些拥有更多利他主义者的群体。有关群体选择的讨论，可以参看 Herbert Gintis, Samuel Bowles, Robert Boyd, and Ernst Fehr, eds, *Moral Sentiments and Material Interests*：*The Foundations of Cooperation in Economic Life*, Cambridge and London：The MIT Press，2005，Chap 1，Chap 3.

击,而是一个渐进的过程。在这一过程中,人类将会就这个问题彼此互动,不管是在群体内部还是群体之间。除去战争等行为之外,互动的行为大抵属于讨价还价。当人类的互动增多时,即使是交往的各方都持经济人理性,也会因为交往的多次重复而形成各种规范。规范是一种包含着互惠的道德精神的实践形式,它作为道德的外化来调节人类的交往。宾默尔应用博弈论中的无名氏定理来简述规范的形成逻辑:"在公地悲剧中,有效率的结果是在公地正好放养 1000 只羊。如果这 100 个家庭聚集在一起开个秘密会议,他们可能会为每家分摊这 1000 只羊的多少而达成协议。……如果公地悲剧可以无限重复地进行,根据无名氏定理,这样的会议中达成的协议会成为一个自我执行的社会契约,从而可以维持下去。"①如果说宾默尔仅仅给出了抽象的模型,而罗伯特·埃利克森则以捕鲸给出了公用地使用方面的实例。19 世纪,一条鲸鱼的捕杀往往由不同的船只在不同的时间先后完成,而分散在各个国家的捕鲸者因为相互往来而发展出一些具有国际约束力的捕鲸规范,比如发现鲸鱼船、掷出第一叉船、掷出致命鱼叉船等相关利益方之间就占有鲸鱼、分割所有权形成了一套非正式的制度,并为法院所承认。②它说明,即使在公用地这样的环境下,人们也有可能发展出一些非正式的规则,这些非正式的规则随后固化成正式的制度,从而保证了群体生存。

当然,不否认这样一种可能性,在哈丁的模型下,某个具体的社会因为这样或那样的原因而没有演化出一种合理利用资源的规范,并最终走向了资源枯竭和人口减少的毁灭性结局。但要看到,这样的现象并不能构成哈萨尼的道德逆向选择的依据,恰恰相反,它们的失败将证明,留下来的群体,正是因为具备了能够调节群体生存的集体理性与集体道德而得以存活。因此,群体选择的逻辑结果并不是对道德的逆向淘汰,相反在某种程度上有利于道德的生成与维持。

四、棘轮效应在国际援助方面的不适用

哈丁救生艇理论的另一个重要逻辑环节就是棘轮效应。大意是如果富国或国际援助机构援助穷国,穷国因此就能够提高其承载能力。在这种情况下,穷国的人口将继续增长,而一旦突破新的承载能力时,穷国又陷入了生存危机,这时,又需要更高水平的援助。于是,富国或国际援助机构出于人道考虑进一步加大援助。但这些加大的援助促使穷国提高生育能力,从而再次突破承载能力。如此反复,国际援助导致了穷国的依赖性,只是暂时缓解了穷国的危机,但事实上却加大了生态的风险。长此以往,穷人口将持续增长下去,而且不会受到任何约束,直到地球无

---

①　肯·宾默尔:《自然正义》,李晋译,上海财经大学出版社 2010 年版,第 19 页。

②　Robert C. Ellickson, "A Hypothesis of Wealth-Maximizing Norms: Evidence From The Whaling Industry", *Journal of Law*, Economics and Organization, Vol. 5, No. 1(Spring 1989), pp. 83-97.

法承受这么多人口为止。因此,要解决这个问题,最初就不应当实施国际援助。

棘轮效应描述了一种单向的不可逆转的发展趋势。哈丁用它来描述国际援助,显然不合适。他对富国剥削穷国这一事实视而不见,仅仅抓住富国援助穷国这一孤立的现象来研究,必然导致其基本倾向的错误。现实中发达国家的国际援助由于附带政治条件往往成为富国对穷国的变相剥夺。笔者对此不展开论述,而仅仅对棘轮效应在国际援助应用方面的逻辑适用性提出质疑。

(1)对富国与穷国的生育理性给出了不同的假设,违背了逻辑推理的一致性条件。哈丁没有任何根据地认为,发展中国家不愿意或不能够控制人口,而发达国家则因为这方面做得出色而不至于受到承载能力的压力。这是一种偏见,更是一种逻辑上的谬误。理论的推导要求对穷国与富国做同样的理性假设。他却假定富国的人们具有合理生育的动机,而穷国的人们则持一种生育最大化的动机。

(2)生育最大化不符合个体理性,它是一种奇怪的"基因理性",与现实中的人类行为相差甚远。一般来说,大多数人都会具有生育意愿。但是,人们在生育子女方面也受到预算约束、子女质量与数量选择、成活率等许多因素的影响。①哈丁假定穷国的人们收入增加后将倾向于生育更多子女从而再次突破承载能力,但现实是当许多发展中国家在经济增长和医疗卫生条件改善后生育率反而下降,因为人们更愿意提高生育子女的质量而不是数量。

(3)从群体层面来看,哈丁的棘轮效应中对双方给出了不一致的道德假设,再次出现了逻辑上的不一致。在富国一方,哈丁一厢情愿地假定了一种利他主义;而在穷国一方,哈丁却假定受援之后人们一味地利己主义。这种完全违背逻辑一致性的荒谬假设得以堂而皇之地写出来,不能不让人怀疑,是西方中心的道德优越感从根本上妨害了哈丁的眼光。

五、救生艇背景下共同求生的逻辑

至此,本文对哈丁的救生艇理论已基本上做了一个内在的逻辑批判。尽管我们并不认同哈丁的主张,但却相信,救生艇理论值得认真对待。该理论曾受到广泛的关注,并被视为讨论人类生存的一个出发点。笔者并不认为该情境是对现实的恰当描述,所以对该理论进行内部的逻辑探讨而不是外部的批判,希望以此证明,即使处在哈丁的救生艇情境之下,人类完全可以实现共同生存。

人类能够共同求生,最根本的原因在于人类具有发展集体理性的能力,在救生艇情境中,这种集体理性表现为对集体生存的意识、对集体的认同以及为维护集体

---

① 加里·S·贝克尔:《人类行为的经济分析》,王业宇、陈琪译,上海三联书店、上海人民出版社1995年版,第209—242页。

生存而做出牺牲的道德。它体现在两个层面上：一是群体层次的集体理性，一是全球层次的集体理性，两者在一个渐进的过程中得以逐步发展。①在这一过程中，利他主义道德将与利己主义行为并存，但利他主义逐渐强化，并得以维持在一个稳定的水平上，也就是说形成一种规范。规范的自我维持基本上摒弃了那种无休止依赖援助的棘轮效应的普遍盛行，从而保证了人类的共同生存。以上这一逻辑的具体展开过程如下：

第一阶段，共同的命运迫使一些群体内部形成一种群体意识与认同，亦即群体层次的集体理性。单个救生艇中的人们面临着共同的命运，他们不得不共同合作。因为他们之间的利益格局决定了同一条救生艇上的人所面临的并不是囚徒困境，而更多的是确信博弈。②在这种情况下，单个救生艇中的人突破最初局限于自身的个体理性，而产生了集体理性的因素。之所以说是"因素"，乃是因为纯粹的为集体着想而无任何利己之心的动机是罕见的，也是难以长久维持的。不管怎么说，集体理性已经存在，但此时还局限于单个群体内部。各个救生艇之间彼此都当作外人，条件较好的救生艇中的人可能会拒绝援助其他救生艇中的人。不过，在这个层面上，条件较差的救生艇中的人也可能会发展出一种群体意识与认同，他们努力实施自救。当然，我们并不能排除这样一种情况，即仍然会有一些救生艇中的人们，即使在面临严酷的共同命运时，仍然没有发展出集体理性，而是内部争斗。

第二阶段，那些具有群体意识与群体认同的救生艇能够在总体上胜过那些不具有或者较少具有群体意识与群体认同的救生艇，也就是说生存竞争并非逆向选择，而是在一定程度上促成和维持了道德。现实是残酷的，并不是每一个救生艇都能够实现集体生存。将外部的偶然因素忽略掉，或者假定各个救生艇之间所面临的处境类似，那么生存机会就取决于内部的集体理性。设想两个救生艇上的人口与食物大致一样，其中一个救生艇上的人们完全自利，彼此不信任，结果内部为争夺食物相互厮杀而很快灭亡；而另一个救生艇则集体决定食物的分配，并且有效地控制着食物的消耗。显然，后者生存下来直到获救的机会更大。当然，我们不能简单地认为，集体理性越高，其生存成功的概率就越高。但至少可以认为，缺乏集体理性和道德因素的救生艇将必然失去生存机会。

第三阶段，各个救生艇之间开展互动，并逐渐形成了一种全球层次的集体理

① 现实的集体理性是多层次的，从家庭、社区、城市、地区、国家乃至天下。它还可以是多元的，宗教认同、民族认同、职业认同、阶级认同、地域认同、学校认同等等。参见阿马蒂亚·森对身份多元的论述（阿马蒂亚·森：《身份与暴力》，李风华、陈昌升、袁德良译，中国人民大学出版社2009年版）。

② 关于从囚徒困境到确信博弈的转换，参见阿马蒂亚·森《理性与自由》，李风华译，中国人民大学出版社2006年版，第192—203页。从森的图解来看，从囚徒困境到确信博弈的关键之处在于参与人观念的转变，它预示着个人突破了纯粹的个体理性而具有集体理性的因素。当然，在救生艇环境中仍然存在着部分人想搭便车的动机与行为，但是由于生存压力迫使救生艇上的大多数人必须出力，这样合作自然成为占主导的动机。

性。由于各个救生艇共同生存在同一个海洋之上，它们必然会面临共同的问题。这些共同的问题可能是共同的困难，也许是共同的资源，还有可能是共同的信息，或者其他方面的共同因素。如同救生艇内部的群体一样，共同面临的问题最终会使得各个救生艇逐渐产生全球层次的集体理性。这种全球层次的集体理性并不是对个体理性和群体层次的集体理性的否定，而是对它们的补充和约束。渐渐地，这种集体理性因素会越来越强，并达到一个较为稳定的水平上。之所以说集体理性因素会逐渐增强，乃是因为除了共同的问题之外，还有一个因素是互动的愈加频繁。互动形式可能是沟通信息（比如发现大陆），共同集体行动（共同捕鲸），也可能是相互争夺资源，甚至是战争。它们大致可以分为协作性互动和对抗性互动两类。协作性互动可以促进集体理性是毋庸置疑的，但即使是对抗性互动，尽管其过程中充满不信任和冲突，对抗的均衡结果也会是集体理性的增强：一种是一方吃掉另一方，胜利者的生存往往是群体层次集体理性在全球的扩展，如同秦灭六国。另一种是双方达致妥协，并减少对抗，从而产生了妥协、尊重或者认可各自的势力范围等规范。还有一种结果是一方奴役另一方，输者承认胜利者的特别权利，渐渐双方都认可胜者特权，从而形成一种共同的认知。这种对特权的共同认知本身也是一种集体理性，因为它可以避免更多无谓的内耗，从而实现共同生存——哪怕是不公平的生存。正如恩格斯论述国家诞生的逻辑，国家是阶级斗争的产物，但仍然缓和了社会阶级之间的冲突。①至此，全球人类的共同生存出现了曙光。

第四阶段，就是互利互惠的全球性规范的诞生，人类摆脱了单独求生的前景。随着救生艇内部和救生艇之间的互动增多，集体理性渐渐固化为规范，全球层次的集体理性亦将形成全球性规范。规范是互动长期演进的均衡结果，它对互动双方的权利与义务做了规定，亦即形成了制度。规范也许公平也许不公平，但必然是互利互惠的。救生艇之间面临着的共同问题迫使它们互动并在互动的方式、界限、成本分担等问题上达成一致意见。最开始，这种一致意见所体现的集体理性很可能是不公平的，一些救生艇因为自己的谈判条件优越，在与其他救生艇之间谈判时提出了更高的要价并为后者所接受。弱势救生艇所以接受这些要价，是因为显然比不接受更有利。从这个角度来看，这种不公平的互利互惠规定也是有利于各个救生艇内部和救生艇之间实现共同生存的。这里特别要强调的是，由于规范已经形成，这也意味着哈丁棘轮效应的不成立，因为富国援助穷国通常是有条件的，而不是无条件的。退一步假设，确实出现了棘轮效应，这也意味着富国与穷国之间的权利义务没有形成均衡，双方还处于讨价还价之中。一段时间之后，富国就会发觉它的害处，从而终止援助，也就终止了棘轮效应。棘轮效应本身可以视为一种共同问

---

① 《马克思恩格斯选集》第4卷，人民出版社1995年版，第170页。

题,而对它的应对也可以形成集体理性与规范,并最终得以解决。总之,规范并不反对国际援助,但规范必然不会令国际援助的棘轮效应得以维持。这并不是说现实政治中不存在那些事与愿违的援助,而是说,那些具有棘轮效应的不具备互利互惠因素的援助必然走不远。在规范的调节下,绝大多数国际援助以一种对双方互惠互利的方式得以进行。这样,人类的共同生存的前景成为现实,并且具备了稳定性。

最后,人类不但可以共同生存,而且能够实现更为公平的生存。调节救生艇之间互利互惠的规范行为存在着多种可能,其中一些规范比较公平,而另外一些则显然更不平等。但出于道德的压力与人类对于平等的诉求,以及各个救生艇之间的长期交往使得人们越来越倾向于较公平的规范。①

至此,共同求生的逻辑得以完成。需要说明的是,这些阶段仅仅只是一种逻辑上的分析,现实过程中它们往往相互交叉,彼此难以区分。但它足以说明,即使在救生艇这样严酷的条件下,人类仍有可能实现共同生存,而不是各个独自求生。当然,不能否认,在某些特殊和特定的情况下,哈丁所描述的那种独自求生的现象与逻辑是存在的。但生存压力与国际规范迫使完全利己的独自求生者将受到惩罚。如果人类在救生艇的严酷背景下都能够发展出共同生存的前景,那么,我们有理由在远比救生艇好得多的背景下实现人类社会的共同生存与发展。

六、更多的思考主题

除了本文所分析的几个逻辑问题外,哈丁的救生艇理论还涉及了许多基本政治哲学问题留给我们继续思考。限于篇幅,这里不可能完全展开,仅仅提示几个可能的全球正义议题。

(1)地球资源的所有权归属问题。地球资源归人类所共有,抑或由各个国家分别所有乃至个人所有?哈丁倾向于各个国家拥有其各自的资源,正如其在公用地悲剧中所归纳出来的公地私有化逻辑一样。但是我们不可能做到彻底的私有化。大气能够私有化吗?全球变暖能够只发生在像美国那样高碳排放的国家吗?地球的共同资源与共同环境使得人类的命运不可能彼此孤立而不相关。在这样一种背景下,应当如何界定各个国家乃至个人对于共同资源的权利?

(2)自由贸易的合理性问题。当自由贸易所导致的结果是富国尽享他国的资源,而资源本来丰富的穷国的人民却食不果腹时,如何在政治哲学上看待它们?资产阶级学者鼓吹自由贸易,认为它也提高了穷国的平均收入。但是,这一"平均"理

① 为什么公平的规范最终要胜过不公平的规范,相关的解释包括重复博弈、互惠利他主义、高成本信号传递(costly signaling)、群体选择、宽待乞讨(tolerated theft)等,不一而足。这里不展开介绍,仅仅指出这样一种情况,即学者们总体上承认公平是能够逐渐演化出来的。

由的背后实质是,资本主义世界体系促成穷国内的两极分化,穷国的富人或者买办将得利,而穷人则生活水准下降。是否该抵制自由贸易或者在什么样的程度上抵制自由贸易?如果自由贸易无法从根本上抵制,如何判定全球贸易体系中的不平等,又如何纠正这些不平等?自由贸易体系下,穷国应当采取什么样的制度来尽可能保证自由贸易的利益倾向于该国的穷人?

(3)全球剥削问题。全球剥削与自由贸易相关,此外还涉及投资、技术流动、以多国公司为代表的全球资本主义等基本国际经济结构问题。它所造成的基本结果就是,富国剥削穷国。富国目前能够处在"承载能力"之下,其本质在于凭借资本主义世界体系中的不平等交换而掠夺穷国资源。比如,我们能够设想美国不利用其他国家的石油而实现其目前的汽车消费吗?如果没有从其他国家的粮食进口,日本这样的狭小国度又如何能够养活上亿的人口?这里,纵然有发达国家对发展中国家的援助,也谈不上充分的补偿。如何解释这种剥削并指出应对之道,构成政治哲学的重要问题。

(4)世界政府问题。世界政府看似一个非常遥远的话题,但是政治哲学不能因为它目前的不现实性而拒绝思考。公用地悲剧中,避免共同毁灭的出路是各种制度安排,比如排队、抽签、私有化,这种制度安排得以实施的保证是存在着第三方强制,亦即政府。但在全球资源问题上,单靠国际政府之间的协议是否足以保证全球资源的合理利用?当某些霸权国家或强国的利己动机拒绝统一的制度安排时,将如何处置?在这种情况下,不免引发世界政府的思考:是否需要,如何实现?

第三节　宾默尔:演进的社会契约

在宾默尔看来,20世纪最后几十年来,自由意志论或者社群主义大行其道,把自由主义观念晾在一边。他决心对自由主义观念,具体地说就是罗尔斯的"平等主义"观点给一个可行的并且可敬的辩护。[1] 自罗尔斯的《正义论》出版以来,它激起了如此之多的思想者的辩论,以至于虽然学者都一开始就承认罗尔斯是20世纪最杰出的政治哲学家,但却许多很少有哪位名家完全认同罗尔斯的观点。像宾默尔这样旗帜鲜明地捍卫罗尔斯主张的人,并不多见。

但是,宾默尔并不是仅仅复述罗尔斯的观点。在他看来,虽然罗尔斯关于正义社会本质的主张虽然是正确的,但是罗尔斯用来辩护的论证逻辑存在问题。他的合作就是用一种全新的逻辑来重新构造罗尔斯的契约论。他认为自己的这种方

---

① Ken Binmore, "Social Contract I: Harsanyi and Rawls", *The Economic Journal*, Vol. 99, No. 395, *Supplement: Conference Papers*. (1989), p. 84; Ken Binmore, *Playing Fair*, Cambridge, Mass. and London: The MIT Press, 1994, pp. 1-2.

法,其实质就是将罗尔斯的康德主义去掉(Dekanting Rawls),而用一种休谟式的观点来解释罗尔斯。其基本观点和方法如下。

一、基本方法:演进博弈理论

在契约论中引进博弈论已非罕事,高西尔就曾比较突出地将博弈论引入其关于道德的证明中。在高西尔的理论中,最关键的形式理论是其中的囚徒困境。在一次博弈的囚徒困境中,其均衡解是不合作,而若得出合作就必须有第三方执行。由于高西尔希望能够从囚徒困境中推导出道德,显然他无法采取第三方执行这种外在权威的办法。高西尔不得不采取一种强烈的假设,即假定参与人彼此具有同等的理性,彼此知道对方的动机,并采取针锋相对的措施。此外,高西尔还认为,整个社会里具有约束的自利动机的人占大多数。由此,高西尔以这几种强假设而得出其结论。

宾默尔对此并不满意,他认为高西尔的假设过于强烈。比方说,高西尔设定一种约束的自利动机,这种自利动机主要体现在对契约条款的服从上。宾默尔认为,在分析的层面上,不能假定参与人承诺某种对他未来行为具有约束效力的动机。这与自利的假设相矛盾。因此,高西尔这一概念并非是在分析的层面上使用的[1],这是他的逻辑不彻底的缘故,其逻辑并非真正证明结论。宾默尔则换一种方法来进行证明。他使用演进博弈理论证明,如果囚徒困境次数无限制地进行博弈,则行动的支付将发生改变,并最终导致了一个合作解,这个合作解即适者生存。那么不合作的人早已被淘汰。活下来的人们必然将是具有合作倾向的人。这样,宾默尔在摒弃高西尔的强假设的情况下,以弱假设也达到了合作结论。

二、共识:道德博弈的结果

左翼的社群主义认为,社会存在共同善(common good)或共同意志(common will)。而右翼的自由意志论则认为,社会仅仅是由于个人而组成,不存在任何共同的事物。宾默尔认为,这两者都是错误的,社会并不存在什么共同善或共同意志,但确实存在共识(common understanding)或惯例(convention)。这种共识或惯例,并不是某些人所认为只是社会的边缘,相反,它是社会的经纬。利维坦所以大于它的各部分之和,是因为这种共同认知的惯例存在于其成员之中。[2] 我们与无政府状态之间的唯一区别就是存在人们头脑中的观念。

共识是如何形成的呢? 这里涉及生命博弈(a game of life)与道德博弈(a game

---

① Ken Binmore, *Playing Fair*, Cambridge, Mass. and London: The MIT Press, 1994, p. 27.

② Ken Binmore, *Playing Fair*, Cambridge, Mass. and London: The MIT Press, 1994, p. 3.

of morals)的区分。

所有人都是生命博弈的参与人,他们各自带着不同的目的和抱负,因此冲突是不可避免的。生命博弈的规则就是"适者生存",在许多博弈中,如鹰鸽博弈(Hawks and Doves),存在多个纳什均衡,很难说其中的一个必然比另一个占优。我们用以判断某种策略或解是否占优的唯一标准就是看它是否生存并继续下去,如果它仍然得以生存,说明这就是占优的解。人们参与生命博弈,但无法对这一规则做出修正,因为它反映了每个人的行动自由的物理和精神上的约束。在这个意义上说,这些规则是天然的。

在一个健全的社会里,人们之间相互冲突的目的和抱负将达到某个均衡,从而使人们的合作收益不至于在内耗中全部损失掉。要保持这种均衡,就必须要求某种共识,从而保证人们的行动得以达成合作。这种在现状中进行博弈而达成共识的过程即道德博弈,人们只可能在道德博弈中选择他们的道德规则,道德规则就是用以维持生命博弈中的均衡的规则。[①] 这里,博弈达成的合作共识亦即社会契约。

在这种道德博弈的过程中,左翼的社会主义者所犯的错误是,他们坚持共同意志或共同善的存在,并没有理解这里存在一个可行的约束,因此他们的结论只能是乌托邦,这并不是一种均衡解,因此这种社会是不稳定的。而右翼的保守主义者顽固地保持现状,他们所要求的是稳定性,并永远坚持现有的社会契约,但是他们没有明白,在昨天还是稳定的,并不意味着今天仍然是稳定的。他们没看到从许多可行的博弈解中选择一个更好的均衡的可能性。生命博弈里的参与人的谈判实力(bargaining strength)时时在变,这必然决定了道德博弈的结果的内容也会发生改变。

三、自然状态与原初状态:不同性质的契约装置

社会契约论的传统有一个自然状态(the state of nature)的概念,它是契约推理的起点,用以描述契约前的社会状况。在霍布斯的理论中,自然状态是一切人对一切人的战争,因此需要人们订立社会契约来建立秩序。此后,洛克、卢梭都沿用了这一概念,虽然其各自的含义并不相同。罗尔斯抛弃了自然状态这一概念,而使用原初状态(original position)这一概念,用以模拟契约条件。不少人认为,原初状态不过是对自然状态的取代,二者的作用是一致的。而宾默尔则认为,这二者的作用不同,并在他的理论中把二者都结合起来。

宾默尔在他的理论中,把自然状态解释为当前的现状。他认为,哲学家当然可以把自然状态设想为任何一种他所愿意的状态,但如果自然状态不同于当前的现

---

① Ken Binmore, *Playing Fair*, Cambridge, Mass. and London: The MIT Press, 1994, p. 26.

状的话,似乎没有理由相信现实中的人们会接受哲学家在那种状态中推导出来的契约。在宾默尔之前,布坎南也持一种用自然状态模拟现实的观念,布坎南认为,现实社会就是霍布斯那种一切人对一切人的战争。宾默尔接受了布坎南这种一般观念,但认为他对于现实的模拟是失败的,早在人类成为其人之前,他们就已经是社会动物了。认为人类仍然是非社会化的、单子式的个人并不是一幅符合社会实情的图景。现实就是现实,它既不是如霍布斯的那种悲观情形,也不是像空想家所设想的乌托邦。

在自然状态中,人们订立社会契约时,存在着广泛的社会契约可能集合。当前所选择的社会组织方式仅仅是多种可能的方式之一。宾默尔自称辉格党人,认为社会契约是可以变革的,对于改革家来说,问题就在于如何通过一致同意的方式订立一个新的社会契约。因此,关键仍然在于如何通过道德博弈达致人们的一致同意。

在这里,罗尔斯所设想的原初状态就派上了用场。在纯粹的自然状态中,人们就某种社会安排达成普遍的一致同意几乎是不可能的,因为每个人都在算计自己的利益,都希望那种对自己特别有利的制度安排。要指望人们达成一致意见,就需要采用原初状态,设置一种无知之幕,把个人相关的信息屏蔽掉,从而形成一种社会共识。在宾默尔的理论中,原初状态并不同罗尔斯的解释。罗尔斯的原初状态中,代表者将在其中做出对它具有约束力的选择,一旦选择则将终身影响其社会地位。而宾默尔则把原初状态解释成一种人们可以随时进入的一种状态。在道德博弈中,每个人只要他觉得不公平的话,都可以随时回到原初状态。在原初状态中,所有参与人都消失在无知之幕后面,并在对自身所处社会位置不知情的情况下进行谈判。而当我们觉得并没有必要再借助于原初状态这一装置的时候,我们就又达到了一个新的社会契约均衡。

应当要指出的是,新的社会契约反映了参与人的相对变化了的谈判力量。谈判力量是现状(即谈判的起点)以及边界(即社会契约可能性曲线,social contract possibility curve)。因此,没有人能够利用原初状态来改变其相对的谈判实力。人们仅仅是利用社会契约来实现一种新的制度均衡,而不是用来剥夺他人的利益。

作为当代契约论的一位重要作者,宾默尔的社会契约论就是要展示出在道德博弈中,我们如何从现有的社会契约转向另一个我们所有人都更倾向于的社会契约。在他的身上,我们可看到,当代契约论是如何吸收各种相对立的观点而充实自身并发展的。在罗尔斯的《正义论》里,契约论就是功利主义的反义词。而哈萨尼则设计出一种将功利主义的契约论,证明契约论的进步。此后,建构主义与自发演进主义呈现对立的时候,宾默尔则将自发的演进均衡吸收进来,又将契约论的应用推进了一步。他的理论在很大程度上已经可以用于制度演进的分析了,相比较原来的契约论更具有操作性。

本章小结

哈丁的成名远在高西尔之前,但我们把高西尔视为社会契约论中应用博弈论的代表作家,理由是高西尔是自觉地运用博弈论来建构契约论的作者。高西尔本人在匹兹堡大学任教期间,影响了许多学子。哈丁本人虽然往往被契约论作者所忽略,但其理论价值是不可能回避的。几乎所有的契约论者作者都是想找出一条实现人类合作的路径,而在全球正义问题上,哈丁否定性的判断构成了契约论作者所必须回答的问题。并且哈丁的逻辑本质上是博弈论的,它完全符合博弈论社会契约传统的因素。至于宾默尔,作为知名的数学家、经济学家同时也是一名政治哲学家,把他列入这个传统是实至名归。宾默尔把演进博弈理论引入到社会契约,为契约论的发展打开了一个新天地。

这里我们对博弈论社会契约简要地评述其优点和不足。总体来说,其优缺点都是非常突出的。优点是:第一,精确并且应用性强。传统的政治哲学往往是通过二元对立式的话语来进行非此即彼的论述,哲学家往往满足于进行对与错、是与否的苏格拉底式的辩证拷问。但博弈论的精确性有助于在博弈论由于其精确性,往往致力于在二元对立中寻求中一种"妥协"的策略,并描述这种策略对于各自双方的得失。第二,与经济学等社会科学互通,为政治哲学和伦理学与社会科学对话建立了一座便捷之桥。政治哲学与经济学的桥梁并不少,但在当代只有博弈论才构成两者对话的主要桥梁。布莱恩·巴里基本上用讨价还价模型来讨论各种政治哲学,这不是没有原因的。第三,博弈论还有一个特别的优点是有助于作者对道德持条件论的看法。宾默尔将道德理论的主题分为善、正当和适当(seemly)的理论。其中善的理论属于一种后果论,而正当的理论于义务论者。许多论者认为只有这两种道路可供选择,但事实上还有第三种,即适当。他将孔子、亚里士多德和休谟都归于此类。"在适当性理论中,事物本性无所谓好坏,它们之所以是善或正当的,是因为那是在一个特定的社会环境中被认定的。"这种根据条件来考察道德的看法与马克思主义道德观比较接近。

但是,也要看到博弈论契约论的局限性。第一,理性解释的两难。博弈论通常假定参与人的理性,为处理计,这种理性往往等同经济人理性。它虽然提供了一些帮助,比如解释搭便车等问题;但反而留下更多的问题,比如如何解释革命。也许博弈论能够很好地解释了那些害怕革命甚至叛变革命的人的动机以及策略,但是对于那些视死如归的革命者,经济人理性已经无法无能为力了。第二,博弈均衡并不能描述所有现实的博弈,许多现实的事情难以模型化。数学工具在讨论双方博弈或三方博弈时已经需要较难的计算,而遇到更多的人,博弈就难以处理。事实上,它往往把多人简化为两人或三人。这样做只是处理的方便,但对于复杂的情势中准确把握仍然是不充分的。第三,最重要的是,政治哲学的基本问题无法用博弈论的形式来探讨。比如我是否拥有我自己,抑或人类的平等。这些基本概念的分析必须回到政治哲学的传统之中,而不能指望一种数学工具能够解决这些问题。说到底,博弈论仅仅只是政治哲学的工具,它不可能达到取代政治哲学的目的。而且,它也只是政治哲学中多种工具的一种而已。

第七章　契约模拟与洛克但书

本节介绍当代社会契约论发展过程中的几个值得关注的理论问题。如果说前面几章主要是以流派为脉络，围绕着作家的基本思想和方法来展开论述的话，本章则主要以主题来介绍两个重要的社会契约论中的问题。考虑到当代社会契约论发展的极其庞大，这里的介绍显然无法做到全面和穷尽，而只是重点介绍契约论建构的两个基本问题：契约模拟问题和洛克但书。前一个问题主要是形式的，它是社会契约论作者在论证时所要考虑的各种因素。后一个问题是实质性的，它指的是人类在最初占有时所应当遵循的条件。

我们专门介绍契约模拟的过程是不难理解的，因为所有契约论作者在进行其理论建构时都必然会遇到这种方法上的形式问题。而将洛克但书放在这里讨论，是因为洛克但书所具有对于契约内容的实质性倾向，并且也因为当代契约论对于这个问题的重视。洛克但书不同于公平、正义、自由、平等等政治价值，这些政治价值的讨论浩如烟海，任何一个概念要做合适的介绍都远远超出全书所能够承受的篇幅。并且政治价值倾向事实上已经不限于契约论的范畴，它是所有政治哲学都不得不面临和讨论的问题。洛克但书虽然也或多或少蕴含了价值，但它本身仍然只是一个工具性的理论概念，并且很适合于自然状态下初始占有——契约论最典型的一个情境——的讨论。事实上，除了本章所介绍的几位当代契约论作家——诺齐克、高西尔等人——当代契约论对于财产的初始占有仍然抱有浓厚的兴趣。阿克曼的飞船、德沃金的孤岛在某种程度上都是洛克但书的某个变种式的解决。高斯在《社会哲学》中介绍洛克但书中将它与损害、外部性、应得、分配正义、补偿等等问题联系起来，这也说明洛克但书的重要地位。

第一节　契约的模拟

当代社会契约论名家繁多,影响广泛。他们虽然都被纳入到这一整体的思想潮流之中,但彼此之间的论证结构存在着极大的差异。这突出表现在他们在契约模拟上的不同看法。本节对于契约形成的几个关键节点给予简要的评述。

一、自然状态抑或原初状态

在古典契约论中,契约起点就称为自然状态(state of nature)。在所有人的理论中,自然状态都意味着前政府的状态,它是契约的环境或起点,用来推导出社会契约的。由于每个人对自然状态的规定并不一致,因此这决定了其逻辑过程以及最终结论都大相径庭。在霍布斯的理论中,自然状态生活中的人"孤独、贫困、卑污、残忍而短寿"[①]。人们彼此处于战争状态,这决定了人们必须将订立契约,将自己的权利都交由君主处置。而洛克则认为自然状态下人们的生活是比较满意的,因此人们只是将部分权利转交给国家,这最终导致一个自由主义的政府。从逻辑上看,自然状态的好坏与国家的形式存在某种相关。缪勒等人认为,人类的正义要求,当人类社会处于极其贫困的阶段时,不管是根据预期效用最大化原则进行选择,还是按照罗尔斯的最大最小原则进行选择,都将是一个平均主义的社会,而社会若处于相当富裕的社会中,随意根据这两种原则进行选择,也将成为一个平均主义的社会。但如果社会处于一种中间状态,那么不同的选择原则将决定社会的不同形态。[②]

当代契约论也有重新遵从古典契约论的自然状态,比如诺齐克。[③] 但从根本上讲,当代契约论对契约起点的设置有着完全的不同,虽然也有个别理论采用"自然状态"这一术语。事实上,当代契约论在设置契约起点时心目中想的都是当代社会,但如何用一种契约起点来模拟当代社会,其做法各个有别。

宾默尔区分两种博弈,认为自然状态与原初状态两者可以并行不悖。他将自然状态理解为社会现状,人们就是在社会现状下进行生命博弈。与此同时,社会的存在仍然需要一种合作秩序,而合作秩序则存在于人们的共识之中,而共识达成,则仍然需要一种原初状态的装置,促成当事人在不考虑个人因素的情况下取得一

---

① 霍布斯:《利维坦》,黎思复、黎廷弼译,商务印书馆 1985 年版,第 95 页。
② Dennis C. Mueller, Robert D. Tollison and Thomas D. Willett, "The Utilitarian Contract: A Generalization of Rawls' Theory of Justice", *Theory and Decision*, 1974(4):345-367.
③ 吴克明、李风华:《洛克与诺齐克的自然状态理论比较》,载《湘潭工学院学报(社会科学版)》2002 年第 1 期。

致意见。在宾默尔那里，他将自然状态与原初状态这两条线都融合起来。

二、无知之幕的厚薄问题

罗尔斯提出原初状态一词，用以模拟我们心目中的正义观念。在原初状态中，每个人在社会中的信息都被屏蔽掉，因此每个人在选择其正义观念时，并不受其具体的情况影响。罗尔斯指望这种在无知之幕后面的人们能够以此做出公正的选择。

然而，这种做法让布坎南、高西尔等人感到不满。他们的疑问是，即使在无知之幕下人们能够做出公正的选择，但如果现实的人们不会接受，那这种无知之幕又有何用呢？因此布坎南明确表示，必须模拟现实的人性，因此必须遵从人的效用最大化假设。他们从这一人性假设出发，重新采用自然状态这一概念，并把它描述为一种与霍布斯的人与人的战争相差无几的理论。在高西尔的理论中，参与人进行讨价还价，并且他们中间不存在任何的无知之幕，彼此的谈判优势或劣势均一览无遗。这种对契约起点的恶劣状态的假设，使得不少人把高西尔称为霍布斯主义者。

缪勒在这个问题上，试图将哈萨尼的等概率假设与罗尔斯的无知之幕结合起来，即个人知道各种可能的事态，但是他不知道自己将处于何种事态。比如，他知道整个社会其他人一般的收入、地位和偏好，了解整个社会政治经济发展的状况，他还知道未来公民的收入、地位、偏好及其对待风险的态度；但是他不知道一切有关自身的具体情况，他知道自己是将处于这些可能的状态，可能是其中任何一个人。在这种情况下，选择者将试图对各种人的效用进行比较，并对自己有可能处于其中的各种情况赋以相同的主观概率，以此进行选择。①

三、契约的性质：合资抑或交易

所谓契约的性质，亦即对于契约内容的理解。作为政治哲学，契约所指向的内容都是政治，不管这种政治是狭义的政治（如罗尔斯所谓社会基本结构），抑或是宽泛的政治（如社会哲学所理解的非政治）。对政治的理解都是契约论中的最重要内容，对它的不同理解关系到契约论的基本建构。大致而言，存在两种倾向，一种是将政治视为合资（joint venture），一种视为交易（exchange）。

在集贸市场上，A用20码麻布换来B的10磅茶叶，便是一个典型的交换契约。而A与B决定各自出资50％，共同生产20码麻布和10磅茶叶，则构成一种

---

① See Dennis C. Mueller, "Constitutional Democracy and Social Welfare", *The Quarterly Journal of Economics*, Vol. 87, No. 1. (Feb., 1973), pp. 60-80; Dennis C. Mueller, Robert D. Tollison and Thomas D. Willett, "Utilitarian Contract: A Generalization of Rawls' Theory of Justice", *Theory and Decision*, 1974 (4):345-367.

典型的合资契约。在合资契约中，彼此关注的焦点在于合作方式以及合作剩余的分割。对于缔约者来说，它关心的是自己在合资中的贡献及其与收益的匹配问题。两者的契约结构存在着本质上的区别：第一，从契约目的来看，典型的交换契约是一种即时的契约（spot contract），当事人缔结契约与履行契约是同时的，因此契约目的的实现与缔约、履行都不存在分别因素。而合资是一种前向契约（forward contract），缔约与履行在时间上是分开的，契约目的的实现还有赖当事人未来的行动。双方达成一致意见，并缔结一项合同，但这并不意味着契约目的的实现，契约规定了为实现这一目的而要求缔约方采取的未来行动。第二，就契约意图而言，合资契约往往涉及承诺（commitment），而交换契约则无需此要素。在交换中，尤其是纯粹的交换，参与人的意图基本上可以用自利最大化来概括。而合资契约中所包含的承诺，是参与人对自己的未来行动的所自我施加的一种约束，"它打破了个人福利（无论是否同情）与选择行动的紧密关联（比如承诺改善他人的境遇，虽然个人并未因此而遭受损失）"①。一般而言，个人对合资的承诺往往是将自己的利益与对他人利益的考虑相糅合。第三，在契约的执行问题上，两者面临着不同的困难。交换契约是一种典型的自我执行的协议（self-enforing agreement），而合资契约则没有那么简单，而合资契约中关涉到双方的共同行动，它所面临的典型的执行问题则是一个集体行动问题。

罗尔斯将社会解释一种合资（joint venture，何怀宏译成合作冒险）的事业。人们共同投入，共同产出，因此正义对于参与人来说，只是一个合作剩余的分割问题。罗尔斯把这种正义观称为分配正义观。由于关键问题是合作剩余的分割，罗尔斯做出了一个极其富有意义的贡献，他在契约论——或者更广泛地说，哲学——中第一个引入了讨价还价博弈（bargaining game）。沃尔夫把罗尔斯的这一创见称为社会与政治哲学史上最可爱的观念。② 高西尔承认，他就是跟从罗尔斯的这一事业前进的。③

但这种社会观念对于诺齐克来说是不可容忍的。为什么一定要人们合资呢？也许参与人只愿意自己单独从事生产，而不愿意与别人合资。诺齐克将个人主义推到极端，看不出存在合资的必要性。诺齐克把自己的方法称为反契约论。事实上，从宽泛的含义来说，他仍然是一个契约论者，只是他对社会的理解并不同于原

---

① Amartya Sen, *Choice, Welfare and Measurement*, Oxford: Blackwell; Cambridge: MIT Press, 1982, pp. 7-8.

② Robert Paul Wolff, *Understanding Rawls: A Reconstruction and Critique of A Theory of Justice*, Princeton: Princeton University Press, 1977, p. 16.

③ David Gauthier, "Between Hobbes and Rawls", in David Gauthier and Robert Sugden eds., *Rationality, Justice and the Social Contract: Themes from Morals by Agreement*, Ann Arbor: The University of Michigan Press, 1993, p. 25.

有契约论的主流认识,他把政治社会(确切地说,存在着政治的社会,而不是政治领域)更多视为一种交易场所,而不是一种合资的企业。契约在其理论中主要在于个人之间的经济交易,个人之间不存在合作,他们仅仅是一种私人安排(private ordering)。在政治领域内,它的目的应该仅仅限于让国家保证人们的生命、财产安全。除此以外,国家的任何行为都是多余的。在诺齐克的逻辑中,公民与国家进行交易,即公民提供税收,而国家则保护公民的安全。诺齐克的这种逻辑可以追溯到中世纪的政府契约理论,它与经济学中将政府视为独立征税和提供公共产品的主体的理论相呼应。①

罗尔斯与诺齐克在这个问题上针锋相对,但布坎南则提出一个重要的创新:政治本身就是一种交易。他承威克塞尔而来,将这一点应用到现实理论中,并且以某种赞誉的口吻对政治生活中的互投赞成票做出了全新的解释。缪勒也追随布坎南。

四、接受与服从问题

社会契约本身是一种虚构,一种虚构的正义能否得到现实中人们的承认? 这一问题可以表述为两个彼此相关的概念:理论的接受性(theory acceptance)与参与人的服从(compliance)。

罗尔斯并未直接讨论理论的接受性,也许在他看来,通过对现实人们的正义观的反思平衡,已经不存在其结论的接受性。但很多人仍然认为,这一问题并未真正解决。罗尔斯的阐释者则普遍认为,罗尔斯关于家长制作风(paternalism)的论述事实上就是对其理论接受性的证明。家长制作风主要指别人替自己做出决定的一种情况。罗尔斯认为它的原则是:"在原初状态中,各方会接受这种原则以保护自己在社会中免受自己的理智和意志力的软弱动摇之害。这样,他人就被授权、有时是被要求代表我们来行动,做假如我们是理智的话就会为我们自己做的事情。"②罗尔斯的阐释者将这一结论推广到整个正义原则上,认为罗尔斯对于正义原则的接受性上面实际上用的就是家长制的原则,就是说虽然有个别人不愿意接受这一结论,但我们可以用他自己的利益向他证明,我们替他选择的原则是符合他的利益的。罗尔斯的证明实际上构成了他的公共证明的一部分,后来高斯(Gaus)在《社会哲学》中也采用了这一方法。

但是哈桑依、布坎南、高西尔等人都不满意,认为罗尔斯并未真正解决问题。在罗尔斯的理论中,无知之幕的遮盖下,人们为避免导致处于最坏的结果中,选择

① 比如奥尔森、诺斯。
② 约翰·罗尔斯:《正义论》,何怀宏等译,中国社会科学出版社1988年版,第239—240页。

最有利于处境最差的人群。但是哈桑依认为,当人们除去无知之幕,那些发现自己并不处于最不利境况的人们就会不愿意遵守在原初状态中所选择的原则。如果现实中的人绝大多数并非处于最不利境况,那么正义原则无论如何高尚,也是没有意义的。因此对契约的服从或者原则的接受问题上,首先必须从现实出发。他认为,抽象的正义是无益的,因为它不会为人们所实际服从。要解决服从问题,就应当让正义原则在实际知道自己处境的人们讨价还价。实际上,把现实更多地引用契约,从而保证参与人对契约的服从这是后来大多数契约论者的选择。

第二节　洛克但书及其解释

财产理论问题也是当代政治哲学所关注的一个焦点,众多契约论作者在这个问题上展开争辩。在当代讨论财产正义的英语文献中,一个引人注目的现象是,洛克的财产理论处于争论的中心。其中,洛克但书(Lockean proviso)为左翼和右翼学者所广泛接受,但是解释却歧义纷出,相互冲突。这并不能说明左右翼的立场趋同,而是意味着洛克但书蕴含着多种解释的可能。从更广泛的意义来看,学者们如此热衷于援引洛克但书,只能解释为,它隐含了一种为大多数人所接受的正义观念,并且这一观念的解释关涉到现实的制度与政策评价。因此,如何解释洛克但书构成当代讨论财产正义的重要主题之一。

鉴于中文文献对该主题的相对忽视,本文将首先简要追溯洛克的财产理论以及洛克但书提出的情境。然后对左右翼学者在该问题上的对立解释作出评述。在此基础上,本文提出一种最低限度的解释,这种解释不是对左右翼的折中,而是任何一种对洛克但书的解释中所必须包含的最低要求。

一、洛克的财产理论及其但书

在最开始,洛克引用《圣经》中的观点,认为地球上万物都是上帝赐予人类的。这在他以及他所攻击的对象——菲尔麦——都是承认的。不过菲尔麦认为,上帝所赐予的对象是亚当个人,而不是人类全体,由此推导出亚当子孙——当代的君主们——有权利统治和管理全人类。洛克坚决反对这一解释,他认为,这里上帝所赐予的对象必须指全体人类,世上万物应当为全人类所共有。于是,人类共同拥有世界万物成为洛克财产理论的逻辑起点。对于后代理论家来说,这一自然状态的判断并未引起多大争议,而接下来的有关私有财产的推导却是洛克所独有的。

洛克的推导过程包含两个重要的条件:第一,每个人都有权利享用人类共有的东西;第二,他通过混合他的劳动于自然物之上,从而使其成为自己的私有财产。这两个判断都存在着反驳的可能。第一个判断通过人类的共有权利直接推导出个人取走共有东西的自由权利,这是洛克逻辑的重要环节。这里,至少存在着一种可能的反驳:人类整体对自然万物拥有权利,但并不能因此而保证个人对其中一部分拥有完全的产权,完全可能存在另一种形式——个人仅仅只拥有部分的决定,他必须和其他人一道决定才能确定他对某部分的产权。不过,洛克可以辩称,个人自行取走万物具有成本上的优势,因为通过集体决策——甚至是全人类的集体决策——来实现个人对物品的使用,其决策成本将极其昂贵,因而不具有现实可能性,尤其是在洛克所设想的自然状态之中。而第二个判断也不是没问题。诺齐克就设想了一种极端的处境:能否将一瓶番茄汁倒入大海而宣称大海就是我的呢?①不过,诺齐克的批评至多说明洛克的劳动创造财产理论在应用时不可走向极端,仍然不足以推翻它,因为他无法提出一种更为合理的主张来取而代之。有的理论家宣称,劳动创造财产理论"在本质上是不容挑战的"②。

　　无论如何,洛克的私有财产起源学说不属于本文的关注重点。读者所必须记取的是,洛克的推导逻辑说明了一点,即私有财产是人的生存权利的扩展。而之后,所有为私有财产辩护的困境出现了:私有财产如何保证它的正义性。这在洛克的自然状态中,也就是个人占有财产——尤其是土地——的范围和限度问题。

　　洛克设想了两种对个人占有的限度:一是,个人的消费有其自然的限度。"谁能在一件东西败坏之前尽量用它来供生活所需,谁就可以在那个限度内以他的劳动在这件东西上确定他的财产权;超过这个限度就不是他的份额所应得,就归他人所有。上帝创造的东西不是供人们糟蹋或败坏的。"③这样,一个若是占有过多的土地,而自己又无法消费到该土地生产的全部产品,那就违背了自然法则。二是,占有时还留有足够多并且同样好的东西,让他人占有。"既然劳动是劳动者的无可争议的所有物,那么对于这一有所增益的东西,除他以外就没有人能够享有权利,至少在还留有足够的同样好的东西给其他人所共有的情况下,就是如此。"④在这两种情形中,第一种自然法则由于货币的发明而归于无效。由于货币的发明,人们若占有其产量超过个人消费的土地,其剩余产品可以用来交换金银从而贮藏起来。这样,个人消费的限度最多只能在货币(和交换)没有出现以前有效,一旦经济发达到个人能够拥有远远超过其消费能力的财产(土地或其他),这一规则就自然失效。

　　剩下的规则就是通常所谓的洛克但书,当代的解释者通常截取这一段话中"留有足够的同样好的东西给其他人"(Enough and as good left for others)作为洛克

---

① Robert Nozick, *Anarchy, State, and Utopia*, New York: Basic Books, 1974, pp. 174-175.
② L. C. Becker, *Property rights: philosophic foundations*, London: Routledge and K. Paul, 1977, p. 32.
③ 洛克:《政府论》(下篇),瞿菊农、叶启芳译,商务印书馆1964年版,第21页。
④ 洛克:《政府论》(下篇),瞿菊农、叶启芳译,商务印书馆1964年版,第19页。

但书的文本。① 该文本包含着一种直观意义上的正义观念:既然土地是公有的,如果任由个人占有,那么先占有的人无权占有比后来者更多的份额。这种正义观念与我们绝大多数人所持有的朴素直觉是相符的,也正是因为如此,洛克但书成为财产正义问题的中心主题之一。但是由于这一陈述本身也相当朴素而具体,这就为后来的诠释留下了多种可能。究竟洛克但书包含着什么样的规范含义,已有的研究留下了大量的文献,大体上可以从两种基本对立的倾向去概括这些纷繁的观点。在讨论这两种对立倾向之前,我们先指出洛克但书在其财产理论中的含义及其内在的冲突,它构成种种解释的文本依据。

首先,洛克但书与洛克的私有财产都是维护全人类生存以及相应维护每个人的生存这一自然法的逻辑延伸。在《政府论》下篇中"论财产"的第一节,洛克开章明义提出,"人类一出生即享有生存权利,因而可以享用肉食以及自然所供应以维持他们生存的其他物品"②。洛克将人类整体生存权视为一种不证自明的自然权利。接下来,洛克将这一整体的生存权利分解到个人,要求做到每个人自己活,也让他人活的状况。正是在这个前提下,私有财产及其洛克但书才被依次提出,因此它们实质上是人类整体生存权在分解到个人后的逻辑结论。

其次,在各种可能的对私有财产的限制中,洛克但书是一种相当严格的条件,至少从字面意义上看是如此。在最开始,洛克假定每个人具有同等的自然自由、智力等等,从而排除了相当一部分占地不公的可能性。但是,完全可能存在种种不符合洛克但书,但却符合"维护全人类生存"的情形:第一,让一部分人(不管是大部分人还是一小部分)生存,而不让另一部分人生存,但人类社会——指作为一个物种——仍然延续。第二,让所有人都占地,也就说让所有人活下来,但是让一部分人占有更多的土地,活得更好,而另一部分人仅仅能够维持生存。那样的话,洛克但书可以修正"留有足够多的土地让其他人维持生存"。不管怎么说,洛克但书排除了这两种情形,而要求对个人施以无差别对待。洛克但书的这一无差别对待原则蕴含了另一个也相当重要的原则:公平。高西尔认为它蕴含着起点公平的正义诉求,并将它纳入到自己的理论体系之中。③ 在某些情况下,它甚至可以解释为另一种相当强烈的原则:后果平等。④

① 洛克但书在洛克的理论中指对个人占有的限制,不同的作者有不同的概括。除了通常的"留有足够的同样好的东西给其他人"这一公认的但书外,也有作者将前述两种对占有的限制规则都称为洛克但书,而麦克弗森则更加上第三条,"劳动限度"。See C. B. McPherson, *The Political Theory of Possessive Individualism: Hobbes to Locke*, Oxford: Oxford University Press, 1962, p.201. 本文所述的洛克但书在文本上遵从通常的表述。

② 洛克:《政府论》(下篇),瞿菊农、叶启芳译,商务印书馆1964年版,第18页。

③ 李风华:《基于协议的道德:高西尔的契约论述评》,载《哲学动态》2006年第2期。

④ See J. H. Bogart, "Lockean Provisos and State of Nature Theories", *Ethics*, Vol. 95, No. 4(Jul., 1985), pp. 828-836.

我们来看洛克私有财产权理论及其但书应用的前提条件。当土地极其充分时,个人完全可以不受限制地占有土地。劳动创造私有财产与洛克但书基本上不发生任何冲突,但是一旦土地不够,又该如何呢?这时,洛克但书的逻辑主张,"基于同意,他们就规定各人领地的界限,约定他们和邻人之间的地界,再以他们内部法律,规定同一社会的人们的财产权"①。洛克在此为公共权力调节和限制私有财产留下了空间:政府有权依据某种正义观念对私有财产加以限制。假如这个社会的"内部法律"或者说该社会的正义观念主张对财产进行再分配,那会怎么样呢?显然,洛克没有明确规定具体的社会内部法律,这应当由该社会成员的习俗或者自愿选择来实施。古代以色列每至禧年就对社会财产重新分配,这里神圣义务胜过了私有产权。根据洛克的逻辑,只要该社会的人都认可这种做法,那么就符合洛克但书,因而也是可以接受的。② 现在,我们看到,对洛克但书的无限引申将导致政府有权再分配,甚至严格平均分配财产的结论。这对于洛克的学说来说,是一项具有革命意义的结论。它即使不是彻底否定私有财产,也是对它的极大限制。

但是,通观洛克有关财产的论述,洛克本人似乎未严肃考虑对私有财产进行调整,更不用说平均分配财产的情形。他对于私有财产的强调几乎到了痴迷的地步:"最高权力,未经本人同意,不能取去任何人的财产的任何部分。"③如果对私有财产权贯彻到底,不容许任何其他权利与之冲突,那么洛克但书事实上就失去了意义。显然,洛克没意识到,在其理论中,私有财产观与洛克但书之间存在着内在冲突。正是这一冲突,构成了后来阐释者所以对立的根源。

二、右翼解释

在洛克但书的各种解释中,当代右翼学者——他们绝大多数可以归为自由意志论者——的解释占据了相当突出的位置。根据他们的解释,洛克被赋予了一种主张自由放任政策,反对政府干预的自由意志论者的形象。④ 他们利用洛克的理论为自己的见解张目,但又无法回避洛克但书。对此,他们的基本解释策略是:字面意义的洛克但书与第一条有关土地占有的自然法则一样,在本质上属于财产权尚未确定以前的自然状态中。也就是说,土地尚未占有时,洛克但书有效;土地一旦占有完毕,谁也没有权利引用严格意义上的洛克但书,而应寻求新的解释。这一解释策略的政策含义是,至少在当代,政府无权引用洛克但书来干预财富分配状

---

① 洛克:《政府论》(下篇),瞿菊农、叶启芳译,商务印书馆1964年版,第26页。
② Mathew H. Kramer, *John Locke and the Origins of Private Property*, Cambridge: Cambridge University Press, 1997, p. 233.
③ 洛克:《政府论》(下篇),瞿菊农、叶启芳译,商务印书馆1964年版,第86页。
④ 将洛克视为自由资本主义的辩护士的形象不能完全归为自由意志论,一位著名的马克思主义政治理论家C·B·麦克弗森也这么看待。但这一形象受到了最近阐释者的挑战,参见下一节有关左翼学者的解释。

况,所有的再分配以及对市场的干预违背了社会成员的自由。在这一解释传统中,最为著名的作家是诺齐克与高西尔。他们都试图在应用对象上赋予新的阐释,从而修正洛克但书的含义。

在诺齐克的名著《无政府、国家与乌托邦》那里,洛克但书作为一种非模式化的正义原则而提出,它对应类似于罗尔斯的差别原则之类的模式化正义原则。前面我们已经指出,洛克但书有可能包含着调整甚至否定私有财产的含义,但是诺齐克拒绝了这一解释方向,而将它引向了所有权与使用权的区分问题。

诺齐克指出,通常人们将洛克但书解释为避免使其他人的情况变得更坏。他设想了一种对这种解释的批驳:一个人 Y 通过占有一物,而使他人 Z 失去使用这一物体的机会,因而 Y 的占有是不允许的;而在 Y 之前,另一人 X 通过占有又使 Y 的使用一物的机会减少,如此的占有也是不允许的。由此上溯到第一人 A,所有的占有都是不合道德的。但这种批驳观点表明,通常的解释观点失于轻率。诺齐克并不认为洛克但书因此而失去价值,它仍然值得辩护。设想,一个人的占有可能通过两种方式使另一人的状况变坏:第一种是使别人失去通过一个特殊占有来改善的机会,第二种是使别人不再能够自由地使用(若无占有)他先前能使用的东西。洛克但书的强条件将反对这两种情形,而弱条件认为,第二种情形是违反洛克但书的,第一种并不违背。在诺齐克看来,弱条件符合洛克的原意,因为在弱条件下,那些后来者虽然没有获得特殊的占有,但仍然有机会利用(use)该物体而改善自己的境遇。[①] 这样,洛克的私人占有主张与洛克但书仍然改善自身利益的基础上获得统一,而洛克但书也可以解释为禁止使他人的情况变坏。

我们不妨用土地的占有来说明诺齐克的理解。在洛克的眼中,土地是无穷多的,类似于殖民者刚来到美洲大陆时的情形。在这种情况下,一个人在圈地时只要还留有足够多且同样好的土地让他人占有,基本上没有影响他人的利益,那么该人的占有便是符合正义的。但在处于 20 世纪的诺齐克看来,土地终究有限,不比沙滩上的沙子。一个人在沙滩上捡一粒沙子基本上不影响他人占有沙子,但任何一个人占有一块土地却必然影响到他人的占有,而如此追溯下去,第一个人的占有就成为问题,从而任何人占有都不存在占有的合法性。在这种情况下,如果仍然坚持洛克但书的最初理解,那么其逻辑结论必将是对最初私人占有的否定,也就是对私有财产制度的否定。这在诺齐克看来,根本是无法容忍的。要洛克但书所蕴含的正义,还是要它所蕴含的私有财产神圣?诺齐克设想了可以调和两者的情形。土地虽然已经被人们所占有,并没有新的土地供人们去占有。但那些没有土地的人可以向有土地的人租种土地,使用它来追求利润,从而改善自己的境遇。诺齐克所

---

① Robert Nozick, *Anarchy*, *State*, *and Utopia*, New York: Basic Books, Inc., 1974, pp. 175-182.

强调的是占有权与使用权的分离从而让后来者也获得改善境遇的机会,这其实也是当代市场经济的现实。

而高西尔从另一个角度来探讨洛克但书。他认为,仅仅禁止使他人的情况变坏,这一条件仍然过于苛刻。因为存在这样的情况,如果不令他人的情况变坏,那么只能使自己的情况变坏。市场竞争中就是如此,或者你成为赢家,或者你成为输家,总是有人的情况会变坏。在这种情况下,如果坚持洛克但书的原有含义或者诺齐克的解释,其逻辑结论将是否定市场竞争。这当然是无法令高西尔满意的,为此,有必要修正诺齐克的解释。

高西尔认为,洛克但书应当解释为,禁止使别人的情况变坏,除非你无法避免使自己的情况变坏。[①] 这样,洛克但书的作用就在于"禁止参与人通过使另一方的处境恶化的手段来改善自身的处境",如此它清除了缔约过程中的过去的力量或欺骗的成分,即所谓策略性行为。[②] 它符合人们的直觉,即建立在欺骗或暴力基础上的协议是错误的。高西尔用一个在经济学常用的事例来说明。假设有两个河边的渔民 A 和 B。A 强迫 B 为他打鱼,或者在 B 打完鱼后以暴力方式把鱼攫走,此一行为违背了洛克但书,因为其中使用了策略性行为,妨碍 B 按照他认为适当的方式来追求自己的利益。但如果 A 在征得 B 的同意并对 B 进行补偿,则没有违背洛克但书。另一方面,如果 A 生活在河的上游,仅仅利用河水处置废弃物,那么尽管 A 因此而杀死了河中的鱼从而影响了 B 的利益,A 也没有违背洛克但书。因为虽然就 B 的预期而言,A 的行为使 B 的处境恶化,但 A 的行为并不是一种策略性行为。B 若不愿意处在这个境况中,他大可以与 A 进行产权交易,如此双方的情况都可以得到改善。[③]针对高西尔的解释,布莱恩·巴里尖锐地指出,诺齐克、高西尔等"市场形而上学家"的信念是:"自利可以洗刷清白——只要没有涉及策略性的考虑。"[④]换句话说,"人不为己,天诛地灭"在自由意志论者看来,是具有天然的道德正确性,除非你"损人不利己",否则在任何情况下利己都是正确的,包括"损人以利己"的情形。

但是,洛克但书毕竟是一种正义观念,高西尔仍然有所倚重。他拒绝洛克但书所可能包含的结果公平的含义,而将它视为一种起点公平的要求。在他有关道德起源的理论中,洛克但书扮演了一种评估初始契约情境的标准。如果契约的初始条件符合洛克但书的要求,那么参与人就会根据一定的讨价还价规则——在高西尔的理论中指最小最大相对让步规则——从而达成一个正义的协议。如果初始条

---

① David Gauthier, *Morals by Agreement*, Oxford: Clarendon Press, 1986, p. 203.

② David Gauthier, *Morals by Agreement*, Oxford: Clarendon Press, 1986, p. 205.

③ David Gauthier, *Morals by Agreement*, Oxford: Clarendon Press, 1986, pp. 211-212.

④ 布莱恩·巴里:《正义诸理论》,孙晓春、曹海军译,吉林人民出版社 2004 年版,第 85 页。

件不符合,那么达成的协议就是不道德的。

他用主人与奴隶的例子进行说明。主人决定与奴隶签订协议,规定主人无需强迫奴隶,而奴隶继续为主人服务。这一协议对双方都是有利的,因为主人不用再承担强迫的成本,而奴隶也减除了强迫的压力。而且双方都是自愿接受了这一条约。但高西尔认为,由于这种协议的起点是不公平的,从一开始就蕴含着强迫的成分,从而没有满足洛克但书,因此其结果必然是不稳定的。奴隶将会拒绝继续服务主人。他们会想,这仅仅是因为主人的权力才使我们签订这样一个看似合理的协议。如果把他的权力撒开的话,根据最小最大相对让步规则,我们决不会同意签订这样一个协议。因此,我们决不会自愿服从这一协议。① 而要签订一个公平稳定的协议,就必须在缔约之初,就设立一个满足洛克但书的初始谈判位置。只有在符合洛克但书的条件之上进行讨价还价,其结果才可以为人接受,它是公平的,也就是说符合道德的。这样,通过奴隶制不符合洛克但书的事例,高西尔证明了洛克但书符合我们心目中的正义观念,因此也足以担当起推导道德这一逻辑过程中的重要环节。

从诺齐克到高西尔,自由意志论者对洛克但书的含义及其应用进行了修正解释。应该承认,这些修正有其合理的价值。诺齐克将占有与使用分开,这本质上是当代所有权与使用权分开的实践在正义理论上的表现。显然,我们不能因为一个人没有对物的特殊占有,就断定他无法改善自己的利益,因他还可以通过市场租赁的手段来为自己谋利。另一方面,高西尔认为不能把洛克但书解释为在任何情况下,都不可令人情况变坏。这一解释也可以成立,否则,所有的市场竞争都将失去正义观念的支持。

但是,即使这些右翼学者们在洛克但书与市场经济的相容性证明方面做出重要贡献,他们在再分配方面的回避态度仍是不能原谅的。不难看出,他们的论述本身只是构成了其基本信念的附属,这一基本信念就是为自由资本主义市场制度及其自发的分配后果辩护。布莱恩·巴里以不无辛辣的语气说道:"从洛克到诺齐克,有个悠久且声名狼藉的传统,即用一个有关'获得'可能的发生方式的公平故事,以此作为现状辩护的基础。"②巴里的批评对于洛克虽然未必公正,但对于诺齐克以及高西尔等以右翼传统来解释洛克但书的学者来说,却是一语破的。在那些富有强烈的公平感的哲学家看来,其隐藏于洛克但书之下的阐释目的是如此地为资本主义政府辩护,以至于与之认真讨论都没有必要。但另一些作者则不这么认为,虽然他们对于自由意志论也感到不满,但却认为,洛克但书并非自由意志论的理论要素,它蕴含着强烈的平等主张及其要求政府调节和干预财富分配状况的政

---

① David Gauthier, *Morals by Agreement*, Oxford: Clarendon Press, 1986, p. 191.
② 布莱恩·巴里:《正义诸理论》,孙晓春,曹海军译,吉林人民出版社 2004 年版,第 282 页。

策含义。

三、左翼解释

在洛克财产理论的左翼解释中,存在着一种西方马克思主义解释传统。该传统认为,劳动创造财产,因此任何不劳而获的行为——比如租赁、剥削——都实质上违背了这一原则,其相应的结论是资本主义体制在本质上是不公正的。① 这种解释在英语文献中不占优势,这与其说是该解释的理论结构原因,毋宁说是现实的资本主义生产关系所决定的意识形态状况使然。而与当代资本主义福利国家现实相对应的是,最近对洛克财产理解的解释越来越倾向于一种对私人财产的限制。本文将这种倾向视为一种左翼解释,并不是基于针对资本主义制度立场的判定,而是相对于自由意志论的极端右翼倾向而言。

这些左翼解释的共同倾向是对自由意志论回避再分配的立场感到不满,比如J·H·博加特通过分析诺齐克的理论结构而得出结论,洛克但书本质上就是一种模式化原则,它从根本上与诺齐克的非模式化正义理论不相容。② 马修·H·克雷默则从哲学基础的角度分析洛克的财产理论,认为洛克的理论在本质上是一种社群主义或者说集体主义,这意味着个人主义的财产分配主张无法得到洛克逻辑的辩护。③ 詹姆斯·塔利则认为,根据洛克的逻辑,洛克的产权应当仅指使用权,而不是所有权。据此,在市民社会中,洛克所指称的财产所有权均是指社区共同所有。④ 如此等等。大抵上,左翼解释都强调必须正视再分配问题。但由于洛克理论在财产理论上的表述存在着冲突,并且由于洛克但书自身所蕴含的常识正义观,这使得左翼的解释在洛克但书的具体含义上无法取得观点的一致。这里,本文仅仅引述两种比较重要的观点。

C·B·麦克弗森的《占有个人主义的政治理论》被视为马克思主义批评的代表作,在17世纪英国政治理论作家——霍布斯和洛克——的诠释史上构成了一个里程碑的成就。在该书中,麦克弗森分析了洛克理论中的进展逻辑。在自然状态中,自然法则规定了对个人占有的限度,包括个人消费方面及留给足够的同样好的给他人的限度——麦克弗森分别称为败坏性限度与充足性限度。如果洛克并不止步于此,在接下来的逻辑中,些限度都被一一克服。这一克服的关键要素就是货币

---

① Quote from Kristin Shrader-Frechette, "Locke and Limits on Land Ownership", *Journal of the History of Ideas*, Vol. 54, No. 2(1993), p. 207.

② J. H. Bogart, "Lockean Provisos and State of Nature Theories", *Ethics*, Vol. 95, No. 4(1985), pp. 828-836.

③ Matthew H. Kramer, *John Locke and the Origins of Private Property*, Cambridge, UK: Cambridge University Press, 1997.

④ James Tully, *A Discourse in Property*, Cambridge: Cambridge University Press, 1980, p. 138.

的发明。货币的发明不仅仅克服了败坏性限度,使得他能够占有超出个消费能力的土地,而且同时也克服了充足性限度。《政府论》下篇第 37 节:

> 一个人基于他的劳动把土地划归私用,并不减少而是增加了人类的共同积累。因为一英亩被圈用和耕种的土地所生产的供应人类生活的产品,比一英亩同样肥沃而共有人任其荒芜不治的土地(说得特别保守些)要多收十倍。所以那个圈用土地的人从十英亩土地上所得到的生活必需品,比从一百英亩放任自流的土地所得到的更要丰富,真可以说是他给了人类九十英亩土地:因为他的劳动现在从十英亩土地上供应了至少相等于从一百英亩土地上所生产的产品。我在这里把经过改良的土地的产量定得很低,把它产品定为十比一,而事实上是更接近于一百比一。①

麦克弗森认为,在这里,洛克实质上克服了充足性限度(亦即洛克但书)。当最初的占有过后,尽管不再有足够多且同样好的土地留给他人占有,但是原初占有的正义性仍然在增加产出的意义上得以证明。而增加产出所以能够为个人无限占有得到辩护,是因为它隐含了一个假设,即总产出的增加部分将按照有利于,或至少不是损于那些未能占有充足土地的人。这种土地占有不均的状况,即使对于无地的雇工来说,也是可取的。因为在这里,他的生活要远远超过那些还有广袤土地尚未占有的社会中的人。如此,洛克但书便得以克服,或者说,洛克但书在原则上仍然有效,但以不同的规则来实施,也就是说,确保那些无地者能够通过自己的劳动来维持其生存。麦克弗森指出,通过这样的一个逻辑进程,洛克从传统的自然法概念开始,扫清了各种阻碍资本主义生产的传统正义观念,为资本主义占有——它的特征是不平等的所有权和无限的个人占有——奠定了道德基础。② 作为一位马克思主义者,麦克弗森对洛克的理论持批判态度,但是他的分析却开创性地提示了当代资本主义国家所以能够从洛克但书中寻求为资本主义不平等辩护的依据。这一依据就是,不平等的占有之所以在正义上是可取的,是因为不平等的占有状况对于无地者或少地者来说构成一种利益的改进。而一旦洛克但书作此解释,资本主义的辩护士便大可以安心接受现存的不平等状况。在此,麦克弗森深刻地预示了一种利用洛克但书的精神来为资本主义辩护的路径,而在这一路径中,影响最大、成就最高的理论无疑属罗尔斯的正义论。③ 罗尔斯认为,存在着一种一般的正义观念:"所有社会价值——自由和机会、收入和财富、自尊的基础——都要平等地分配,除非对其中的一种价值或所有价值的一种不平等分配合乎每一个人的利

---

① 洛克:《政府论》(下篇),瞿菊农、叶启芳译,商务印书馆 1964 年版,第 25 页。
② McPherson, op. cit., pp.202-214; pp.220-221.
③ 麦克弗森本人认为洛克的理论是为自由放任资本主义提供了理论基础,但他所提示的对洛克但书的克服却实质上为最近的左翼提供了启示。

益。"①不难看出,这种一般正义观念的实质与麦克弗森所说的洛克但书的克服理由相同,尽管以罗尔斯为代表的当代正义讨论的主流模式已经完全脱离了洛克财产理论的分析框架,但基本倾向却是一脉相承。

将左翼学者的解释全部论列是不现实的,只要把握左翼解释的基本倾向与路径,其他问题就都属于细枝末节的问题。下面介绍施雷德尔-弗雷谢特的解释,并非是因为这种观点相当重要,而是它与本文将要讨论的农地正义构成了一种呼应关系,尽管本文并非采纳这一解释。

施雷德尔-弗雷谢特通过对洛克的文献的考察,认为洛克的财产理论包含着对占有,特别是土地资源的占有的限制。其理由主要有四:第一,财产是原始社区根据自然法的要求而建立起来的。当洛克说上帝赐予人类全体以万物时,这里实际上建立了初始财产权,即共有产权。因此,这里绝不是诺齐克所谓的"无主物"。仅仅由于方便使用的原因,共有产权便推导出私有产权,但是这绝不意味着私有产权的前提没有包含共有产权。第二,洛克但书永久有效。洛克在讨论财产起源的时代,虽然引入了货币,并认为人们因此而可以占有多于消费的东西,从而意味着私人产权的不平等也由此出现,但是洛克从来就一直认为,这种私人占有不可以损害他人的生命、健康和自由。因此,洛克但书就不能仅仅局限在货币发明之前的原初占有时期,而应当永久有效,而且这里蕴含着现代福利国家的结论。第三,洛克的私有财产理论仅仅限于个人对自身的劳动物,但对于非劳动对象的土地等资源,由于土地的价值并不全部由劳动来创造的,因此对土地的控制权不能全部归于个人,社会对土地也有控制权。第四,洛克认为,资源应当按照最有利生存和方便的方式来安排生产。很明显,洛克反对浪费,认为这是对上帝所赐的亵渎。从洛克的一贯态度可以推导出这样一个结论,即如果个人的占有不是对所有人有利的话,过多的占有显然就无法得到辩护。综上所述,洛克的理论为主张限制土地之类自然资源的私人所有权以及计划利用的福利国家提供了理论基础。②

左翼学者坚持限制私有财产和再分配的主张,这构成了对右翼学者的反动。以人们心目中所普遍存在的正义观念为基准,左翼的解释显得更贴切,也更容易为大众所接受。但要看到,左翼的主张,从根本上说,仍然是对资本主义现存制度的辩护或无关紧要的修正。他们接受福利国家的解释,但仍然坚持资本主义私有制的神圣地位,这使得绝大多数左翼解释最终流于为现状辩护的地步。从这个意义上说,他们与右翼的解释并无本质上的不同。无论如何,撇开作者们对立的意识形态倾向,就其所关注的对象本身——洛克但书——而言,我们不能否认这些学者在阐述人类正义观念以及与相关制度的合法性上所做的贡献。更重要的是,当某一

---

① 约翰·罗尔斯:《正义论》,何怀宏等译,中国社会科学出版社 1988 年版,第 58 页。
② Kristin Shrader-Frechette, op. cit., pp.201-219.

种观念发展到各种思想倾向的人都试图按照自己的理解来定义的时候,这一事实本身也说明了这种观念的普遍性,即它以一种其概念内核相当稳定但其隐含义相当广泛而又模糊的形式存在于绝大多数人的心中。所谓"人同此心,心同此理"。从这个角度来看,在中文研究的语境中,折中左右翼解释,探讨其语义以及对于现实制度的价值关联,是一件有意义的事业。

四、最低限度的解释

以上有关洛克但书的解释歧义纷出,各种解释的对立本身就说明洛克理论的不明确和不完善之处。对于全书来说,洛克理论自身是否保证了逻辑一致性以及它的适用性问题并不是关注的重点,相反,诸多作者的集中关注以及争论的热烈说明:第一,洛克但书蕴含了一种普遍存在于人们心中的常识正义,因此也具有讨论的价值;第二,这种正义感具有实践含义,它要求社会制度的安排必须符合该正义感,否则无法得到社会成员的支持。从这个意义上说,洛克本人究竟如何看待洛克但书已经不重要,重要的是,我们如何能够给出一种符合人们常识的洛克但书的解释,并让这种解释在当代社会具有实践的价值。

为此,本文试图给出一种最低限度的解释:存在着一个最低生活水准,以保证人们的生存权利;如果有人的生活不能达到该底线,则可以援引洛克但书要求公共机构采取相应的措施保证他的生存。这种最低限度的解释可以追溯到洛克的财产理论的起源。洛克认为,万物为人类所共有,这一最初的财产状态在如下含义上得到证明,即这一状态的最低限度的目的是维持整个人类的生存。同理,当第一个人开始占有土地的时候,洛克但书要求留有足够的同样好的东西,至少也包含着这方面的含义。即使在财产分配状况已经基本固定下来的今天,本文认为,最低限度的洛克但书也应当成立。具体而言,最低限度的解释相对于其他解释具有如下特征。

(1)最低限度的解释相比较其他解释具有优先性,其他解释只能在满足生存权的前提下才能够成立。在这里,最低限度的含义在本质上是一种生存权的扩展,与其他解释的关系犹如生存权与其他权利的关系。一个人首先必须生存,才能满足其他需求。同理,只有满足了洛克但书的最低限度要求,才可能谈得上要求其他权利。其他各种解释如:人类拥有万物,除了生存之外,还有创造精神文明的使命;洛克但书要求公平对待的含义;洛克但书要求更为公平的再分配,等等。全书认为,这些解释在优先性方面必须后于最低限度的解释。

(2)在具体的政策含义上,最低限度的解释可以容纳多种可能。它可以结合诺齐克的观点,允许所有权与使用权的分离,允许一部分人没有占有生产资料;也可以接受高西尔的论述,承认产权交易,不要求社会行动的每一个结果必须有利于每一个人;还可以接受激进解释,实施遗产税,当然也可以接受左翼的主张,推行福利国家的政策,并限度对土地资源的资本主义私人占有。在逻辑上,最低限度的解释容纳多种可能:从最大限度地维持现状到激进的重新分配财产,只要所有这些措施没违背生存权的情况。

(3)针对那种认为这一解释过于宽泛的批评观点,最低限度的解释可以用如下方式为自己辩护:在维持所有人生存的范围之内,具体的政策措施是一个社会的内部成员根据他们所面临的实际情况而做出的选择。只要这些政策没有违背洛克但书的最低限度要求,并且只要这些措施为社会成员所主动选择,那么其他社会就无权对之指责。此外,洛克但书毕竟是一种最低限度的正义观念,而不是实际政策的方针指南,要求洛克但书对一切政策问题都给出答案是过分的。任何具体的财产或收入的政策,不但要符合洛克但书的最低限度要求,更要根据该社会的具体情境来做出。这就是说,洛克但书构成了正义的否定性标准,一项制度或政策违背了洛克但书的最低限度含义,它必然是不正义的;但是一项制度或政策符合洛克但书,我们仍然无法保证它是正义的,或者是最优的。持重的结论还要求对该制度以及所涉及的情境做出考察与分析。

根据这种最低限度的解释,我们再来看左右翼学者对洛克但书的解释观,就会发现,这一最低限度的解释事实上是他们的共同前提。无论如何解释洛克但书以及对于实施洛克但书的制度与政策含义,但在最根本的前提上,他们都明确或隐含地接受了这个生存权利。① 事实上,如果从历史发展的眼光来考察,不难看出,作为生存权来理解的洛克但书,虽然在观念上可以发生于任何一个时代,但只有进入现代社会,才具有将实施这一权利视为国家义务的条件,而在前现代社会,它仅仅潜藏于个人的道德观,而未构成对国家制度的正义诉求。正是在这个意义上,根据洛克但书来讨论当代国家的制度与政策,才具有必要性和现实性。

本章小结

本章介绍了两个当代社会契约论的理论问题。其中契约模拟是一个方法方面的形式问题,这里我们对于不同作者在相同的环节上所持不同策略做出一些简要

① See Jeremy Waldron, "Enough and as Good Left for Others", *The Philosophical Quarterly*, Vol. 29, No. 117(Oct. , 1979), pp. 319-328. 左翼学者对这一观念的接受是很自然的,但即使在所谓的右翼学者,事实上也未必拒绝生存权。即以罗伯特·诺齐克为例,已有数位学者指出,不能将诺齐克解释为一种"哪怕饿死人也不可干预自由市场"的观点。See Michael Davis, "Nozick's Argument for the Legitimacy of the Welfare State", *Ethics*, Vol. 97, (1987), pp. 576-594. 此外,阿马蒂亚·森曾数次指出,不可以将诺齐克的观点理解成一位主张自由放任到哪怕市场制度发生"灾难性的道德恐怖"的看法。See Amartya Kumar Sen, *Rationality and Freedom*, Cambridge, Mass. and London: Belknap Press of Harvard University Press, 2002, p. 279; p. 313; pp. 637-638.

说明。大抵而言,对于论证环节的不同选择从逻辑上决定了其相应的政治取向。换句话说,在契约论的条件下,不同作家的政治意识形态并不是直接表现为各种主义之间的争论,而是体现为逻辑环节的设定与取舍。这种做法的好处是避免了许多无谓的争论,而更多关注于理论工具的细节。

　　本章主要介绍了洛克但书的情境,这是以洛克为代表的契约论在初始占有时所必然会遇到的问题。它虽然在契约装置上为所有契约论者所采用,如罗尔斯就不存在初始占有问题,但事实上由于它的广泛延伸,而成为当代政治家哲学讨论分配正义、剥削、应得等等所有与财产相关问题上所难以避免的概念。当然,它与其他概念之间的广泛联系也意味着全书难以穷尽它的探讨,这里我们主要取有代表性的两种解释倾向,右翼解释与左翼解释,来说明当前的研究取向。全书所给出的最低限度的解释并不能充分穷尽洛克但书的含义,但至少说明,不管是哪一种解释,都不可能违背这一条件。

结　语

在本文即将结束之时,笔者向自己提出三个基本问题并尝试回答:为什么契约论,尤其是当代契约论很重要? 我们要如何看待契约论? 如何发展自己的政治哲学? 这三个问题,关系到本文的写作宗旨,也涉及对于当前中国政治哲学发展态势的看法。前面或多或少都有所涉及,此处做一个总的说明,从而结束全书。

一、半部论语治天下

我曾在课堂上向同学们提出这样一个问题:"历史上从来没有一个国家是通过社会契约而诞生的,几乎每个国家的诞生之初都经过某种战争、暴力、征服、篡夺、政变。然而在西方社会中,社会契约论已经构成最为重要的政治观念,如何看待这种观念与现实的巨大背离?"这是笔者多年来研究当代社会契约论的一个无法去怀的根本问题。

社会契约论成为资本主义国家的统治性的理论原型,这是有其必然性的。说它是理论原型,因为社会契约论,不管在近代还是当代,都是非常复杂而又多样的。很难说它代表着某种具体的主义。自由主义使用社会契约论,保守主义也使用社会契约论,即便是一些反对资产阶级统治的思潮,如空想社会主义也有部分作者采用了社会契约论。整个社会对于社会契约论的接受已经植于几乎所有人的意识深处,各种不同的主义和学说——除了马克思主义之外——几乎不可能摆脱社会契约论这一最根本的观念。这一理论原型的确立逻辑也类似于中国传统社会的孔子学说。当资产阶级兴起之初,社会契约论上升为统治意识形态中最根本的理论原型。但在 19 世纪和 20 世纪上半叶动荡不安的经济社会形势中,社会契约论逐渐衰落,种种强调实力、意志、利益的政治学说成为主流。社会契约论似乎已为陈迹。但当第二次世界大战结束之后,社会需要稳定的政治秩序,由此决定需要相应的意识形态,而社会契约论又重新复兴,并且与各门社会科学相结合和彼此渗透,已经构成资本主义社会不可须臾离开的空气。

儒家学说也好,社会契约论也好,撇开种种理论细节,它们都代表着一个稳定社会的一种合作理论。从这一点来看,它类似于一种观念,将本来陷入囚徒困境中的人们转化为确信博弈(参见全书第二章第三节),从而有利于社会的合作和运行。因此,回头再看,我们不难理解一个毛泽东同志所指出的现象:马上得天下,却不能马上治天下。要治天下,我们就不得不求助于一种合作理论,而不是造反理论。从这个角度来看,半部论语治天下,所讲求的,就是一种追求合作,提高统治合法性,降低社会交易成本的一种学说。

那么,接下来的问题是,我们——作为一个马克思主义执政党的人民民主国家——应当如何看待社会契约论呢?我们应当执着于继续革命,还是以建设为重呢?这确实是一个非常困难的题目。要很好地把握这个问题,需要我们对马克思主义经典作家的论述予以正确的把握。事实上,虽然有人抱怨马克思主义创始人对这个问题关注太少①,但他们确实有涉及社会契约等资产阶级政治观念的论述。

通观马克思和恩格斯的文献,虽然他们没有对社会契约论进行系统的论述,但已有的一些论述已经足以让我们了解马克思和恩格斯对于社会契约论——尤其是以洛克和卢梭为代表的古典社会契约——的一般态度。马克思主义创始人的态度正如他们对于资本主义在社会历史阶段上的辩证批判一样:一方面,他们热情肯定了资产阶级共和国应有的历史地位,认为民主制是现代国家制度的最佳选择。"其他一切国家结构都是某种确定的特殊的国家形式,而在民主制中,形式的原则同时也是物质的原则。因此,只有民主制才是普遍和特殊的真正统一。"②只有在民主制中,人民才能通过国家来实现自身的意志和权利,国家制度才"表现出它的本来面目,即人的自由产物"③。另一方面,由于资产阶级民主制的经济基础是资本主义私有制,它实质上不可避免地成为仅仅代表资产阶级利益,实现资产阶级统治的工具。在资本主义条件下,人民群众最多只能行使表面上的形式权利,但并无实际的主权。政治民主仅仅沦落为形式,成为与人民自身相对立的异化力量。对于这个资产阶级思想家所自诩的理性王国,恩格斯予以深刻的批判:"现在我们知道,这个理性的王国不过是资产阶级的理想化的王国;永恒的正义在资产阶级的司法中得到实现;平等归结为法律面前的资产阶级的平等;被宣布为最主要的人权之一的是资产阶级的所有权;而理性的国家、卢梭的社会契约在实践中表现为而且也只能表现为资产阶级的民主共和国。18世纪的伟大思想家们,也和他们的一切先驱者

① 比如迈克尔·莱斯诺夫:《社会契约论》,刘训练、李丽红、张红梅译,江苏人民出版社2005年版,第365页。其他马克思主义经典作家,则基本上不涉及社会契约论。
② 《马克思恩格斯全集》第1卷,人民出版社第1版,第281—282页。
③ 《马克思恩格斯全集》第1卷,人民出版社第1版,第281页。

一样,没有能够超出他们自己的时代所给予他们的限制。"①而要改造这种异化的政治力量,马克思主义创始人认为,只有实现无产阶级革命后,通过改造社会的经济基础,在政治上废除官僚的特权,保证国家公职人员与普通公民处于实质的平等地位,从而从根本上改变共和制所掩盖的阶级统治的状况。

马克思主义创始人所批判的是西方资产阶级思想家的前提以及不切实际的期望。但是,对于其思想形式的合理内容,并不主张完全抛弃。在马克思主义创始人开始他们的革命和思想批判的初期,他们所面临的现实是,几乎所有的资产阶级思想家都致力于阐述和建构纯粹形式的思想,而对于思想所涉及的现实内容,则视而不见。为此,马克思和恩格斯不得不将绝大部分精力放在正本清源的工作上,重点是将自己的思想与资产阶级思想划清界限。这表现在他们更多的时候是强调思想的内容,以及对现存各种思想的社会历史根源的分析。但是,这并不意味着他们否定思想形式的重要性。在1893年《致弗·梅林的信》中,恩格斯解释了马克思和他在这个问题上的立场:"我们大家首先是把重点放在从基本经济事实中引出政治的、法的和其他意识形态的观念以及由这些观念为中介的行动,而且必须这样做。但是我们这样做的时候为了内容方面而忽略了形式方面,即这些观念是由什么样的方式和方法产生的。"②他承认这是一种"过错",因为这给了敌人以可乘之机,并希望马克思主义学者在日后的研究弥补这一不足。恩格斯的这段话,虽然并不是专门针对社会契约论而发,但对于我们理解马克思主义创始人看待社会契约论等形式理论有着重要的启迪意义。毋庸置疑,社会契约论是一种注重讨论"观念是由什么样的方式和方法产生的"之类问题的形式理论,马克思主义对内容的强调绝不意味着对形式的摒弃。因此,对于现存的各种社会契约论,我们应当区分出涉及阶级立场和思想倾向的内容,而对于具有合理性的形式,则不妨加以适当地吸引利用,用以充实和发展马克思主义政治学说。

尤其值得注意的是,马克思主义创始人还特别肯定了"契约"这种形式观念与"现代国家"之间的特殊关联。马克思和恩格斯对于社会契约论的批判主要针对他们的思想根源与意识形态倾向,但这并不妨碍他们承认"社会契约"这一观念在现代国家的形成上所发挥的巨大作用,同时也不妨碍他们自己使用"社会契约"这个概念来分析和描述现实的政治生活。

在1848年革命中,普鲁士的资产阶级与王权妥协,宣称"协商论"构成其政权的基础。马克思揭示出,这种官方宣示的社会契约"绝不是空洞的理论",而是有着实际的内容。其真正的内容就在于王权与资产阶级勾结起来,其目的是防止人民

---

① 《马克思恩格斯选集》第3卷,人民出版社1995年版,第720页。
② 《马克思恩格斯选集》第4卷,人民出版社1995年版,第726页。

的革命,从而在他们所谓的"社会契约"中取消人民革命的权利。① 如果说马克思在对于德国 1848 年革命的分析中对"社会契约"这一概念的使用更多是一种分析性的以及借用的作用的话,那么恩格斯在《〈法兰西阶级斗争〉导言》中的这段话,对于契约的使用,则有着更多的描述的成分,同时也更富有实践的含义。

但是请不要忘记,德意志帝国,同一切小国家,也同一切现代国家一样,是一种契约的产物:首先是君主之间的契约的产物,其次是君主与人民之间的契约的产物。如果有一方破坏契约,整个契约就要作废,另一方也不再受约束。这点已经由俾斯麦在 1866 年给我们绝妙地示范过。所以,如果你们破坏帝国宪法,那末社会民主党也就会放开手脚,能随意对待你们了。但是它那时究竟会怎样做,—— 这点它今天未必会告诉你们。②

这段话包含着两重含义:首先,恩格斯承认,现代国家是契约观念的产物。联系马克思和恩格斯对于经济社会力量的重视,恩格斯的这一判断不应理解为对经济决定性的否定。相反,我们应当理解为:生产力、生产关系等等经济力量对于国家等等政治上层建筑的决定性作用是根本的,但这一作用的发生机制包含着一些中介链条。在这个链条中,受经济力量所驱使的人们所持的观念对于政治形式起着重要作用。而在现代国家的生成过程中,人们的契约观念极其普遍,契约论的思想深入人心,以至于可以将现代国家描述成契约的产物。其次,恩格斯引入了一个为社会成员所广泛接受的观念,即宪法应当被视为一种社会契约。缔约双方包括政府(君主)与人民。人民与君主的契约是一种信托关系,一个完整的信托链条应该是人民把自己权力委托给社会民主党(同一层次还有其他政党),而社会民主党又将权力委托给帝国政府。它的基本含义是,受托方应当根据委托人的利益行事,而委托人则遵从受托方的权威。如果受托方违背了这一契约所规定的义务,则委托人有权撤回自己的委托。这样的一种社会契约观,从马克思主义的角度来看,它虽然具有将现存的统治关系固定化的作用,但对于统治阶级也或多或少具有一种约束的作用。因此,恩格斯才如此对德国政府警告道,如果他们违背社会成员的契约观念,而破坏帝国宪法来行事(指禁止德国社会民主党的存在),那么德国社会民主党也有权依据契约观念来"随意对待"他们,也就是说,德国社会民主党有着不服从、暴力、颠覆现存政治权威乃至革命的权利。

总而言之,马克思主义创始人对古典社会契约论的代表作家曾经给予了严格的批判。但应看到,马克思主义创始人对社会契约论代表作家的批判本不是对契约论逻辑的彻底否定,而是对古典契约论作家——他们仅仅只是部分的契约论作

① 《马克思恩格斯全集》第 6 卷,人民出版社第 1 版,第 128 页。
② 《马克思恩格斯选集》第 4 卷,人民出版社 1995 年版,第 525 页。

者——的前提以及结论的否定:在前提上,指出18世纪的思想家有关独立的个人的观念,有关人性的看法,都实际上是历史的产物,而不是自然的产物;在结论上,指出宣称"永恒正义"的契约论作家实际上也无法"超出他们自己的时代所给予他们的限制",他们的结论只能是资产阶级共和国。而对隐含在社会契约论的纯粹逻辑形式,亦即思想的形式,马克思主义创始人并未完全否定,而是肯定它的研究价值与实践意义。

上述对于既有的马克思主义创始人有关社会契约论的论述的整理表明,社会契约论——作为一种理论工具而不是意识形态——与马克思主义存在着相容性。在研究思想的形式方面时,剥掉资产阶级思想家社会契约论的前提与结论,将它的内在逻辑加以改造,建构一种马克思主义社会契约论,是可能的。事实上,西方学者已经有将马克思主义与社会契约论相结论的尝试。①

更重要的是,马克思主义创始人将契约观念与现代国家之间关联的肯定,表达出这种一种含义:研究契约论,并且将其相关的形式上的含义应用到现代国家的建设上,具有重要的实践价值。只要在这一理论建构和应用的过程中,不堕入资产阶级利用形式平等而追求实质上特权的陷阱,那么建立社会契约论的做法不但是可行的,更是可取的,因为它能够在中观层面上解释人们之所以如此持有各种政治观念并形成政治共识的逻辑。对政治观念所做的社会历史批判不能代替对观念所做的建构性分析与解释。马克思主义创始人由于时代原因而对于政治观念方面的形式因素的相对忽视,绝不能成为我们今天摒弃形式的理由。马克思主义是开放的,其基本原理应当为我们建构各种具体的中观理论和微观理论提供方法论指导,而不是成为排斥各种国外政治学和哲学成果的借口。

二、夺过刀子,刺向敌人

"夺过刀子,刺向敌人"是乔·埃尔斯特之语,作为分析马克思主义的大师,他当年在面临着理性选择理论日益泛滥之时,一方面坚持马克思主义的立场,一方面积极吸取理性选择理论的工具,为马克思主义辩护。这使得他成为当代英美马克思主义领域的代表作家之一,在非马克思主义的学者那里也赢得了很高的声誉。在这里,笔者想借用此语,提醒对于当代西方社会契约论的研究重心应当在于研究工具的技术性取向,而不可简单拿人家的结论来衡量中国的现实。

当前中国政治哲学的研究中,有一种不是很好的倾向,即在研究工具方面的技

---

① 比如哈贝马斯的契约论由于强调生产与交往的关联,因此在宽泛的意义上堪称马克思主义的社会契约论;普沃斯基和华勒斯坦则用资本家与工人阶级之间讨价还价模型来解释当代资本主义国家的持存(Adam Przeworski, and Michael Wallerstein, "The Structure of Class Conflict in Democratic Capitalist Societies", *American Political Science Review*, 1982, Vol. 76, 2. , pp. 215-238)。

术薄弱。这类研究者负有强烈的现实关怀，在人权与主权、宪政问题、自由主义、共和主义、协商民主等等相关概念上的研究文献中，他们抱着强烈的经世致用的目的相互论战。十多年前自由主义、新左派的论战，更是以讨论中国政治发展的道路而影响广泛。但是，现实关怀并不等于现实性，作者的强烈情怀并不必然意味着论述切近实际。这些文献对于当下政治的论述往往宏阔而不着边际，与其说是对于现实的理解与对策，毋宁说是作者的理想抒发。黑格尔说，哲学的目的是实现理论与现实的和解，它从精神出发，经过一系列中介环节，达到了具体。以此来看这些思想争论，其中许多文献距现实性还有一定距离。讨论者满腔热情，指点江山，表面上什么问题都触及了，但却几乎在所有的具体问题、制度上都未能真正深入，无法给出切实的解决方案及其相应的证明。论辩双方实际上只是在概念上空对空地往来。

在国内，政治哲学出版物中真正有影响的，除了几部译介作品之外，恐怕就属生活·读书·新知三联书店所编辑的《公共论丛》了，这套文丛给中国学习政治哲学的人带来了市场、国家、自由主义、社群主义、宪政、民主等等一大堆政治价值观念。我们应该感谢这套丛书，正是它，给我们进行了政治哲学的启蒙。但是十多年过去了，回头再看，我们不可以仍然停留在这种玄学的层面上。否则，我们永远都处于那种谈玄的境地，永远只能向国外借来概念，然后对所谓的中国问题空发议论。

中国政治哲学研究所以出现目前这种情势，这与中国学者的思辨传统存在着密切关联。韩水法先生指出，政治哲学主要有两大流派：社会—历史视野下的政治哲学与分析的政治哲学。中国当代的政治哲学似乎与欧洲大陆传统的政治哲学更亲近，分析的传统在中国始终曲高和寡，因为"在相当长的一段时间内，无论人们的主观意愿如何，中国思想的多数发言人无法脱离这种宏观而华丽的社会—历史模式而自如清楚地吐属。不过，另一方面，并且是极其重要的一点，中国在与现代世界，尤其与西方世界对话而制定共同的政治规则时，社会—历史的差异，是我们无法回避的现实，因而中国的政治哲学学者更趋向于选择社会—历史的宏观视野来讨论政治哲学的问题，至少在当代有其充分的理由"①。韩先生的理由归结到一点，就是我们过去一直熟悉社会—历史模式（亦即思辨传统），所以我们今天也应采用社会—历史模式。这样的论证是无法让人接受的。

主义本身并不是坏事，坏的是许多论述往往流于抽象的概念呼吁，甚至极有可

---

① 韩水法：《政治哲学在中国》，载《读书》2000年第9期。如果认为韩先生反对分析传统，那是不公平的。书的原序承认"专业性的，或者说，技术性的训练将是中国政治哲学走上成熟学科之路的不可或缺一步"，但仍然为社会—历史模式辩护。也许韩先生有不得已的苦衷。他所编辑的这全书都属思辨性质，即带有"社会—历史的宏观视野"。

能误导学界与民众。诚如胡适对于其《多研究些问题，少谈些主义》一文的解释："我的意思是想针对那种有被盲目接受危险的教条主义，如无政府主义、社会主义和布尔什维克主义等等，来稍加批评。在那篇文章里我指出：第一，空谈好听的'主义'，是极容易的事。第二，着重外来进口的'主义'对（解决）中国（实际）问题，是没有用处的。我并说明一切主义都是某时某地的有心人，对于那时那地的实际问题所提出的实际的解决方案。我说如果我们不去实地研究我们自己现有的社会、政治和文化的需要，单会空谈一些外来进口的抽象主义，是毫无用处的。第三，偏向纸上的'主义'是很危险的。这种口头禅很容易被无耻的政客利用来做种种自私害人的事。"①

由于部分中国政治哲学文献严重缺少技术规范，许多文献往往流于观点与立场的表达，而缺乏机制、模型、哲学工具和支撑理由的深入探讨和运用。许多中文文献虽然充满了现实关怀，但由于缺乏合适的理论工具，其讨论现实问题时，不得不停留在宏大的观点与立场表达，而未能真正切入到现实。以此反观英美政治哲学，尽管其总体上的立场与中国对立，并且其文献也不可能摆脱各种主义与意识形态。但不能否认的是，在技术工具方面确实呈现出异彩纷呈的特色。诸如无知之幕、重叠共识、公共证明、无合理反对、平衡与过滤机制、自我所有权、洛克但书、运气与选择、福利平等与资源平等、不确定性及其决策规则等等。这些技术工具为其意识形态的扩张提供了强有力的支撑。而且这些文献往往并非直接进行立场表达，而是就工具本身探讨工具。这并不是说美国的政治哲学家没有自己的政治立场，事实上，其立场也是非常清晰的，但他们是通过精心打造理论工具，以此切入现实，并最终为自己的理论挣得一席之地。

政治哲学是一种思想的战场。仅仅有立场和眼光，并不足以保证战士的生存。战士要取得胜利，就还必须有利器。在马克思主义的发展史上，因为有《资本论》、《帝国主义论》等经典文献对于资本主义社会内部的技术性分析，马克思主义得以作为一种科学而成为一种强大的思想力量。今天，在政治哲学这个起步很晚的领域，中国政治哲学要最终脱颖而出，成为世界政治哲学的重要一极，就不能不深入到一些技术层面的研究。具体而言，可以有如下几个方面的研究策略。

（1）在坚持马克思主义基本原理的前提下，有望吸收社会契约论的一些论证技术。前面指出，对于西方政治哲学研究的重心应当放在方法上，而不是观点上。所以如此，其最终的目的仍然是建构中国自己的政治哲学体系。伍德罗·威尔逊在《行政之研究》中举了一个比喻，看到一个杀人嫌犯磨刀的方法很有用，我们大可以学习他的磨刀方法，但却不必拥有同样的杀人意图。把这句话引申开来，我们就可

---

① 唐德刚整理：《胡适口述自传》，安徽教育出版社 2005 年版，第 206 页。

以处在一个类似于埃尔斯特所述的思想立场上。在坚持马克思主义的基本立场和基本原理的前提下,我们不妨大胆地学习对手的研究方法,并最终打造自己的研究路径。笔者在《政治学研究》2012 年第 1 期发表了一篇《政治共识——一种新的政治观念研究路径》,就是在这个方面的尝试。

(2)采取数理技术取向的研究策略,拒绝宏大论述导向的政治哲学。当代西方政治哲学中数理技术的运用形成一个突出的特征,诸如决策理论、博弈论等数学模型的运用日渐普遍。其中许多数学家和经济学家借助数理工具来研究政治哲学,取得了令人瞩目的成果,如哈萨尼对罗尔斯选择规则的批评,森在自由与帕累托原则冲突上的证明,布坎南等人对霍布斯理论的重构与阐释。尽管数理技术的运用远不能概括所有的政治哲学主题和探讨方法,但相对于中国政治哲学研究者所普遍缺乏的技术研究能力,倡导数理技术运用有其积极的意义。

(3)采取内部对话取向的研究策略,拒绝外部立场评判的政治哲学。许多政治哲学理论的理论后果有着突出的阶级立场与意识形态倾向,比如诺齐克对于所得税的敌视,格伦特·哈丁坚持反对援助穷国。对于这些理论,部分研究者往往乐意从立场和意识形态的层面上进行批判。这是一种不认真的便宜手段,严肃的研究者虽然心知对手的偏颇,但必须理论内部进行探讨,指出其逻辑的合理与悖缪,通过重构逻辑而得出新的结论。正如马克思虽然看不起资产阶级庸俗经济学家的立场,但在理论研究时,却丝毫不敢轻心,而是细细辨析,得其精而驳其谬,最终成就《资本论》这一理论大厦。基于这一理念,全书批评哈丁的救生艇逻辑,不是通过立场宣示,而是指出即使在哈丁的前提条件下,仍然有可能实现人类的共同生存。今天的中国政治哲学研究者,必须有自己的立场与倾向,但在思想战场上,却应当通过与对手进行内部对话的方式来为自己赢得理论上的空间。

(4)采取机制解释取向的探讨与分析。政治哲学不能仅仅停留在规范意义上的价值研究,还应当深入事物内在的机制层面。事实上,当代政治哲学——比如宾莫尔——已经不局限于探讨应然问题,也吸取经济学、社会学、人类学等学科知识,而结合探讨为什么的问题,就就涉及解释事物发展历程的层面上。在这个方面,解释性事物发展的内在机制的研究就具有特殊的重要意义。机制(mechanism)关注社会生活中具体稳定性的人类互动方式,这种互动方式以既定的约束条件为前提,通过参与人的互动将产生某种稳定的结果。机制解释不追求社会理论中过于一般化的理论论断,也不满足于常识性的直觉判断,而是试图描述介于两者之中的某种稳定性的事物。但在解释过程中,机制并不排斥理论与直觉,而是有机地将它们结合在一起,构成一部彼此密切啮合的解释模式。全书中,哈萨尼的预期平均效用、布坎南的相互依赖成本、哈丁的公用地悲剧,事实上都属于机制类的解释模型。

总之,磨刀不误砍柴工,打造政治哲学的自主理论技术工具是中国政治哲学研究的重要使命。考虑到现代社会科学的发展,没有哪种理论能够指望仅仅复述其立场与观念就能够赢得更多民众的认可。当代自由主义在英美的主导,以及对于中国知识界的吸引力,其突出的表现就是理论技术工具的非常发达。对此,中国政治哲学要发展自身的本土政治哲学,更应当吸收当代社会契约论的有益工具,发展出独特的符合中国国情的理论工具和技术手段。

三、百姓日用即道

借鉴和吸收西方政治哲学,这是中国政治哲学必然要去做的事。在研究西方政治哲学的时候,要将重要的内容放在理论工具的借鉴和打磨上,这是中国学者所应当具备的意识。但是,做好了这两种工作,还仍然留下最重要的任务:建构具有中国作风、中国特色和中国气派的政治哲学。

从这个角度来看,当前中国政治哲学的文献还远远不能令人满足。目前中国政治哲学的研究中,一个突出的表现就是政治概念与政治思想史的研究占比过大。对于政治概念和政治思想史的研究是政治哲学不可或缺的重要内容,但如果学者过多关注于这个方面的话,很容易让人忘记政治哲学的根本目的。哲学的目的之一是理解现实,政治哲学的目的就是理解政治生活中的现实。但是确有部分学者,他们把政治哲学当成翻故纸堆或者西洋文字的事业。比如,两位在国内享有盛名的学者在一套丛书的序言中宣称,政治哲学的目的就是研究中国政治思想史和外国政治思想史。这无疑大大误解了政治哲学的任务。当前中国政治哲学研究的另一个突出问题就是研究的主体性缺失,许多中文文献缺乏应有的中国立场,这在西方政治哲学的研究中尤其突出。自由、民主、宪政、罗尔斯、斯特劳斯、民族主义,等等,中文政治哲学文献充满了相关概念或作者的介绍与评述。更有甚者满足于对西方政治哲学的论述,并以此衡量和批评中国政治哲学。许多中国学者往往成为西方中心主义的窠臼,自觉不自觉地鼓吹西方政治哲学。在这个方面,最明显的一个现象就是有关"民主"这一概念的讨论与运用。许多文献已经自觉不自觉地接受了西方政治哲学中某派最具有意识形态的"民主定义",即以竞争性选举为特征的多党制视为民主的本质,而言语中带有认为中国"不民主",尚有待"民主化"的说法,只差没有直接借用美国的宣传口径,斥之为"共产主义专制"了。

不能否认的是,西方尤其是英美政治哲学的研究贡献是非常巨大的,中外政治哲学领域的水平与成就存在着严重的不对等情形。而如果只是借鉴吸收,而无自己的创造,就会自然沉湎于评述或不加反思地接受其观点与立场,甚至忘了政治哲学本身的目的。事实上,西方政治哲学的发展所以能够取得目前的繁荣进步,这与其关注现实生活的总体取向是分不开的。这里,我们不妨拿政治哲学的顶级刊物《哲学与公共事务》这一杂志为例。它创自 1971 年,一年四期,每年度所刊登论文约 15 篇,有的时候甚至一期只刊登 2 篇文章。虽然其中也有思想史的研究,但堕胎、犯罪、安乐死、战争等等并非直接与主义挂钩的现实政治问题占了相当一部分。以堕胎为例,历年来《哲学与公共事务》题名包含"abortion"一词的论文就达 19 篇之多,而其他文章涉及该问题的文章近 200 篇,相对这本以精见长的杂志来说,这种讨论的现实性是相当突出的。以此反观当代中国政治哲学的研究现状,这是无法令人满意的。

研究西方政治哲学,最根本的目的是建设中国自己的政治哲学,而要建设好自己的政治哲学,就必须确立以现实经济社会政治生活为取向的研究路径。借用明代哲学家王艮的说法:百姓日用即道。具体来说,可以采取如下几种研究策略。

(1)采取工农阶级利益取向的研究策略,拒绝普世与精英导向的政治哲学。马克思主义有其鲜明的阶级性,马克思主义政治哲学也必然如此。在这个阶级取向问题上,近年来中国的舆论是不能令人满意的。最典型的是"民"这个概念的运用。在"国进民退"、"与百姓争利"等等话语体系里,自由主义中国家与社会对立的隐含框架不知不觉地绑架了许多媒体。相形之下,罗尔斯尚能够以最少受惠者(the least advantaged)的得失作为分配正义的基准,如果中国的政治哲学不能坚持工农阶级这一阶级立场,这将彻底丧失中国政治哲学的道义,而只会沦为西方政治哲学的附庸。

(2)采取民众生活冲突导向的研究策略,拒绝主义与书本导向的政治哲学。政治哲学研究应当关注现实政治社会生活的热点,并从中提炼出具有哲学意义的概念,通过对这些哲学概念在原则层次上的反思与研究,得出具有介入现实意义的结论。只要我们将眼光离开书本,而投向近年来网络与媒体所关注的热点问题,就自然会看到一个极其丰富、永不枯竭的学术矿藏。

(3)概括现实生活中的现象并上升为政治哲学术语的研究策略。近年来在网络媒体讨论中出现了许多民众所关注的社会现象,其中一些现象的讨论中蕴含着政治哲学提升改造的可能性。比如,见义勇为问题,当社会上出现相当一部分的英雄流血又流泪的现象,并且这一现象获得了民众与媒体的广泛关注,这里预着政治哲学介入的可能性。事实上,在英美政治哲学中,对于见义勇为已经有过讨论。比如,高斯认为,我们绝不可根据自己的看法或者某种价值而认定某种观点属于公共道德,而应该试图证明一种能够让公众接受的道德。由于多数公众是理性的,在判断某种是否属于道德要求的行为时,也应从理性的人是否会接受来出发。对于一个理性的人来说,即使他称赞见义勇为,但自己仍然难于践履这种道德。因此,有理由拒绝见义勇为这种义务。① 相反,诺曼·格拉斯(Norman Geras)认为,见义勇

---

① Gerald F. Gaus,*Social Philosophy*,Armonk, N. Y.；M. E. Sharpe, 1999.

为是一种在他人遇到危险与困难时加以帮助的情况,虽然旁人本身并未遭受这种危险与困难,但是这并不意味着他就永远不会遇到危险与困难。如果人们彼此相互冷漠,在他人需要帮助的时候拒绝援手,那么,他实质上就放弃了在自身处于危险困难时要求他人援手的权利。如果每个人都这样想,那么,他就应当主动承担起见义勇为的义务,在他人需要帮助的时候,主动去帮助他人。① 这里不拟讨论两种观点的谁是谁非,但至少它们说明,对于我们日常生活中的社会现象加以概括而进入到政治哲学讨论是可能的,也是有益的。

(4)以具体制度作为讨论的重点。从问题的方面来看,政治哲学涉及原则、心理、制度、行为等等各个方面,它们构成政治哲学的问题结构。其中制度可以视为参与人之间比较稳定的行为模式,其核心内容是对参与人各种权利的规定,是权利关系的凝固化。在问题的结构中,制度处于枢纽地位,是连接政治原则、政治心理与政治行为中比较稳定的环节。政治是人与人之间的关系,那种偶然的、不存在重大后果的政治现象或行为虽然也有一定的研究价值,但其表述的代表性终究不如制度研究。另一方面,政治价值虽然具有恒久的讨论意义,但若不落实到制度,仅仅是玄之又玄的讨论,并无助于读者理解政治现实。在政治哲学研究中,将制度安排放在重点位置,不仅具有重要的现实意义,在分析上,也应吸取政治价值、政治心理以及政治现象等多方面的思想与知识资源,从而在一定程度上有机地实现规范分析与实证分析的结合。

毛泽东同志在《改造我们的学习》中指出:"几十年来,很多留学生都犯过这种毛病。他们从欧美日本回来,只知生吞活剥地谈外国。他们起了留声机的作用,忘记了自己认识新鲜事物和创造新鲜事物的责任。"现在,是政治哲学研究者起而观察生活,认识新鲜事物和创造新鲜事物的时候了。

---

① Norman Geras, *The contract of mutual indifference*: *political philosophy after the Holocaust*, London; New York; Verso, 1998.

参考文献

一、中文文献

马克思、恩格斯：《马克思恩格斯选集》第 2 卷，人民出版社 1995 年版。

毛泽东：《毛泽东选集》，人民出版社 1991 年版。

布莱恩·巴里：《正义诸理论》，孙晓春、曹海军译，吉林人民出版社 2004 年版。

包利民主编：《当代社会契约论》，江苏人民出版社 2007 年版。

汤姆·L·彼彻姆：《哲学的伦理学》，雷克勤、郭夏娟、李兰芬、沈珏译，中国社会科学出版社 1990 年版。

边沁：《政府片论》，沈叔平等译，商务印书馆 1996 年版。

布尔顿·德雷本：《论罗尔斯》，选自《儒家与自由主义》，哈佛燕京学社、三联书社主编，生活·读书·新知三联书店 2001 年版。

詹姆斯·布坎南：《民主财政论》，穆怀朋译，商务印书馆 1999 年版。

詹姆斯·布坎南：《财产与自由》，韩旭译，中国社会科学出版社 2002 年版。

蔡拓：《契约论研究》，南开大学出版社 1987 年版。

川本隆史：《罗尔斯：正义原理》，詹献斌译，河北教育出版社 2011 年版。

高全喜：《休谟的正义规则理论》，载《世界哲学》2003 年第 6 期。

顾速：《什么是市场体制下的公正分配原则——评罗尔斯与诺齐克的政治哲学之争》，载《社会科学战线》1995 年第 1 期。

何怀宏：《契约伦理与社会正义》，中国人民大学出版社 1993 年版。

何怀宏：《公平的正义——解读正义论》，山东人民出版社 2002 年版。

赫费·奥特弗利德：《政治的正义性：法和国家的批判哲学之基础》，庞学铨、李张林译，上海译文出版社 1998 年版。

黑格尔：《法哲学原理》，范扬、张企泰译，商务印书馆 1961 年版。

黑格尔：《小逻辑》，贺麟译，商务印书馆 1980 年版。

霍布斯：《利维坦》，黎思复、黎廷弼译，商务印书馆 1985 年版。

霍尔巴赫:《自然政治论》,陈太先、眭茂译,商务印书馆 1994 年版。

卡西尔:《卢梭·康德·歌德》,刘东译,生活·读书·新知三联书店 2002 年版。

康德:《实用人类学》,邓晓芒译,重庆出版社 1987 年版。

康德:《法的形而上学原理》,沈叔平译,商务印书馆 1991 年版。

肯·宾默尔:《自然正义》,李晋译,上海财经大学出版社 2010 年版。

乔德兰·库卡塔斯、菲利普·佩迪特:《罗尔斯》,姚建宗、高申春译,黑龙江人民出版社 1999 年版。

迈克尔·莱斯诺夫:《社会契约论》,刘训练、李丽红、张红梅译,江苏人民出版社 2005 年版。

李风华:《试论一种马克思主义的社会契约演进理论》,载《政治经济学评论》第 10 辑,中国人民大学出版社 2006 年版。

林德布洛姆:《政治与市场:世界的政治—经济制度》,王逸舟译,上海三联书店、上海人民出版社 1994 年版。

刘须宽:《罗尔斯"分配的正义观"与诺齐克"持有的正义观"对照研究》,载《伦理学研究》2004 年第 2 期。

卢梭:《论人类不平等的起源和基础》,李常山译,商务印书馆 1962 年版,第 98 页。

卢梭:《社会契约论》,何兆武译,商务印书馆 1980 年版。

约翰·罗尔斯:《正义论》,何怀宏等译,中国社会科学出版社 1988 年版。

罗素:《西方哲学史》上,何兆武、李约瑟译,商务印书馆 1963 年版。

罗素:《西方哲学史》下,马元德译,商务印书馆 1982 年版。

洛克:《政府论》下篇,叶启芳、瞿菊农译,商务印书馆 1964 年版。

马斯泰罗内:《欧洲政治思想史——从十五世纪到二十世纪》,黄华光译,社会科学文献出版社 1992 年版。

罗伯特·诺齐克:《无政府、国家与乌托邦》,何怀宏译,中国社会科学出版社 1991 年版。

施特劳斯:《霍布斯的政治哲学》,申彤译,译林出版社 2001 年版。

石元康:《罗尔斯》,广西师范大学出版社 2004 年版。

宋月红:《试析罗尔斯和诺齐克关于差别原则的不同认识》,载《政治学研究》1999 年第 3 期。

托马斯·斯坎伦:《我们彼此负有什么义务》,陈代东等译,人民出版社 2008 年版。

休谟:《人性论》,关文运译,商务印书馆 1980 年版。

二、英文文献

Bruce Ackerman, *Social Justice in the Liberal State*, New Haven and London: Yale University Press, 1980.

Richard Arneson, "Against Rawlsian Equality of Opportunity", *Philosophical Studies* 93, 1999, No. 1.

Richard Arneson, "Luck Egalitarianism and Prioritarianism", *Ethics* 110, 2010, No. 2.

Richard Arneson, "Self-Ownership and World Ownership: Against Left-Libertarianism", *Social Philosophy and Policy* 27, 2010, No. 2, pp. 168-194.

Auerhahn, Kathleen and Caitlin J. McGuire, 2010, *Revisiting the social contract : community justice and public safety*, Hauppauge, N. Y. : Nova Science Publishers.

Brian Barry, *Theories of Justice*, Berkeley, Calif. : University of California Press, 1989.

Charles R. Beitz, *Political theory and international relations*, Princeton, N. J. : Princeton University Press, 1979.

Ken Binmore, "Social Contract I: Harsanyi and Rawls", *The Economic Journal*, 1989, Vol. 99, No. 395, Supplement: Conference Papers, pp. 84-102.

Ken Binmore, *Game Theory and the Social Contract*, volume 1, *Playing Fair*, Cambridge, Mass. and London, The MIT Press, 1994.

Ken Binmore, *Game Theory and the Social Contract*, volume 1, *Just Playing*, Cambridge, Mass. and London, The MIT Press, 1998.

David Boucher and Paul Kelly, *The Social Contract from Hobbes to Rawls*, Routledge, London and New York, (eds) 1994.

David Boucher and Paul Kelly, "The Social Contract and Its Critics: An Overview", in *The Social Contract from Hobbes to Rawls*, ed. , David Boucher and Paul Kelly, Routledge, London and New York, 1994, pp. 1-34.

David Braybrooke, "Social Contract Theory's Fanciest Flight", *Ethics*, 1987, Vol. 97, No. 4, pp. 750-764.

James M. Buchanan, *The Limits of Liberty: Between Anarchy and Leviathan*, Chicago and London: The University of Chicago Press, 1975.

James M. Buchanan. and Gordon Tullock, *The Calculus of Consent: Logical Foundations of Constitutional Democracy*, Ann Arbor: The University of Michigan Press, 1965.

Linda J. Cook, *The Soviet Social Contract and Why It Failed*, Cambridge and London: Harvard University Press, 1993.

Vincent P. Crawford, "A Theory of Disagreement in Bargaining", *Econometrica*, 50, 1982, pp. 607-638.

Normal Daniels, "Wide Reflective Equilibrium and Theory Acceptance in Ethics", *The Journal of Philosophy*, 1979, Vol. 76, Issue 5.

Anthony de Jasay, *Social Contract, Free Ride*, Oxford: Clarendon Press, 1989.

Thomas Donaldson, *Corporations and Morality*, Prentice-Hall, NJ. : Englewood Cliffs, 1982.

Ronald Dworkin, "The Original Position", *University of Chicago Law Review*, Vol. 40, No. 3, pp. 500-533, 1973.

Jon Elster, *The Cement of Society: A Study of Social Order*, Cambridge: Cambridge University Press, 1989.

Joel Feinberg, *Social Philosophy*, Englewood Cliffs: Prentice-Hall Inc., 1973.

James Gordon Finlayson and Fabian Freyenhagen, eds, 2010, *Habermas and Rawls: Disputing the Political*, Routledge.

Milton Fisk, "History and Reason in Rawls' Moral Theory", in Norman Daniels ed. *Reading Rawls*, Oxford, Basil Black Ltd., 1975, pp. 53-80.

Samuel Freeman, *Rawls*, New edition, Routledge, 2007.

Gerald F. Gaus, *Social Philosophy*, Armonk, New York: M. E. Sharpe Inc, 1999.

Gerald F. Gaus, *Political Concepts and Political Theories*. Boulder, CO: Westview, 2000.

Gerald F. Gaus, *Contemporary Theories of Liberalism: Public Reason as a Post-Enlightenment Project*. London: Sage, 2003.

David Gauthier, *Morals by Agreement*, Oxford: in David Gauthier and Robert Sugden, eds., *Rationality, Justice and the Social Contract: Themes from Morals by Agreement*, Ann Arbor: The University of Michigan Press, 1986, pp. 25-39.

Gerrard, Gary, *The new social contract: beyond liberal democracy*, Lanham, MD: University Press of America, 2002.

R. M. Hare, "Rawls' Theory of Justice", in Narman Daniels ed., *Reading Rawls*, Basil Blackwell Ltd., Oxford, 1975, pp. 81-107.

John C. Harsanyi, "Cardinal Utility in Welfare Economics and in the Theory of Risk-taking", *Journal of Political Economy*, 61(October), 1953, pp. 434-435.

John C. Harsanyi, "Cardinal Welfare, Individualistic Ethics, and Interpersonal Comparison of Utility", *The Journal of Political Economy*, 63 (August), 1955, pp. 309-321.

John C. Harsanyi, "Can the Maximin Priciple Serve as a Basis for Morality? A Critique of John Rawls's Theory", *The American Political Science Review*, 1975, Vol. 69, No. 2 (Jun.), pp. 594-606.

John C. Harsanyi, *Essays On Ethics, Social Behavior, And Scientific Explanation*, Dordrecht et al.: D. Reidel Publishing Company, 1976.

Richard Hudelson, *Modern Political Philosophy*, Armonk, New York: M. E. Sharpe Inc., 1999.

Joel Feinberg, "Rawls and Intuitionism", in *Reading Rawls*, ed. Narman Daniels, Basil Blackwell Ltd., Oxford, 1975, pp. 108-124.

John Ahrens, ed., *The New Social Contract: Essays on Gauthier*, Blackwell Pub, 1988.

John R. Searle, 1964, "How to Derive 'Ought' From 'Is', *The Philosophical Review*, Vol. 73, No. 1, pp. 43-58.

Michael C. Keeley, *A social-contract theory of organizations*, Notre Dame, Ind. : University of Notre Dame Press, 1988.

C. Kukathas and P. Pettit, Rawls: *A Theory of Justice and its Critics*, Cambridge: Polity Press, 1990.

C. Kukathas and P. Pettit, Rawls: *A Theory of Justice and its Critics*, Cambridge: Polity Press, 1990.

A. R. Lacey, *Robert Nozick*, Princeton, NJ: Princeton University Press, 2001.

Michael H. Lessnoff, *Social contract*, Houndmills, Basingstoke, Hampshire: Macmillan, 1986.

Louis Althusser, Montesquieu, Rousseau, *Marx : politics and history*, translated by Ben Brewster. , London : Verso, 1972.

Margaret Moore, "Gauthier's Contractarian Morality", in David Boucher and Paul Kelly, eds. , *The Social Contract from Hobbes to Rawls*, London and New York: Routledge, 1994, pp. 211-225.

Christopher W. Morris, *The social contract theorists: critical essays* on Hobbes, Locke, and Rousseau, Lanham, Md. : Rowman & Littlefield, 1999.

Dennis C. Mueller, Robert D. Tollison, and Thomas D. Willett, "The Utilitarian Contract: A Generalization of Rawls' Theory of Justice," *Theory and Decision*, 4 (1974), pp. 345-367.

Normal Daniels, "Wide Reflective Equilibrium and Theory Acceptance in Ethics", *The Journal of Philosophy*, Vol. 76, Issue 5, 1979, pp. 256-282.

Norman Daniels, ed. , *Reading Rawls*, Oxford: Basil Black Ltd. , 1975.

Norman Daniels, ed. , *Reading Rawls: Critical Studies on Rawls' "A Theory of Justice"*, Stanford University Press, 1989.

Robert Nozick, Anarchy, *State and Utopia*, New York: Basic Books, Inc. , 1974.

Patrick Riley, "On Kant as the Most Adequate of the Social Contract Theorists", *Political Theory*, Volume 1, Issue 4 (Nov. ,1973), pp. 450-470.

Prasanta K. Pattanaik and YongSheng Xu, 1998, "On Preference and Freedom", *Theory and Decision*, 44, pp. 173-198.

Philip Henry Pettit, *Equity and the law of trusts*, Oxford and New York: Oxford University Press, 2009.

Philip Henry Pettit, Republicanism: *A Theory of Freedom and Government*, Oxford: Clarendon Press, 1997.

Philip Henry Pettit, Made with words: *Hobbes on language, mind, and politics*, Princeton: Princeton University Press, 2008.

Philip Henry Pettit, Republicanism: *A Theory of Freedom and Government*, Oxford: Clarendon Press, 1997.

Marc F. Plattner. *Rousseau's State of Nature: An Interpretation of the Discourse on Inequality*, Dekalb, Northern Illinois University Press, 1979.

John Rawls, *A Theory of Justice.*, Cambridge, Mass.: Belknap Press of Harvard University Press, 1971.

John Rawls, *Political Liberalism*, New York: Columbia University Press, 1996.

John Rawls, Collected Papers, Cambridge: Massachussate, Havard University, 1999.

John Rawls, *Justice as Fairness*: A Restatement, Cambridge: Massachusetts: Harvard University Press, 2001.

Arlene W. Saxonhouse, "Text and Canons: The Status of the 'Great Books' in *Political Theory*", in *Political Science: The State of the Disciphine* Ⅱ, ed. Ada W. Finifter, *The American Political Science Association.* Washington D. C, 1993, pp. 10-13.

T. M. Scanlon, *What We Owe to Each Other*, Cambridge, Mass.: Belknap Press of Harvard University Press, 1998.

Thomas Scanlon, "Contractualism and Utilitarianism", in Amartya Sen and Bernard Williams, eds., 1982, *Utilitarianism and Beyond*, London: Cambridge University Press, pp. 103-128.

Thomas Scanlon, *The difficulty of tolerance: essays in political philosophy*, Cambridge and New York: Cambridge University Press, 2003.

Amartya Sen, *Rationality and Freedom*, Cambridge, Mass. and London, UK: The Belknap Press of Harvard University Press, 2002.

Brian Skyrms, *Evolution of the social contract*, Cambridge and New York: Cambridge University Press, 1996.

Frank Snare, "John Rawls and the Methods of Ethics", *Philosophy and Phenomenological Research*, 1975, Vol. 36, Issue 1.

Robert Sudgen, "The Contractarian Enterprise", in David Gauthier and Robert Sugden eds., *Rationality, Justice and the Social Contract: Themes from Morals by Agreement*, Ann Arbor: The University of Michigan Press, 1993, pp. 1-23.

L. G. Telser, "A Theory of Self-enforcing Agreement", *Journal of Business*, 1980, Vol. 53, No. 1, pp. 27-44.

Thomas Nagel, "Rawls on Justice", *The Philosophical Review*, 1973, Vol. 82, Issue 2, pp. 220-34.

Thomas Nagel, "Justice, justice, shalt thou pursue", *The New Republic*, 1999, Oct 25.

Peter Vallentyne, "Contractarianism and the Assumption of Mutual Unconcern", *Phil-*

osophical Studies 56，1989，pp. 187-192.

Peter Vallentyne，"Self-Ownership and Equality: Brute Luck，Gifts，Universal Domination，and Leximin"，*Ethics*,107，1997，pp. 321-43.

Peter Vallentyne，"Critical Notice of G. A. Cohen's Self-Ownership，Freedom，and Equality"，*Canadian Journal of Philosophy*，1998，28，pp. 609-626.

Peter Vallentyne，"Equality，Brute Luck，and Initial Opportunities"，*Ethics*，2002，112：529-557.

Jonathan Wolff，*Robert Nozick: Property，Justice，and the Minimal State*，Stanford University Press，1991.

Robert Paul Wolff，*Understanding Rawls: A Reconstruction and Critique of A Theory of Justice*，Princeton：Princeton University Press，1977.

后　记

十多年前,我在今天所任教的湖南师范大学读硕士的时候,对于社会主义国家这个概念比较感兴趣。在马克思看来,社会主义本身并不是一个国家,而只能是一个"半国家"。然而,现实中,社会主义不仅成为一个国家,而且是一个能力相当强大的国家。我以为,这个问题相当重要,理论与现实的差距有待解释,而如果解释成功,这可能会揭示社会主义国家发展的某种内在规律性的东西。于是,遍查马克思恩格斯有关国家的论述,其中恩格斯关于现代国家的一句话,给我留下了深刻的印象。

恩格斯说:现代国家都是契约的产物。这句话使我很震惊,因为在我的模糊印象中,社会契约论主要是一种资产阶级的政治学说,它与马克思主义是根本对立的。"契约"一词,在马克思主义的词汇里,更多是一种形式平等的东西,它深深掩盖了实质的不平等与阶级对立。不管怎么说,恩格斯把现代国家与古代国家做出区分,并将它与契约联系起来,这似乎可以这样引申,现代国家与契约存在着密切的关联,即使现代国家是阶级斗争的产物,但至少其中的一个逻辑环节涉及契约。因此,描述与解释现代国家,至少不可以完全忽视契约这个因素。

自那以后,我就比较留心社会契约论。当时自己所知,除了古典社会契约论以外,还约略知道当代也有社会契约论,其代表就是罗尔斯。由于对这方面感兴趣,便也搜索这方面的书来看,在看书的同时,也比较注意契约论的论证。我注意到,各个理论家在描述国家起源时,都使用了一种叫"自然状态"(state of nature)的概念。比如说,霍布斯的自然状态是"一切人对一切人的战争",这么糟糕的自然状态,其结果是国家应当实行君主专制;而洛克的自然状态是比较不错的自然状态,其结果是国家应当实行君主立宪制度。葛德文的自然状态非常好,就跟诗人中的黄金时代一样,结果他主张无政府主义。诺齐克直接采用洛克的自然状态,其政治主张也约略相似。这似乎可以说,自然状态的情况与政府的形态存在着某种联系。理解到这一点,使我很兴奋。我一边做读,一边做笔记,一时间感觉有无数多的论文题目可以写。在政治思想史的课程结束后,我写了一篇《洛克与诺齐克的自然状态理论比较》提交,王敏老师比较赞赏,给我做了一些修改。后来该文发表在《湘潭工学院学报》,这是据我所知中文文献中最早的单篇讨论自然状态的论文。

再后来,我注意到,自然状态并非社会契约论所独有的东西,事实上其他的政治理论也存在着某个与自然状态相对应的概念。而这个概念对于其理论来说,也同样是极其关键的。比如,毛泽东思想中的半封建半殖民地社会就实际上可以称为其理论中的自然状态,这实际上等于对新民主主义革命的一种前提或者说契约背景。同样,邓小平理论中的国情说,其实也相当于自然状态的作用。因为我们长期处于社会主义初级阶段,所以我们必须以发展生产力作为我们的中心任务。我认为,契约论存在着某个一般性的论证结构,即使我们不接受已有的契约论观点,但契约论的论证有助于把自己的观点阐释得更加清楚明白。我因此而决定去学习契约论,也许它能够为证明自己的观点提供一种有用的工具。

2002年秋,我有幸来到北京大学政府学院攻读政治学理论博士,受教于王浦劬教授。北大的藏书文献和电子数据库资源当时全国无两,记得我经常使用的JS-TOR过刊数据库,当时连国家图书馆都未引入。我的人大博士生朋友张苏、陈海威对此艳羡不已,我也很乐意慷北大之慨,为他们提供下载方便,并煮了一大锅萝卜排骨汤招待。到了晚上,他们带着装满的移动硬盘和满腹萝卜排骨汤归去。有如此好的资源,不利用自然可惜。我在搜集相关文献的时候发现,在罗尔斯的研究问题上,中文学界的研究落后于英文文献的程度,真不可以道里计。许多概念,对我们而言,是如此新颖,同时又如此贴切地表达现实,这更加彰显我们原有的政治哲学、政治理论在应用现实时不能够做到足够细致贴切。因此,我花了许多时间阅读当代社会契约论的英文文献,受益不少。

国内不仅仅是在契约论的发展上远远落后于英美学界,甚至在了解与把握契约论的发展上也还留有许多工作有待去做。中文有关当代契约论的系统介绍的文献相当少,而且多数不成系统。比较多的,只是译介罗尔斯、诺齐克与布坎南的著述,对他们进行评论,但当代社会契约论的总体发展以及各个作家之间的关系,尚没有获得国内学界的重视。比如说,罗尔斯的词典式最大最小原则,这对于罗尔斯两个原则的论证相当关键,但事实上,这一论证并非罗尔斯的创见,而是由阿马蒂亚·森首先提出,再后来罗尔斯加以改进,如此才形成罗尔斯的《正义论》中的模样。而且即使如此,这一论证方式仍然受到了许多人的批评,其中哈萨尼的观点最具代表性。像森和哈萨尼虽然也曾被介绍到国内,但前者只是作为研究社会选择理论与贫困的经济学家,后者则被视作博弈论的研究者。至于两人在契约论上的贡献,少有人提及。事实上他们对当代西方契约论、公共选择理论、公共经济学的影响极其深厚,在某种意义上讲,理解罗尔斯和布坎南,并追踪把握当代契约论与公共经济学的进展，绝对不可以忽略他们。因此，我想做一些学术介绍的工作，以集中述介西方当代契约论的一些基本观点、方法。在博士第一学期的期末，我撰写了一篇《政治共识如何可能？罗尔斯的方法论述评》，并得到同学们的指正，这篇文章后来发表在《哲学门》。博士阶段要求中期考核，我撰写了一篇3万多字的《当代社会契约论述评》，作为三篇提交的论文之一，这篇述评，就是全书的一个萌芽。

王浦劬老师对我的努力是比较肯定的，但同时告诫我，要关注现实政治问题。我决定以现实政治问题作为自己的研究方向，后来有机会去福建考察民营经济，大受触动，从而确定下来博士论文方向。确定了主题之后，用什么理论工具呢？这是我非常苦恼的问题，在粗粗阅读公共选择理论、管制经济学理论和制度经济学理论之后，我意识到，当代社会契约论其实与实证政治经济理论在精神上是相通的，它不是孤芳自赏，而是心怀天下，事实上它要比绝大多数的实证研究更关注这个世界的基本政治问题。正因为如此，所以我们才能看到，《正义论》所引用的作者中，当代经济学家阿马蒂亚·森排在第三，而罗尔斯的影响也远远超出传统哲学界，成为政治学、社会学和法学等社会科学家所经常引证和批评的对象。与此同时，传统的经济学家、数学家乃至生物学家也频频进入到哲学领域，借用社会契约的概念与形式，探讨社会合作与秩序等基本问题。社会契约论并非玄学，有许多作者都选择它来分析现实的政治、经济问题。明白于此，我有一种豁然开朗的感觉，并选择了契约论作为博士论文分析的工具。

2005年，我在做博士后的当口，向《哲学动态》投了一篇稿子《高西尔的契约论述评》，承蒙编审冯瑞梅老师抬爱，在2006年第2期发表。这对我来说，是一个莫大的鼓舞。2007年我回湖南后，在教学之余一边研读契约论文献，一边写作并继续向《哲学动态》投稿。大约是2009年，在我的强烈请求下，我才得以第一次见到冯老师。冯老师表扬了我的研究取向，指出这一取向相对于既有哲学传统的特点所在，鼓励我继续往这个方向深入挖掘。在接下来的几年中，冯老师对我的作品给予了特别关照，使它们能够每年都在《动态》这样的高级别刊物上发表。也就在这个时候，我以当代社会契约论研究为题分别于2009年和2011年成功申报教育部项目和国家社科基金项目。这些研究资助对于我的科研和生活方面，都是一个莫大的帮助，也坚定了我深入探讨这个主题的信心。全书就是该研究课题的最终成果，它远没有达到我所期望的完善地步，但相信对于关注这个主题的读者或有一定助益。

在此，我对于这十几年来帮助和关心我的师友致以深深的感谢。王浦劬老师对我的社会观和学术观影响深远，虽然离开师门多年，浦劬老师仍然关注和关照，每每想起，心中充满感动和惭疚。吴家庆教授是我的硕士生导师，我能够与他共同执教湖南师范大学公共管理学院，他对我的关心与帮助，让我深感幸运和感激。面对两位导师，我深刻觉得，语言的力量微不足道，因为它们不足以表达我所怀着的感激之情。冯瑞梅老师为我发表文章提供了极为重要的便利帮助，她的肯定是我在这个主题的研究上最重要的支持之一。在文章的修改方面，冯老师非常细心，她的建议非常有用，每次都让我学习到许多，文章也得以改进不少。湖南师范大学公共管理学院的领导和老师对我的工作和生活给予了许多帮助，这是我近年来能够安心从事这项研究的一个重要原因。刘婕妤编辑为全书的顺利出版做了大量的工作，这里一并致谢。